本书受"西南交通大学 2023 年文科建设专项项目"资助

英语世界中国现代文学研究的方法学反思

余夏云 ◎著

Methodological Reflection on the Study of
MODERN CHINESE
LITERATURE
in English-speaking World

图书在版编目(CIP)数据

英语世界中国现代文学研究的方法学反思 / 余夏云著. -- 北京：北京大学出版社, 2025.5. -- ISBN 978-7-301-36066-8

Ⅰ. H315.9；I206.6

中国国家版本馆 CIP 数据核字第 2025YV9886 号

书　　名	英语世界中国现代文学研究的方法学反思 YINGYU SHIJIE ZHONGGUO XIANDAI WENXUE YANJIU DE FANGFAXUE FANSI
著作责任者	余夏云　著
责任编辑	闵艳芸
标准书号	ISBN 978-7-301-36066-8
出版发行	北京大学出版社
地　　址	北京市海淀区成府路 205 号　100871
网　　址	http://www.pup.cn　新浪微博:@北京大学出版社
电子邮箱	zpup@pup.cn
电　　话	邮购部 010-62752015　发行部 010-62750672 编辑部 010-62750673
印刷者	河北博文科技印务有限公司
经销者	新华书店
	965 毫米×1300 毫米　16 开本　18.5 印张　278 千字 2025 年 5 月第 1 版　2025 年 5 月第 1 次印刷
定　　价	69.00 元

未经许可，不得以任何方式复制或抄袭本书之部分或全部内容。
版权所有，侵权必究
举报电话：010-62752024　电子邮箱：fd@pup.cn
图书如有印装质量问题，请与出版部联系，电话：010-62756370

序

季 进

余夏云的大著《英语世界中国现代文学研究的方法学反思》即将出版,索序于我,深感荣幸,义不容辞。夏云曾经在苏州大学攻读博士学位,这本著作就是根据他的博士论文《作为方法的海外汉学》修改而成,作为导师,我当然非常熟悉他的思路与观点,很乐意写几句话,以表祝贺之忱。但是,给夏云著作写序,心里也不无惶恐。夏云这些年埋首学术,孜孜矻矻,往来于海外与本土、研究与评论、理论与文本之间,做得风生水起,自成一家,得到学界的一致好评。这些年我们合作撰写了《英语世界中国现代文学研究综论》,合编了《英语世界中国现代文学传播文献叙录》,又一起做国家社科基金重大项目"中国当代文学海外传播文献整理与研究 1949—2019"。他开阔的视野、活跃的思维、独到的眼光,总是让我受益良多。我们名分上是师生,但实际上更多是益友。这本《英语世界中国现代文学研究的方法学反思》充分处理英语世界中国现代文学研究的庞杂成果,别具只眼地概括和提炼出"去冷战""去帝国""去殖民""去典范""去文字"和"去道德"六种形态,由此对英语世界中国现代文学研究展开深入的论述。他的研究从现象层面介入到方法论层面,并着力探析这些方法背后冷战、殖民、解构等批评思路,以及文化研究、历史研究、后现代研究等研究理念。显然,这样的研究思路早已超越了绝大多数的关于海外中国现代文学研究的讨论,不仅可以大大推动海外汉学研究,而且也有助于我们叩问如何在跨文化经验中重新理解中国现代文学的复杂性和重层性。夏云的论述精彩纷呈,令人目不暇接,相信读者诸君自有判断,我其实已无从置喙。悚惶之余,我想另辟他径,就最近思考的关于中国文学海外译介与研究中"跨文化伦理"的问题,略陈浅见,聊充序言,以就教于夏云和学界方家。

众所周知,跨文化交往从自发到自觉,其实伴随人类社会发展的始终。它贯穿于从器物到制度以及理念的每一个层次,并且无可避免地掺杂着误会和想象。萨义德(Edward Said,又译赛义德)称之为"生活事实"[①],而杰里·本特利(Jerry Bentley)和赫伯特·齐格勒(Herbert Ziegler)则对此高看一眼,视之为"历史发展的根本机制"[②]。20世纪八九十年代,法、德更是兴起专门研究"文化迁移"(Kulturtransfer)的学派,"将思想、人员和货物的流动以及其他交流置入学术分析的显著位置",并重点思考一种环境产生的思想如何融入另一种环境之中。[③] 熟悉比较文学研究的人不难发现,"文化迁移"其实是比较文学研究的老话题。在全球化语境之下,旧题新说,再度焦点化,其实反映了旧的研究范式松动和新的研究趋势产生。简单来看,它改变了过去以民族国家为主要分析单位的做法,从强调国家的内源性经验和自主发展轨迹,转而思考跨国流动、纠缠、互嵌等因素造成的地方影响,并重点思考这些影响发生的同时性、多样性,而非标举一种标准的、主导的模式。

这种范式转变的背后,不仅是方法的调整,更是认知的转变。"欧洲中心主义"在此受到重点检讨。学者彭慕兰(Kenneth Pomeranz)专门提出"交互式比较"(reciprocal comparison)的观点。在他看来,"为什么江南没有变成英格兰"不过是问题的一面,而另外一面也可以是"为什么英格兰没有变成江南"。[④] 无论是江南,还是英格兰,都不必成为评判他者的标准,双方同时具有普遍性和特殊性。从后现代主义的

[①] 赛义德:《理论旅行》,《赛义德自选集》,谢少波、韩刚等译,北京:中国社会科学出版社,1999:138。
[②] 刘新成:《新全球史:文明的传承与交流(1000—1800年)》(第5版)中文版序言,杰里·本特利、赫伯特·齐格勒著,魏凤莲译,北京:北京大学出版社,2014:Ⅷ。
[③] 多米尼克·萨克森迈尔:《全球视角中的全球史:连通世界中的理论与方法》,董欣洁译,北京:社会科学文献出版社,2022:113。
[④] 彭慕兰:《大分流:欧洲、中国及现代世界经济的发展》中文版序言,史建云译,南京:江苏人民出版社,2003:3。

立场来看,认知转变其实代表了权力结构的调整。"真理体制"的完成,有赖于各种话语的综合塑造,体现的并非个体的绝对意志,而是个人在体制中折冲,于话语间寻求平衡的结果。这样的思路,美则美矣,可是显得过于政治化,尤其是它把个体的操守和坚持,完全掩盖在利弊权衡和得失把握的世俗化进程之中,这不能不说是其重要的失察之处。有鉴于此,我们需要重新转向跨国流通的人文面向,特别是要关注其中个体决断、主体意志的表现。具体到跨文化研究的话题,也许可以命名为"跨文化伦理"。

"跨文化伦理"承教于聂珍钊教授的"文学伦理学",但两者又有区别。聂珍钊定义的"文学伦理学批评的特色在于它以伦理学为理论武器,针对文学作品描写的善恶做出价值判断,分析人物道德行为的动机、目的和手段的合理性和正当性,它指向的是虚构的文学世界中个人的心性操守、社会交往关系的正当性和社会结构的合法性等错综复杂的关系"[①]。"文学伦理学"的意图在于指出文学想象不必凌空蹈虚。自足的文字世界,事实上与现实同构,并负载有实际的指导意义。与此相似,人文研究也不是学院同人敝帚自珍、自说自话的"玄学",相反它指向现实问题,投射现实结构。"文学伦理学"与"跨文化伦理"的不同之处在于:一是前者的目标是明辨是非善恶,而后者则更在意研究是否触发对话,引起进一步的交流。换句话说,"跨文化伦理"由伦理问题本身,转向对其效应的关注。"伦理"的意义落实在是否超越一家之言,而对其他意见具有包容性和开放性。二是前者聚焦具体作家作品,深入文本内部作个案透视,而后者则尝试从种种不同的实践经验中总结若干规则,反思一些共性问题。也许有人会说,文学伦理学借由个案的梳理,最终目标是明确人类共享的道德准则,根本上也是对普遍性的把握和重申。相比于文学伦理学已经达成的基本共识,跨文化伦理学并没有什么现成的、共享的原则,它尝试提炼的规则,是推论性的或仍在建设之中的。简言之,是非善恶不是衡量跨文化对话的标准。到目前为止,世界范围内也没有一种被广泛认可、施行的交往模

---

① 聂珍钊、王松林:《文学伦理学批评理论研究》总序(一),聂珍钊、王松林主编,北京:北京大学出版社,2020:17。

式。因此，我们必须局部地、逐步地理解跨文化伦理。

首先是研究伦理与翻译伦理的问题。海外的中国现代文学研究，尤其是英语世界的相关学术实践，作为展示跨文化交往的重要窗口，其所显示的伦理问题，或许可以成为我们循序进入话题的一个起点。众所周知，较为正式的中国现代文学研究在欧美兴起，以夏志清1961年《中国现代小说史》（以下简称《小说史》）的出版为标志。他以史的布局，对中国现代文学做了系统讨论，将新批评与道德批评引入对中国现代文学的讨论之中。我们今天尊崇夏志清的成绩，每每强调《小说史》的开创之功，而由他开启的诸多议论，如审美和政治、文学和理论更是成为解析文学现代性的关键话题。如果再进一步思考，我们可以说夏志清的写作也早已从多个方面卷入有关跨文化伦理的实践和思辨之中。

就表面上的伦理问题而言，夏志清以特定的政治立场进行学术研究，实际上触犯了最大的学术禁忌。夏志清对此不加避讳，反而一再宣说。这到底是显示了夏志清在政治上的坚决，还是他研究态度的"诚与真"？我们或可说明政治立场和研究立场其实不必混淆。夏志清并不讳言他的政治立场，可是他在《小说史》中之所以对鲁迅等左翼作家评价不高，主要是基于一种审美判断，而不是其人的政治倾向。因此，伦理的问题需要的是更审慎周全的辩证，而不是是非黑白的定论。值得指出的是，即使回归历史现场，认识到彼时美国国内的风潮，以及世界冷战格局对夏志清研究立场的影响，也绝不意味着夏志清的操作可用合理或正确等词汇来加以概括总结。相反，这些历史的经验和条件所说明的恰恰是夏志清的局限性。他无法从时代的语境中超离出来。"历史化"不是解套的工具，不是"存在即合理"式的辩白。在"永远历史化"的号召之下，回归历史现场是一方面，另一方面是我们需要持续考量这种历史所产生的后续影响。否则，我们只能理解历史是什么样子，而不能说明历史缘何变成今天这个样子。

由政治和审美的问题，我们又不得不触及理论与文本、中国和西方的问题。这几组概念总是紧密地交缠在一起，形成一种伦理关系。如何看待中国文本在西方世界被解析，尤其是西方理论的不足和缺憾，是过去反思海外中国文学研究的重点所在。我们看重的是对话的平等性、对位性,所以"东方主义""中心主义""帝国主义""殖民主义"等概念是最常用的批判武器。但问题是,我们也必须反过来思考如下一些可能,即理论对文本的剥削,是否完全建立在地区或国家之间,西方理论对西方文本是否也存在剥削问题? 更进一步,理论本身从未承诺能全面发掘文本价值,只能从某个角度说明问题,因此我们的批评是否有求全责备之嫌,甚至有尊文本而抑理论的倾向。此外,我们看不到文本对理论的挑战和补充,到底是理论过于强势和主观,还是文本本身能量不足。概而言之,我们过去视为理所当然的批评武器,其实带有浓厚的军事化色彩,往往把问题两极化。更多地看到理论与文本碰撞带来的新可能而非限制,其实才是伦理更加关切的内容。限制总无可避免,如何在限制中发幽探微才是伦理应有的取向。

如果说研究内容层面的伦理问题,总能随着人们对话意识的强化,以及各种交流的广泛展开而有改善的可能,那么,唯独研究姿态的伦理问题需要一再地检讨。通常,西方学者不仅对中国学者,而且对西方读者一样抱持居高临下的态度。夏志清曾经发现《骆驼祥子》的英译者伊文·金(Evan King)抄袭赵树理的几部作品拼装、改写成小说《黎民之儿女》(*Children of the Black-Haired People*)出版,遂奋笔投书《纽约时报》予以揭露,几年后甚至想在《中国现代小说史》中记上一笔。伊文·金获悉消息,恼羞成怒,威胁恐吓。伊文·金的反应可以理解,自己的丑事被人拆穿,颜面无存,辩解无力只得作人身威胁。夏志清刚刚博士毕业,在学界立足未稳,加上又是华裔,伊文·金的底气由此而来。① 当然更关键的是,当时中美关系紧张,普通人对赵树理的作品并不了解,加上翻译转写,所谓抄袭其实很难一一落实。伊文·金的抄袭,不仅是对知识产权的侵犯,缺少必要的学术道德,他以前辈身份压迫夏志清,更是一种学院内的等级压迫。更重要的是,他无视读者心智,将读者视若无物,以为其可以随便糊弄,所暴露出来的不仅是中美的交流不通,更是他对读者水准和知识储备的鄙视。这当然也是更大的伦理问题。

紧承伊文·金的抄袭问题,我们还可以讨论翻译的伦理问题。安

---

① 季进:《夏志清与伊文·金的一桩公案》,《读书》,2022(11)。

托瓦那·贝尔曼（Antoine Berman）曾提出"翻译伦理学"一说，并明确"'翻译伦理学'是指在理论层面上提取、确认并维护翻译之所以为翻译的'纯粹性目的'的学科。它需定义何为'忠实'。"对贝尔曼而言，翻译的伦理学其实为一种指导原则或思想，关键的作用在于抵消"同化"行为带来的排他效应，从而突出"翻译的本质是开放，是对话，是杂交，是对中心的偏移①。"对话""杂交""偏移"所带来的不只是对"同化"的警惕，也有对"异化"的反省。翻译对"原文"的"转述"，不论是以原文为评判标准，还是以译入语文化为参考，都或多或少上演"中心主义"的戏码，采用一元化的指标。伊文·金以西方人的口味改写中国故事，"我族中心主义"的立场已一目了然，是典型的"同化"操作。他甚至在小说中"硬译"原作人物的名字，留下猎奇的蛛丝马迹，夏志清最初也是由此发现了问题。所以，伊文·金事件所暴露的不单纯是道德层面的知识侵犯，更是翻译伦理学层面的知识压迫。"忠实"不是一种文化对话的态度，而是一种意识形态。

韦努蒂（Lawrence Venuti）有所谓"翻译之耻"的提法，是指翻译历来被视为中介和工具，不具有独立性。它"遭到版权法的排挤，为学术界所贬低，被出版商、政府以及宗教组织所盘剥利用"②。韦努蒂直言"耻辱"（scandals）的造成，不外乎内部不和与外部打压的双重因素所致。其中，"文化身份的形成"影响尤为突出。翻译不只是语言符码的转换，更是借由对不同文本的选择、翻译技巧的运用，形塑"他国文学"形象的"在地化"方案。它总体上是一种归化行为，但是在将异域文化铭刻进自身的过程中，它也无可避免地将异质性引入，由此形成一种差异伦理（ethics of difference）和化同伦理（ethics of sameness）的对话。诚如韦努蒂所说："为了限制翻译中所固有的我族中心主义倾向，翻译项目就不能只考虑在本土文化中占主导地位的文化群体的利益。翻译项目必须考虑到异域文本产生的所有文化，并且面向本土不同的文化群体。"③"一项严格的非我族中心主义的翻译实践……将

---

① 安托瓦纳·贝尔曼：《异域的考验：德国浪漫主义时期的文化与翻译》，章文译，北京：生活·读书·新知三联书店，2021：7。
② 劳伦斯·韦努蒂：《翻译之耻：走向差异伦理》，蒋童译，北京：商务印书馆，2019：1。
③ 同上书，第128页。

真真正正是跨文化的,不仅体现在跨越本土与异域文化,而且还体现在跨越本土读者间的文化边界。"①

其次是"交往理性"的问题。"翻译之耻"以及"差异伦理"所揭示的问题,并不局限于翻译领域。扩而广之,我们不妨生造"汉学之耻"的说法。汉学在西方社会历来都被视为边缘学科,从早期的东方学服务于帝国殖民的事业,到"二战"时区域研究和中国学兴盛受制于实际的军事或冷战需要,"汉学"无疑充满"耻辱",被完全地工具化、功能化。如何从中摸索出一种"差异伦理"来反思研究过程中出现的问题,成为学界常思不辍的话题。"中国中心观""走出区域研究"和"华夷风土"分别代表不同阶段学人们尝试从"化同伦理"中走出,从而触碰形形色色的差异和多元,进而伸张一种诗学层面上的正义,或者管窥蠡测现实的能动性。这些思考从西方内部产生,反思有余,却少见中国学界的声音参与,有时反而助长西方学界有关自我修复的幻象,即他们有能力进行自我反思,而无需假手于人,因此是一个自足的思想体系。中国学界曾经对汉学心态做出检讨,可是检讨的对象其实是国内研究崇洋趋时的问题,并不是专门应对西方汉学界的思考而起。因此,如何有效地对接各种反思话语,达成一种跨文化对话,推动实现"差异伦理",成为非常迫切的问题。

在此,我们有必要提起有关"汉学主义"的讨论②,视其为一种话语对接、跨文化对话的表现。不过,回顾这场持续十余年的讨论,我们不得不说,相关讨论虽卓有成效,可是并没有引起西方学界的反应。关键问题还是彼此缺少一种必要的跨文化伦理意识。我们曾经畅想一种因对象、话题相通而无形中缔结的"学术共同体",侧重中外学界有志一同探索"中国"的研究实践,以及由此呈现的众声喧"华"面貌③,其实现在想来,我们有意无意间回避了一个问题,即"共同体"赖以成立的根本是要做一种"语言"上的对接。不论是失语症还是强制阐释,表

---

① 劳伦斯·韦努蒂:《翻译之耻:走向差异伦理》,第130页。
② 参阅顾明栋、周宪主编:《"汉学主义"论争集萃》,北京:中国社会科学出版社,2017;顾明栋:《汉学主义:东方主义与后殖民主义的替代理论》,张强等译,北京:商务印书馆,2015。
③ 季进:《论海外汉学与学术共同体的建构》,《文艺研究》,2015(1)。

明的都是语言上的不对等或者遮蔽。怎么把这两个截然不同的话语传统联结起来,是此刻我们所能想到的最基本的伦理诉求。哈贝马斯(Jürgen Habermas)提出"交往理性"(communicative rationality),强调的不是一个绝对理性周全的交往过程。恰恰相反,它的本意是要提升各种表达的能见度。大家未必能就某个问题达成一致,但是,彼此表达、论述、倾听的过程构成一个公共行为,有助于促进当事人之间的了解。"取得共识的努力也许会失败。但这并不是一个问题,因为失败是可以解释的。"①换句话说,跨文化伦理未必是要实现一种人人平等的正义,相反,它在意声音传递的通道是否顺畅,场域的公开度与参与度如何。

但是,理性又绝不只是一个开放度的问题而已。如果参与者自说自话,没有共同的议题,没有合理的话语次序,这种意见公开的过程更大程度上是一种"噪音"生产,只会强化或者单方面地放大自我的声音。所以,王德威的经典提问是,众声喧哗以后怎样?② 表达固然重要,但如何建立一种能够被听到的表达,才是"交往理性"更切实的出发点。这个出发点表面看来是对听众提出了要求。它试图让听众变得包容体贴,善解人意。但是,包容不仅是一种品性的要求,同时也对认知水准、文化视野等提出了要求。包容的实现,是一个全方位的过程,它意味着对既有的世界观做出全面修正,同时理解这些异己力量的正当性和合法性。这几乎是一个知识结构和文化观念改造的过程。有鉴于此,我们需要把建立一种能够被听到的表达,变成对自我的要求,即如何通过有效的语言,以及言说手段来实现被听到的可能。

这听起来像是一个委曲求全的过程,尤其是在我们面向西方文化话语与学术话语的时候。但必须指出的是,西方仅仅是众多跨文化交往对象中的一位,而且在它的内部也存在不同阶层、性别、种族等的差异,因此不能将之铁板化。面向东亚、东南亚、亚非拉是我们较少系统考量的部分。由它们提供的文化经验,是否有助于补写甚至改写跨文化交往伦理,值得做深入探索。特别是以东亚汉文化圈的历史和现状

---

① 莱斯利·A. 豪:《哈贝马斯》,陈志刚译,北京:中华书局,2002:43。
② 王德威:《众声喧哗以后:点评当代中文小说》,台北:麦田出版股份有限公司,2001。

来讲,我们容易反观和想象中国与西方的关系,两者之间显然存在着明显的相似性。这就是克里斯蒂娃(Julia Kristeva)讲的"自己的陌生人"。晚明以来,中西之间逐渐强化的交互关系,其实早就导致双方的文化、政经要素流入彼此,形成一种外来的内在性。或者换句话说,我们一贯标榜的民族性、国家性,不是纯粹自足的,相反,它吸收来自世界各地的经验,并内化熔铸而成。以现代中国为例,其所受西方影响之大,在语言表述等生活场景中历历可见。克里斯蒂娃从弗洛伊德(Sigmund Freud)的"陌异感"(Unheimlich)中得到灵感,指出这种在家的非家感,其实指向人的建构必然有异质成分的参与,是一种普遍的生命状况。面对陌生之物,我们本能地予以排斥,以消解焦虑。但是,克里斯蒂娃指出,要想从源头上排除恐惧,就要直面异质性。唯有在自我之中看到异质性,才能找到自我的特别之处,发展自我的创造力。① 西方历史上斯多葛主义提出"世界主义"、启蒙时代发展"普世精神",目的都是要去包容这种差异。但是,弗洛伊德的特别之处在于,他的出发点是强调人的脆弱、痛苦和焦躁。"世界主义""普世精神"则意欲强化人的主体能动和道德优越性。两者南辕北辙,但都意图对"异"加以包容或直视。克里斯蒂娃在这个意义上认为弗洛伊德开创了一种新的人文主义。它基于对每个人脆弱的认识来建立一种人与人的互助互爱。

发展弗洛伊德的学说,克里斯蒂娃指出国家与国家之间、民族与民族之间、文化与文化之间的交往,不妨都是一个认识自我之异,进而容受他人之异的过程。在这个意义上,跨文化伦理学不只是一种互动、对话诗学,而首先是一个自我认知的过程:怎么来正确地面对自身的缺陷、不足,以及被"异"所填充、修补的"不纯粹"的存在形态。如果说哈贝马斯在意主体之间的关系(inter-subjectivity),那么克里斯蒂娃则进一步指明主体间性其实内在于个体,而非产生于双方交接对话的时刻。进而言之,跨文化伦理学不是专门应对文化交往的方案或准则,相反,它是关于人自身以及人间关系的认知指南。区别于过去我

---

① 朱莉娅·克里斯蒂娃:《主体·互文·精神分析:克里斯蒂娃复旦大学演讲集》,祝克懿、黄蓓编译,北京:生活·读书·新知三联书店,2016:132。

们强调"他山之石,可以为错"的外向型思路,跨文化伦理学也试图揭示内部的"我"和"他"的对话。诚如周蕾在多年前已经提出的,作为一个已然西化的研究者,我们的研究是在一些给定的规则中展开的,如何和这些已经发生和正在发生的西化现实对话,是问题的关键所在。[①]用一种清教徒式的方案来寻找一个"无瑕"的研究者,已经不再可能,而这或许正是理性的重要表现之一。

再次是"作为方法"的伦理意义的问题。"陌生的自我"固然充满启示意义,但是,我们不必就此不断地剖解自我,分辨亲疏。这非但没有必要,反而有助长民族主义的危险。跨文化交往的最终目标在于实现人我的交互,以及这种交互的结果能"自然"地存在于我们之中。换句话说,在某种层面上,这个脆弱不安的自我,反而是跨文化交往所期求的最佳效果。就此而言,"陌生的自我"应当成为一种激励我们不断地去接触异质,并将之内化的"方法论"。或者换一种更为熟悉的提法,把他者作为一种方法。

将他者作为方法,是跨文化研究的旧调,它最大的缺陷是有可能出现诸如"没有中国的中国学"现象,即他者完全被架空,成为一种操作手段,而不是具体内容。"作为方法"有一种强烈的预设,它设想研究对象充满启示意义,可以用于启示或处理本土的文化实践和社会现实。其实,从本质上讲,东方主义的症结正在于将东方作为一种方法、材料,辅助了西方的他者想象和帝国殖民。因此,基于"跨文化伦理"的"作为方法"必须包含以下三个层次,来凸显自己的伦理特性。一是这些所谓的方法,可以是无效的方法,可以不适用于新的文化语境,但是,恰恰是这种不适用,也可以成为一种方法,启发我们寻找更具针对性的思路和视角。二是在成为方法之前,这些对象本身应该被充分地把握、讨论,即明确它是什么,而不仅仅突出它可以被用于什么。这是对研究对象本身应有的尊重,同时,也正是通过对内容本身的清理,可以让我们更好地理解其是否真的具备有效性。三是作为方法必须具备长时性,它们不应该是一次性的,相反,应该可以被持续地吸收进新

[①] 周蕾:《妇女与中国现代性:西方与东方之间的阅读政治》,蔡青松译,上海:上海三联书店,2008:1—2。

的体系,并在下一轮的吸收转换中发挥作用。余夏云借用了文化研究者所谓的"回路"来说明问题。借镜生产、消费、认同、规则和再生产是一个彼此关联、环环相扣的过程,他指出作为研究成果的汉学著作,作为一种物质形态,已经成为历史,但是作为一种话语或者方法,将持续地被阐释,并参与到对以后研究的塑造以及研究对象本身的定义之中。在这个意义上,"作为方法"成为一种叙事动力或者文化生产机制。

我们曾经提出从"作为学科""作为方法""作为机制"等不同的层次和角度来观察汉学或者广义的异质文化。① 但是,这种清晰的切分,其实是不得已而为之的处理。"作为学科"是为了说明汉学在西方的境遇和地位;"作为方法"探讨的是它在研究上的突破;"作为机制"则关注它如何参与全球性的知识生产,尤其对激励国内研究所起到的作用。这三个方面存在多重的交叠,或者说,它们也是一个文化"回路",彼此重层。上述"作为方法"的三个层次,多少印证这个说法。所以,余夏云提出"作为方法的海外汉学"一说,总结提炼"去冷战""去帝国""去殖民""去文字""去道德""去典范"等几个方面的内容,评论者最关心的不是这一系列总结的精确度,而是试图了解这些内容到底是基于作者自己的观察,还是文本本身所应用的方法。这两种"方法"——主观的和客观的——有何差异以及如何区别。这当然是非常重要的提问,但是,从"回路"的角度来讲,主观和客观交融,已经很难做清楚的拆解。所以,"作为方法"和"作为学科""作为机制"三者是互相重叠的。

尽管如此,我们还是要强调"作为方法"的伦理学意义,这与它"方法论"上的突破彼此依存。前面已经指出"跨文化迁移"的一个重要转变,是从民族国家的框架中脱离出来。"作为方法"其实可以见证"跨文化迁移"在学术、民间和个体等领域的实践。如果说,"去冷战""去帝国""去殖民"仍能看见民族国家的身影,那么,"去文字""去道德""去典范"则立足于看待西方,其实也是广义的中国现代文学研究界一

---

① 季进:《视差之见:海外中国当代文学研究的历史描述与理论反思》,《当代文坛》,2022(6)。

直在摸索的新的研究趋势。以"去文字"为例,它说明的是"文本"概念的持续泛化或者文化化的走向,从早期经典的文学文本到逐步包容影视期刊、通俗文艺,进而囊括视听文化、城市建筑以至情感表达。表面上,这些学术上的操作,仅仅揭示了西方潮流或者理论如何与中国"文本"交互并促成一些新的研究动态。但是,从这些动态里面,我们除了注意到理论和文本的问题,还可以思考诸如"跨文化抒情""跨文化视听""跨文化建筑"等可能性,叩问不同文化时空中的个体如何能在生活、情感、物质等层面上与中国文本达成理解,进而思考跨文化研究的能与不能。或者换句话说,当跨文化作为一种趋势在不断强化之际,有没有不是跨文化的部分,跨越的边界到底何在。一如我们思考"去文字"现象时,不得不时警戒一个边界感的问题。"文本"被无限打开后,文学研究是不是能无所不包?这样,"作为方法"一方面讲求应用的无限可能,但另一方面其实必然触及一种边界伦理,即必须有所谓的分寸感、界限感来使自己得到充分而正当的应用。

"作为方法"最大的伦理抱负其实指向方法的源头,即我们希望方法不仅能有助于我们思考,同时也可以对其所来自的地方产生作用。传统的"作为方法"除了预设其有用性,还预设这种有用性的应用领域,把它看成是一个"离境"的实践。可是,如果"方法"不能对产生它的"原生环境"做出推动,那么反而会助长高人一等的自我幻象。更进一步来说,缺少了这种反作用,"作为方法"从本质上将不是跨文化的,只会封闭在按需生产方法、按需消化方法的局面之中,完全和他者脱离关系。从回路的角度来看,它已经使方法从原生的语境中脱离,变成一个静态的结果。在这个意义上,作为方法其实也是促动汉学发展的一种动力。所以,余夏云强调"去"的用意,不是做非黑即白的切割,反而显示了不断对话的冲动。现实的种种迹象已经表明,西方世界对于梳理自身的汉学研究史兴趣寥寥,无心赋予其体系性。对这种"羞耻感"的克服和超越,有时候需要借助外部的力量实现。所以,我们不能完全把海外汉学研究看成是实现严格的学术训练或者建立完整的知识体系的一种本国行为,相反,从跨文化伦理的层面,也可以给他者树立一面镜子。至于他者是否在意这面镜子中自己的形象或者问题,从交往理性的角度来说,不是一个必需的环节,但是它的存在总会在某一天发挥作用,成为对话达成的重要前提。

总之,跨文化伦理学是一种弱者之学,它以对自我的要求为起点,正视现实中的压力和不平等,并以他者为方法,不断寻求对话的可能,同时希望自己对他者的理解,能够促动或者改变他者,实现一种交往理性。跨文化伦理学不追求完美和绝对的平等,它面向自我的脆弱和内心的陌生,试图使"羞耻"变成一个应该被正视的话题,将短暂的喧声变成回路式持续不已的对话过程。

是为序。

2023 年 9 月

目 录 | Contents

导论　　作为"方法"的海外汉学 ……………………………… 001

第一章　　去冷战：超越二元迷思 ……………………………… 033
　　第一节　　现代文学的史与学 …………………………… 037
　　第二节　　政治情感的分与离 …………………………… 046
　　第三节　　性别身份的是与非 …………………………… 055

第二章　　去殖民：清理等级观念 ……………………………… 065
　　第一节　　"半殖民"的观念引入 ………………………… 070
　　第二节　　"后殖民"的理论洞见 ………………………… 083
　　第三节　　"被殖民"的认知能量 ………………………… 087

第三章　　去帝国：颠覆一元构造 ……………………………… 096
　　第一节　　跨越"语言界限" ……………………………… 100
　　第二节　　直面"全球历史" ……………………………… 109
　　第三节　　塑造"华语世界" ……………………………… 118

第四章　　去典范：重理学科知识 ……………………………… 129
　　第一节　　祛魅"鲁迅" …………………………………… 134
　　第二节　　见证"虚构" …………………………………… 146
　　第三节　　钩沉"晚清" …………………………………… 156

第五章　去道德：构建批评伦理 ·················· 165
　　第一节　重访"幽暗意识" ···················· 169
　　第二节　阅读"反面教材" ···················· 179
　　第三节　正视"逸乐价值" ···················· 191

第六章　去文字：开放文学边界 ·················· 202
　　第一节　物质上海 ························ 206
　　第二节　影像帝国 ························ 219
　　第三节　声情并茂 ························ 231

结语　知识生产、帝国审美和学术盘剥：一种反思 ············ 245

参考文献 ······························· 255

导论
作为"方法"的海外汉学

一、问题的提出

"现代文学"是什么？当我们尝试着去回答这个问题的时候，某些具有"干扰性"的视角和意象总会很自然地浮现出来。它们包括"现代文学"这个语词所涉及的疆界（1919—1949）、对象（鲁郭茅巴老曹）、分期（"三个十年"）、主要特征（白话文）、参照系统（古典文学），等等。这些方面，已经渐成"惯习"或者"无意识"。它们提供了关于"现代文学"阐释"理所当然"或"约定俗成"的方向、内容及架构，当然，也毫无疑问地妨碍和诱导着我们的思考。这种诱导和妨碍也许不见得是错误的，可是一个不容回避的问题是，其已经在无形之中使得"现代文学"趋于平面化和静态化。虽然此举大大便利了知识的普及与传授，但是，这种"压缩差异、提出公分母"的做法，确实只是一般辞书的所作所为。尽管不可否认，辞书也完全有能力来揭示概念的多样性和复杂度，甚至有可能是以最"经济实惠"的方式推进，但是，我们也不该忘记，这种揭示所呈现出来的永远都只是一些"结果"，而非变化着的"过程"。它把它的书写对象当作一个已经趋近死亡或者定型的客体，仿佛"现代文学"一词的惯常用法所暗示的那样，它已经在1949年之前宣告完成和终结。

可是，一旦我们注意到，有关"现代文学"的研究仍在一代接一代地有序进行，而其丰厚的成果也在不时地转换成新的技术指标和信息参量，变更甚至变革着我们对它的传统释义，那么，我们就不能草率地将之处理成一个"静默的客体"，而需要把它还原成一个仍在进行中的项目、一个未完的工程、一种建设中的"话语"(discourse)。论者或要指正,"现代文学"和"现代文学研究"毕竟是相异的两个范畴,不容混同。可是在我看来,即便是对"现代文学"最稀松平常、人云亦云的界定之中,它都已经包含和吸纳了"现代文学研究"的既有成绩和共识。譬如,"张爱玲是中国现代文学的祖师奶奶"这一论调,就有效地转化了自夏志清以来包括刘绍铭、李欧梵、王德威、许子东等一批"张学"学者在内的观察和识见。也因此,它不光是一个简单的文学史判断,更有着对学术史内容的消化和提炼。正是在这个意义上,我们说,"现代文学"和"现代文学研究"绝对不是彼此分离的关系,它们是高路兹(Elizabeth Grosz)所谓的相互定义(mutually defining)①。

在高路兹的观念中,个人身体与城市空间,不是谁生产谁或谁反映谁的问题:个人建造了城市,城市也反过来塑造个人。"地景"(landscape)②,正是这种人地互涵、意义共生的表征之一。梅尔清(Tobie Meyer-Fong)曾以扬州为例,说明"爱与爱的失去,欢娱与欢娱的失去"③,如何作为个人在政治上的自我表现情结而被这座城市唤起;而这种被唤醒的情绪,又如何反向强化城市自身的形象定位和"情感结构"(structure of feeling),使其成为文化史上不可替代的意义空间(a meaningful location)。套用这样的理解,我们不妨说"现代文学"及其研究正形同此理。前者圈定后者的基本活动范围,而后者又改写了前者的既有定义,如此循环往复、变动不居。从一方到另一方,已不再是单向的决定关系,而是文化研究者所谓的"回路"(circuit of culture)。一个成品(product),从生产(production)到消费(consumption)、认同(identity),直到外在的规制(regulation)和它的再现(representation),都被有机地关联起来,彼此牵制、影响,从而形

---

① Elizabeth Grosz. *Space, Time and Perversion: Essays on the Politics of Bodies*. New York & London: Routledge, 1995, pp. 103–110.
② 有关"地景"的简要概述可参阅季进:《地景与想象——沧浪亭的空间诗学》,《文艺争鸣》,2009(7):121;更详尽的讨论见 Tim Cresswell:《地方:记忆、想象与认同》,徐苔玲、王志弘译,台北:群学出版有限公司,2006:5—21。
③ 梅尔清:《清初扬州文化》,朱修春译,上海:复旦大学出版社,2004:63。

成一个巨大的关系网络(如图一)①。

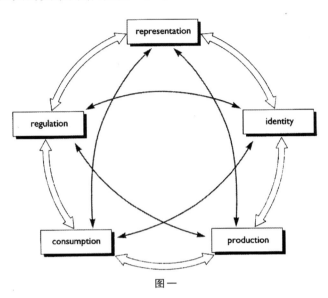

图一

按照上述图示,我们很容易将"现代文学"拆解成相应的组织形态。这种文学社会学意义上的分解将会使我们看到,"现代文学"的研究成果,如何快速、全面地渗透到"现代文学"的每个流通环节,并构成对其意涵和理念的"重新/重叠书写"(rewriting /palimpsest②)。首先,研究本身就是一种消费。这种消费,通过理论化和系统化地梳理文本及其历史,形塑了某种层面上的文学再现。其次,理论和系统并非完全冰冷的工具,消费也不是全然的娱乐和把玩,它为研究者提供了认识世界和面对自我的有效途径,仿佛鲁迅之于绝大多数的研究者。透过研究,学人们获得感同身受的精神体验和"心灵的探寻"(钱理群)。再次,这种严肃的消费,又被借鉴或直接成为评阅机制和评审体系的一部分,影响着文学的再生产。此时的消费既是指导,同时也

---

① Paul du Gay, Stuart Hall, Linda Janes, Hugh Mackay & Keith Negus. *Doing Cultural Studies: The Story of the Sony Walkman*. London: SAGE Publications Ltd., 1997, p. 3.

② "palimpsest"有时也作"重叠书写"(over-write)或"誊写",有关于此的释义,可参阅廖炳惠编著:《关键词200:文学与批评研究的通用词汇编》,南京:江苏教育出版社,2006:180—181。

是一种规制。

这个循环的过程将证明：探讨"现代文学"和"现代文学研究"的结构性关联和意义连带，并不是在玩弄一个狗逐其尾、自我循环的文字游戏，它提醒我们注意："现代文学"作为一个历史事件，它已经终结；但是作为一种话语，它仍在不断地建制和修改之中，并且还带有明显的物质性和制度性，是一个社会化的存在。正是通过成功地吸收和挪用包括"现代文学研究"在内的各项成果和资源，"现代文学"已经成了社会领域内一个大型的文化制作（making）产物，它已不复停留在历史上作家们努力写作（writing）或者创作（creation）它的那个时间定点上。

由此我们说，任何一个有志于还原"现代文学"动态特性及其立体观的学者，即使他不能像威廉斯（Raymond Williams）那样细密地构筑一个穿行在文化与社会（culture and society）之间的关键词系谱[①]，或者如比较文学学者那样铺陈一脉有案可稽的跨语际实践史（translingual practice），力图彰显概念本身的生成性（productive）和权宜性[②]，那么，我们至少要把有关"现代文学"阅读、批评、阐释的环节和历史考虑在内。至此，我们看到一个被遮蔽已久或者说不太受重视的理论课题，开始浮出地表，引导着我们对"现代文学"做出更为深入的探究，那就是关于"现代文学研究的研究"。

二、议题的浮现

如果说，关于叙事的叙事可以称为"元叙事"（meta-narration），关于小说的小说可以命名为"元小说"（meta-fiction），那么，关于"现代文学研究的研究"则自然可以视为"元研究"或曰"后设研究"。[③]

"元"的理念和"后设"的视角，试图打破的是叙事本身的整齐划一和浑然一体。通过不断地阻断和妨碍原有的叙事进程和节奏，写作者

[①] 雷蒙·威廉斯：《关键词：文化与社会的词汇》，刘建基译，北京：生活·读书·新知三联书店，2005。

[②] 刘禾：《跨语际实践：文学，民族文化与被译介的现代性（中国，1900—1937）》，宋伟杰等译，北京：生活·读书·新知三联书店，2002。

[③] 张恩华教授在2011年11月由苏州大学和斯坦福大学联合举办的"学术共同体中的海外中国现代文学研究"国际学术研讨会上提出了该观点，特此说明。

有力地凸显了小说的"虚构"本质。尽管这种干扰技巧,直到"后现代"的到来才得以正式命名,可是其前身则未必要局限在某一特定的文学时刻。这意思既是指在其命名之前,类似的因素就已经在文学理念之中隐而不彰、蠢蠢欲动,更可能暗示此类因素并非完全肇始于后天的发明,而是与其先天的本性及特质挂钩。宇文所安(Stephen Owen)曾经特别指出,"希腊文'诗'一词(poiêma)源于'制作'(piein),意谓诗就是要把'已在的'、隐藏在内的'理念'按照已有的模式'制作'出来,使之得到认知"①。而此后建基于"poetics"(诗学)之上的西方文学思想,本意"就是从'制作'的意义上来描述文学作品的特征","就诗的制作来讨论'诗'是什么"。②

追本溯源式的语词辨析向我们透露:叙事艺术中的"制作"理念实在是其来有自。不过,同它一开始就宣扬作家对作品有绝对控制权(control)——"按照已有的模式'制作'"——不同,后现代意念下的"元小说",恰恰是要显示作家对作品的"无能为力",或者说文本的叙事逻辑对作家的控制有了一种反驳。而反驳的方向,自然不是朝着模仿论(mimesis)所追求的——用作品来投影(manifest)理式(eidos),而是要充分暴露投影的不可能——在文字与理式、现实与虚构之间有着种种缝合和不能缝合的迹象与纰漏。可以说,"诗"(poem)与"元"(meta)虽同有"制作"之意,可前者是对制作的遮蔽,而后者则是对制作的解蔽。换个不恰当的比喻,"诗"是一种成功的制作,而"元小说"则是一次充满挫折与失败的经历。

在赘述了如上两种"制作观"之后,我想回过头来说,我所谓的"元研究"拟要突出的是对这正反两面的兼取。我把它视为一个矛盾的共体:其既是遮蔽,也是解蔽;既有缝合,也有断裂。当然,一个更为基本的认识是:研究并不是什么真理,而是制作。它是众多对研究对象进行描述的叙事线路中的一种,本身充满了"虚构"和建制的特性。这个理解提醒我们,不必对"研究"或者"研究的研究"有过高的期许,其实同文学文本一样,它们同为叙事;可是也无须就此妄自菲薄,把文学研

---

① 乐黛云:《中国文论:英译与评论》序言,宇文所安著,王柏华、陶庆梅译,上海:上海社会科学院出版社,2003:3。

② 宇文所安:《中国文论:英译与评论》,第9、18页。

究视为各类文本的附属物和派生品,是完全被动的角色。比方说,认为现代文学研究是由现代文学衍生出来的,它自身并没有独立性。这两种具有高下意识的"位阶论",显然受到了理论放之四海而皆准且比文本高人一等,或者理论和文本可以彼此分离等错误观念的引导。正如我在第一部分指出的,文学和文学研究其实是互惠的、彼此定义的关系。或者说,是一个鸡生蛋、蛋生鸡,循环不已,无法定论的"黑洞"。

领会了这一些,我们就可以说,"元研究"的核心意念正在于对"研究"和"文本"之间彼此"定义""制作"的"互文性"(intertexuality)[①]进行探讨、缝合、遮蔽和解蔽。一个可以信手拈来的例子是"重写文学史"[②]。该理念显然是在对"文学史"——这种特殊的研究形态和学术成果——进行了广泛检讨之后提出来的,是为"研究的研究";而其研究的旨归——"重写",所带来的不仅是对传统文学史写作惯例和范式(paradigm)的冲击,更是对"文学是什么"——这个文学本体论问题——提出了新的认知和揭示,也因此它跟之前的"二十世纪中国文学"[③]理念同处于一个思想史的序列和环节之上。它们都对文学的命名和特质发生兴趣。而这种兴趣的获得,正源于对研究的研究。而与此相继,一旦"文学"被重新命名,那么由此展开的研究,又势必带出一番新的文学风貌和学术景观。正是在这样一个文学与研究相互定义、彼此推进的意义上,我们说"重写文学史"才真正发生,否则,它不过就是在玩弄一个正反易位的权力游戏:用一部文学史去取代另一部或另一些文学史。

这是一个严肃的文学研究者需要极力避免的。而避免的最佳方案,莫过于确立研究者本人和他研究对象的"位置性"(positionality)。这里,我所谓的"位置",并不是文化研究者所讲的:任何知识和论述体系的形成,都受到它所在历史和社会的制约这一点。张隆溪已经狠狠

[①] "互文性"的相关论述可参见蒂费纳·萨莫瓦约(Tiphaine Samoyault):《互文性研究》,邵炜译,天津:天津人民出版社,2003;王瑾:《互文性》,桂林:广西师范大学出版社,2005。

[②] 关于"重写文学史"的最新论述可见杨庆祥:《"重写"的限度:"重写文学史"的想象和实践》,北京:北京大学出版社,2011。

[③] 钱理群、黄子平、陈平原:《二十世纪中国文学三人谈》,北京:北京大学出版社,2004。

地批评了该观念,他说:"这当然有一定的道理,但这种知识生产的'位置性'未免把人的思想太过局限于生活环境和物质条件,让人想起费尔巴哈(Ludwig Feuerbach,1804—1872)常常被人诟病的那句话,'人吃什么,就是什么'(Der Mensch ist,was er isst)。这个概念也一反西方文化研究标榜的解放性,恰恰压抑了在同一环境中会产生不同思想和论述之多元观点的可能。"①

张隆溪的灼见,颇令人想起当年陈寅恪先生所说:"历史研究"的要义乃是"了解之同情"。想必大家对此都已经耳熟能详,即"所谓真了解者,必神游冥想,与立说之古人,处于同一境界,而对于其持论所以不得不如是之苦心孤诣,表一种之同情,始能批评其学说之是非得失,而无隔阂肤廓之论。否则数千年之陈言旧说,与今日之情势迥殊,何一不可以可笑可怪目之乎?"不过可惜的是,我们总会有意无意地忘掉文内先生还附了一句清醒的但书——"但此种同情之态度,最易流于穿凿傅会之恶习。"②这意思是说,毫无原则的同情,又势必导致批评者立场的缺失。

与此不同,文化研究者所言的"位置性",恰恰不是没有立场,相反,它是激进的。"同情"或者说"寻求同情"不过是其表面的幌子。通过把某类(包含自己的)知识和言说客体化、被动化,其实际上获得了一个"受害者"的位置。正是借由这个位置,他可以对压抑他、牵制他的种种因素发出反抗和异议。这与后殖民理论中被频频搬用的"身份政治"(identity politics)同属一个策略(strategy)体系。斯皮瓦克(Gayatri Chakravorty Spivak)的经典一问:"Can the Subaltern Speak?"(底层人能说话吗)③,所关注的不就是那些不能自主的、从属的、丧失了主体性的群体吗?

有别于"同情"和"批判"等主体理念,我定义的"位置"毋宁更为中性。它是指用共时和历时的双向视角来观察研究对象:既注重其纵的

---

① 张隆溪:《掷地有声——评葛兆光新著〈宅兹中国〉》,《开放时代》,2011(7):140。
② 陈寅恪:《冯友兰中国哲学史上册审查报告》,《陈寅恪集·金明馆丛稿二编》,北京:生活·读书·新知三联书店,2001:279。
③ 斯皮瓦克:《底层人能说话吗?》,陈永国、赖立里、郭英剑主编:《从解构到全球化批判:斯皮瓦克读本》,北京:北京大学出版社,2007:90—136。

传承新变，也关注其横的社会语境。这个语境不单包含制约它发生的社会、文化因素，也容纳与它构成竞争关系的各色话语。简单地说，这是一个具有历史向度的公共话语空间，其典型的表征是"学术史""学科史""教育史"这些带有学科交叉性的课题与研究领域。它们以"文史对话"的方式带出了文学研究的新方向。

环顾这方面国内已有的学术成绩，无论是王瑶、陈平原师徒"辨章学术，考镜源流"式的"中国文学研究现代化进程"探索，抑或戴燕、黄修己等人对文学史意识形态的清理辨析，还或徐瑞岳等以专题述评的方式来介绍各类文体、流派及主要作家的研究史，甚或是罗岗、季剑青诸位从文学教育的角度来寻觅现代文学建制的可能与意义①，都堪称取材谨严，持论公允，对研究对象的横纵关系，特别是中西交汇这个大语境都有妥帖、细致的处理，在在体现了研究者所倡导的"触摸历史"②的学术理念。

然而，这些研究表现出来的倾向问题，也值得我们特别指出，主要是三个方面。一、多偏重于谈论古典学术的现代化，对现代文学研究的讨论相对较少；二、多关注大批评家和大作家的研究及研究史，没能兼顾更为多元的批评音声；三、多注重探讨国内学界的科研成果，没能把海外世界的研究视为"中国现代学术体系"的有机组成，只把它们当

---

① 这些成绩包括：王瑶主编：《中国文学研究现代化进程》，北京：北京大学出版社，1998；陈平原主编：《中国文学研究现代化进程二编》，北京：北京大学出版社，2002；陈平原：《小说史：理论与实践》，北京：北京大学出版社，1993；陈平原：《中国现代学术之建立：以章太炎、胡适之为中心》，北京：北京大学出版社，1998；陈平原：《文学史的形成与建构》，桂林：广西教育出版社，1999；陈平原：《中国大学十讲》，上海：复旦大学出版社，2002；陈平原：《学术史：课程与作业——以"中国现代文学学科史"为例》，合肥：安徽教育出版社，2007；陈平原：《作为学科的文学史》，北京：北京大学出版社，2011；黄修己：《中国新文学史编纂史》，北京：北京大学出版社，1995；戴燕：《文学史的权力》，北京：北京大学出版社，2002；王宏志：《历史的偶然：从香港看中国现代文学史》，香港：牛津大学出版社，1997；陈国球：《文学史书写形态与文化政治》，北京：北京大学出版社，2004；黄修己、刘卫国主编：《中国现代文学研究史》，广州：广东人民出版社，2008；温儒敏：《中国现代文学批评史》，北京：北京大学出版社，1993；徐瑞岳编：《中国现代文学研究史纲》，南京：江苏教育出版社，2001；罗岗：《危机时刻的文化想象：文学、文学史、文学教育》，南昌：江西教育出版社，2005；季剑青：《北平的大学教育与文学生产：1928—1937》，北京：北京大学出版社，2011；崔西璐：《中国当代文学研究概论》，天津：天津教育出版社，1990，等等。

② 陈平原：《导言：文本中见历史，细节处显精神》，《触摸历史与进入五四》，北京：北京大学出版社，2005：5。

作了参考书目和注释内容①。有鉴于此,我尝试把"海外中国现代文学研究"视为一个有益的研讨对象,借助它来重新分辨"现代文学"及其研究的可能与对话关系,并勘明其对现代学术生态和研究场域的助益能效,以及由此催生的学术史意义和价值。

三、对象的确立

在对研究对象——海外中国现代文学研究——有一个清楚的界定之前,我想先回过头来解释,为什么国内现代文学领域的研究者通常只是借鉴它、评论它,而不系统地探究它。只有理解了这一点,我们才能更好地为之定位,并确认本次研究的价值。我试探性地提出以下几点:

首先,同古典学术研究相比,现代文学批评研究起步较晚、累积尚浅,其学科合法性和表述体系仍有待进一步的探索和说明②,不似前者已经有了比较明确的结构、断代和切入点。我们只需简单地比较一下各种版本的"中国文学批评史"③(特别是刘大杰、郭绍虞、王运熙、罗根泽诸先生的编、著作)和温儒敏的《中国现代文学批评史》就会发现,前者基本上是以时代线索为经,重要文献和主要批评理念为纬,辐辏并进;而后者则主要是以批评家为中心,通过分章铺陈其批评观点和学术见解,形塑了一个彼此平行的论述结构,中间并没有一条特别明晰的历史线索。而且,也忽略了其他比较边缘和非主流的批评见解,比如那些因参与文学论争而漫漶于报端、杂志的文字材料。另一个忽略则是对当代批评家及其见解的回避。所以严格地讲,温儒敏的这本

---

① 对更宽泛意义上的"中国学"和"汉学"的研究已经全面铺开,我这里主要是指对"海外中国现代文学研究"的研究相对进展较缓。有关前者的丰厚成果可见张西平:《比较文学视野下的海外汉学研究》,《中国比较文学》,2011(1);崔玉军:《80年代以来大陆的国外中国学研究:历史与展望》,《国际关系学院学报》,2006(3)等。
② 对"中国现代文学批评史"的关注和讨论,在20世纪80年代有过一个小高潮,王永生的系列文章具有代表意义,如:《应当重视"中国现代文学批评史"的建设》,《复旦学报》,1980(5);《中国现代文学批评史研究的起步与展望》,《复旦学报》,1984(5);《关于开展中国现代文学批评史研究的断想》,《贵州社会科学》,1986(4)等。
③ 有关"中国文学批评史"现代学科意义上的建构及成绩可参阅余来明、高慧霞:《"文学批评"如何成史:中国文学批评史观念的形成及其早期实践》,《古代文学理论研究》,2023(1)。

书,是一部断代史意义上的中国现代文学批评史。他只关注现代作家或批评家的现代文学批评,对当代人、海外的贡献所言寥寥。这种"专门史中的断代史"(现代文学批评领域里的现代部分),或曰"断代史中的专门史"(现代史中的文学批评方向),因为有其特别的分期标准(这里的分水岭当然是1949)和取材范畴(限于本国之内的),所以会对起步于1950年代的海外中国现代文学研究无视,应是情理之中的事情。

其次,从学科设置来看,"海外中国现代文学研究"是隶属于"比较文学与世界文学"这个二级学科下的一个研究方向,同"中国现当代文学"这个二级分支并无从属和交叉关系。从这个学术结构来看,现代文学研究界会对海外同仁的成绩采取一种"述而不论"的态度有其制度上的根源。不过除此之外,还另有一些干扰性的观念在起作用。一个看法是,"海外中国现代文学研究"按其学术传承,当属西方知识体系,所以,它不便与源流有别的国内现代文学研究放到一个论述框架和体系之中来讨论。这个理解当然入情入理,但是,同比较文学领域内常有的一个认知误区相似——它只关乎"存异",而不注重"求同"。对"同""异"关系的处理,做得好,能达成文化上的"相对主义",形成哈贝马斯(Jürgen Habermas)所谓的"互为主观";但处理得不好,就容易使"相对主义"极端化,导致文化上的本质论和孤立主义。职是之故,乐黛云、张隆溪等学者就特别提出以"和而不同""同工异曲"的思路来梳理跨文化中的交流和对话关系,把"同"作为比较的中心、认识的出发点①。事实上,只需我们稍加注意就会发现,差异并不只存在于中外文化之间,即使是国内的学术传统和知识体系也不能化约为一,南学、北学各擅专场,来路和资源也不尽相同。所以,这种以"学缘"关系来强调中外现代文学研究不能等量齐观的见解,其背后还是有着相当强烈的地缘意识和民族国家意念。这种理解的出发点也许不错,但是其结果容易导致一种文化上的中西二元对立,因而值得警惕。所以,从这个层面讲,我们有必要破除语言、地缘及国家的中心主义,转而向着"对象中心"转化:即不去刻意强化中外学术传统和文化源流的差异,

---

① 乐黛云等:《比较文学原理新编》,北京:北京大学出版社,1998:8—18;张隆溪:《同工异曲:跨文化阅读的启示》,南京:江苏教育出版社,2006。

而是要看到中外研究者面对着一个共同的研讨对象——中国现代文学与文化。如果我们欣然接受安德森(Benedict Anderson)关于阅读能够造就一个"想象"维度上的"共同体"(imagined communities)的见解的话①,那么,我们也可以说,正是借由中外学人共同致力于探讨和研究现代文学,一个类似意义上的学术公共空间(public sphere)②正于焉形成。而且唯其是想象层面上的,其功利性和世俗性也被大大削减。

再次,"海外中国现代文学研究"被零散化对待的另一个原因在于:许多人认为,它并没有达到一个研究对象该有的标准。表现之一,是其过分地受到政治意念或思想风潮的影响而左右摇摆,因而算不上是独立、严肃的学术研究。它或者借由向军情机构输诚的方式,将现代文学研究变成了对华政策和文化攻略制定的"国情咨文";或者把文学研究完全变成是对个人政治见解和立场的确认途径,从意识形态上对中国现代文学大加挞伐或赞扬;或者追随西方自由主义的思潮,把现代文学当作理论的演武场,处处求新、求异,以一种学院化的态度冰冷地审视或者东方主义式地对待中国现代文学,而毫无设身处地的人文关怀。这些批评自有切中肯綮的一面,但是当中一刀切的倾向也比较明显。我们可以追问,海外中国现代文学研究是不是铁板一块,其理论演绎和观点的大鸣大放之中,有没有可取、洞见的部分?而反过来,我们自己的批评里头又是否还有比较顽固的国家本位和民族主义的成分?最关键的一点是,一个异国人士或者异见分子能不能对他的研究对象提出批评?同样是作为现代文学的迟到参与者,为什么我们

---

① 本尼迪克特·安德森:《想象的共同体:民族主义的起源与散布》,吴叡人译,上海:上海人民出版社,2005。

② 与此相连的另一概念是"市民社会"(civil society),关于这两个语词的辨析,特别是其在中国现代文学与文化中的应用讨论,可参见李欧梵:《"批评空间"的开创——从〈申报〉"自由谈"谈起》,《现代性的追求:李欧梵文化评论精选集》,北京:生活·读书·新知三联书店,2000:3—22;陈建华:《申报·自由谈话会——民初政治与文学的批评功能》《共和宪政与家国想象——周瘦鹃与〈申报·自由谈〉,1921—1926》《1920年代"新"、"旧"文学之争与文学公共空间的转型——以文学杂志"通信"与"谈话会"栏目为例》,《从革命到共和:清末至民国时期文学、电影与文化的转型》,桂林:广西师范大学出版社,2009:121—202;以及 Yomi Braester(柏佑铭). *Witness Against History: Literature, Film, and Public Discourse in Twentieth-century China*. Stanford: Stanford University Press,2003,在该书的前言中,柏佑铭还提到了历史及思想史方面的代表性论述。

的批评立场就显得理所当然、顺理成章,而海外同行则必须表现出足够的友善才能被认可,这里面是不是有一种学术上的政治道德在作祟?

认为"海外中国现代文学研究"还够不上研究标准的理由之二是,它并没有给国内学界带来足够多、足够强的学术冲击,因而大张旗鼓地讨论它,显得不合时宜。且不说这种理解套路如何重蹈了备受争议的"冲击—回应"(impact—response)①模式而值得检讨,其实,它本身就是一种危险意识的化身,它将"学术研究"变成了见风使舵的墙头草:谁是主流就研究谁,谁更重要就研究谁。这种主流/支流、重要/次要的迷思(myth),在强调"微观/微物历史"的研究者那里不单早已被击破②,而且从多元文化论的史观来看,反而越是边缘的论述,越有被研究的必要。唯其如此,才没有所谓的一元霸权,而是众声喧哗(heteroglossia)。而且话说回来,既然"罗马不是一天建成的"(Rome was not built in a day),那么这种所谓的"重大影响"也就不可能一蹴而就。由此,观察这些"重大影响"之前的涓涓细流和漫漫长夜,就变得饶有趣味和意义非凡。或许这正是谢和耐(Jacques Gernet)要采用"蒙元入侵前夜的日常生活"③这个视角来审视宋元文化之侧面的用意所在吧。

在对"海外中国现代文学研究"于"中国现代文学研究领域"遭受忽略的原因做过了历史性、制度性和观念性的三方展示与回应之后,我们可以说,"海外中国现代文学研究"不仅值得探讨,而且意义非凡:一方面它为那种可以超克某类学术传统及组织制度压力的批判性立场提供可能,另一方面也为跨文化的、多元协商的批评思路提供参照。既然其学术潜能足够我们深挖,那么接下去就让我来对它做一个基本

---

① 该模式的典型表述见:Ssu-yü Têng(邓嗣禹)& John K. Fairbank(费正清). *China's Response to the West:A Documentary Survey*,*1839-1923*. Cambridge:Harvard University Press,1954. 此外,对该观念的批评见柯文(Paul Cohen):《在中国发现历史——中国中心观在美国的兴起》,林同奇译,北京:中华书局,1989:1—42。
② 李孝悌:《序——明清文化史研究的一些新课题》,李孝悌编《中国的城市生活》,北京:新星出版社,2006:19—22。
③ 谢和耐:《蒙元入侵前夜的中国日常生活(插图本)》,刘东译,北京:北京大学出版社,2008。

的概念清理和论域界定。

首先,从字面意思来看,"海外中国现代文学研究"一词所指宽泛,囊括了中国学界之外(地缘意义上的"内/外")、一切语言形态的(也包括汉语,比如王德威直接用汉语写成的著述)、以"现代文学和文化"为研讨对象的科研活动和实践成果。考虑到它范畴的宽广性,在这部篇幅有限的著作里,我尝试把内容缩减到英语世界,特别是北美地区①。导致我这样做的主要原因在于,该语言世界中的成果在国内较其他语系的流行更广,学者对其翻译、讨论也较多,因而有了文化交流与碰撞之实。无论这种交流是以对话还是对抗的方式进行,它都好过于那些还在自己的语言世界或者有限的影响范围内喃喃自语的成果,它为我们比较地研究与反思现代文学提供了直接的可能与通道。正是在此意义上,我特别有感于李怡所说的:"何处的汉学?怎样的慌张?"他连珠炮似的发问令人印象深刻,而本书的写作目的之一正是尝试着回答这些问题,他说:"究竟什么是汉学?什么又是真正对我们的现代中国文学研究构成巨大挑战的汉学?这些汉学对我们的真正挑战究竟在哪些地方?为什么会形成这样的冲击和挑战?而且,谈到所谓的'挑战',我们还必须进一步追问:所有这些挑战是不是都可以归结为一种思维方式,或者说都属于'同一种'挑战?而更重要的、还需要我们深入思考的是:在目前西方汉学已经造成的学术冲击当中,是否也同样暴露了中国学术自身的问题?也就是说,外来'汉学'的挑战是一回事,而中国学术的内部问题因之得以暴露则是另外的甚至是更重要的'一回事'。"②

其次,从历史沿革和学术传统来看,"海外中国现代文学研究"虽被笼统地归为"汉学"(Sinology),但是其真正的归属却是"中国研究"(Chinese Studies)。这两个概念似是而非。在一段针对美国地区"中国现代文学研究"的简要概述中,刘震提到了它们的差异:"他们的研究工作隶属于一个相当不同的学术传统,即它是美国的'中国学研究'

---

① 关于北美世界以外其他语言区域,特别是北欧诸国的中国现代文学研究情况可参阅王宁:《中国现当代文学研究在西方》,《中国文化研究》,2001(1):125—135。

② 李怡:《何处的汉学?怎样的慌张?——讨论西方汉学的基本角度与立场》,《江西社会科学》,2008(5):8。

的一个分支。这里的'中国学'不同于一般讲的'汉学',它不像传统'汉学'那样主要是对中国古代语言、典籍的考证或者对传统思想的阐发,而更多的是对中国现代历史的研究,尤其是政治、经济、社会等现实层面的问题,因此,杜维明甚至把它叫做是'反汉学的中国研究'。美国的'中国学研究'肇始于20世纪四五十年代,它是作为新兴的'区域研究'的一个重要分支,由费正清等人一手创建的。在此之后的半个多世纪里,它逐渐发展壮大,成为一个独立的学术传统,形成了一整套自成体系的研究范式,比如,所谓的'冲击—回应'模式、'传统/现代'框架等等。美国的中国现当代文学研究就是在这个脉络中发展起来的。"①

事实上,不光在欧陆、北美,就是在学术传统自成一格的日本,其对中国的研究也经历了类似的"从汉学到中国学"②(1945年以前日本主流话语中的"支那学")的发展演变。但美、日之间的明显不同在于,前者"中国研究"的兴起同其国际战略和全球制霸的思想密切相连,里面有比较浓厚的冷战色彩,所谓"冲击—回应""传统/现代"模式都可作如是观;而后者则主要体现为学术的现代化。1868年的"明治维新"使日本迈出了近代化的步伐,受此大势所趋,传统汉学里对中国学术亦步亦趋的研究心态和方法也开始受到检讨。借助于西方学术观念的指导,他们转而"把中国古代文化作为一种文本,进行客观的研究和理性的批评"③。不过需要补充的是,"学术"和"政治"从来都不能被孤立地看待。双方有相互强化、协作的一面。福泽谕吉所谓的"脱亚入欧"论,表面上虽有对日本近代转型的现实考量,但根底上却遥承"中国文明停滞论",对亚洲诸国有一种普遍的藐视,这与日本后来甚嚣尘上的"军国主义"思想若合符节。与此相对,美国的冷战思维,尽管施行是非对错的二元取值,但是其初始目的在于为国家军情服务,所以研究也务求客观平正。这在无形之中使得自由独立的现代学术精神得到

---

① 刘震语,见程光炜、孟远:《海外学者冲击波:关于海外学者中国现当代文学研究的讨论》,《海南师范学院学报》,2004(3):2。
② 钱婉约:《从汉学到中国学:近代日本的中国研究》,北京:中华书局,2007。关于这两个概念更详尽的区分可见严绍璗:《日本中国学史》(第一卷),南昌:江西人民出版社,1991;张西平、李雪涛主编:《西方汉学十六讲》,北京:外语教学与研究出版社,2011。
③ 钱婉约:《从汉学到中国学:近代日本的中国研究》,第3页。

贯彻,为以后更为多元的研究方向预设了可能。正是在这样一种知识与权力相反相成的理念下,我们说"海外中国现代文学研究"是福柯(Michel Foucault)所谓的"话语"(discourse)①,内中深蕴一种具有构形(configure)意义的"知识型"(épistémè,或译"认识阈""认知型")②。

最后,就系科设置而言,美国的"汉学"或曰"中国研究"基本上有两类划分。一类是以区域(area)为据归入"东亚系"。不同的大学称谓有变,如哈佛大学名为"东亚语文和文明系",哥伦比亚大学则称"东亚语文和文化系",普林斯顿大学叫做"东亚研究系",等等。另一类方式是按学科(disciplines)"瓜分""汉学"。这一点耶鲁大学独树一帜:"教中国文学和语言的人,如 Hans Frankel(傅汉思)及本人(孙康宜)都属于东亚'语言文学系'。教中国历史的人,如 Jonathan Spence(史景迁)及余英时(1980 年初余教授仍执教于耶鲁)属于历史系;教社会学的 Deborah Davis 属于社会学系,而教人类学的 Helen Siu(萧凤霞)则属于人类学系。"③另外,刚刚调职到芝加哥大学、以研究"中国美学问题"成名的前耶鲁教授苏源熙(Haun Saussy)则隶属于比较文学系。从以上这两种划分中我们可以清楚地看到,在美国,"汉学"或曰"中国研究"实在称不上是一门学科④。严格地讲,它只是一个传统悠久的研究领域或者学科方向。

虽说"中国研究"并无"学科"之名,却早有"主义"(Sinologism)⑤之实,从学派到典范一应俱全⑥。而由此形塑的知识系统和知识生产的实践理论,更在在揭示出"西方在将中国纳入以西方为中心的世界

---

① 福柯:《知识考古学》,谢强、马月译,北京:生活·读书·新知三联书店,2003。
② 福柯:《词与物:人文科学考古学》,莫伟民译,上海:上海三联书店,2002。
③ 孙康宜:《谈谈美国汉学的新方向》,《书屋》,2007(12):35。
④ 相关的讨论可见顾朴(Hans Kuiiper):《汉学是一门科学吗?》,《江西社会科学》,2004(1):190—204。
⑤ 对"汉学"与"汉学主义"的讨论可参阅:周宁:《汉学或汉学主义》,《厦门大学学报》,2004(1):5—13;以及顾明栋的系列论文:《汉学与汉学主义:中国研究之批判》,《南京大学学报》,2010(1):79—96,《汉学主义:中国知识生产中的认识论意识形态》,《文学评论》,2010(4):87—93,《汉学、汉学主义与东方主义》,《学术月刊》,2010(12):5—13,《汉学主义:中国知识生产中的方法论之批判》,《清华大学学报》,2011(2):128—140,《什么是汉学主义?——探索中国知识生产的新范式》,《南京大学学报》,2011(3):112—123。
⑥ 关于汉学"学派"与"典范"的讨论参见陈珏:《二十世纪欧美汉学的"典范大转移":以"学派"为例》,《清华大学学报》,2010(6):16—18。

体系的长期过程中所体现的动机、逻辑、原因、认识论、方法论以及典型特征"①,因而被有的学者称为是"知识体系、思维方式和权力话语"②三位一体的存在。针对这样一个"话语体系"的研究,显然有助于我们清理和反思跨文化研究中知识生产和论述的操控流程,及其权力结构的运转与干涉方式,明晰其对研究对象既有创化也有扭曲的种种表现,从而暴露出从伦理到政治及文化等方面的一众问题,最终为我们"把中国作为中国来理解"③提供思路和指导。

"海外中国现代文学研究"作为其中的重要组成,自然也当受到同样的礼遇。而且需要特别指出的是,比之其他领域的研究,文学研究又有它的殊异之处。第一,是启用了周蕾所谓的"非实用(impractical)意义上的复杂度"来进行文本阅读和研究。周蕾指出,过去的汉学通常陷于"'现实政治中的'非西方与'想象中的'西方"这个对立结构,"论述往往企图要展示出非西方世界里'事物真实的样态'(the ways things really are),因而制造出一个没有幻想、没有欲望以及没有矛盾情感的非西方世界"④。可是,一旦我们把目光转向"文学"的"想象"维度而非"写实"层面,这种预设的等级秩序和结构关联就会被无情地打破。它提示我们:过分地迷恋文字与现实的"等值"(hypothetical equivalence)关系,把"文学文本"置换成"文字文献",将会毫无疑问地妨碍我们对其"虚构"层面的理解,以及文化间对话的可能。此外,在这个号称中国文论"失语"的时代,强调文学的"非现实性",也有助于我们反省"理论"对"文本"的凌驾问题,正视文本的能量。中外文学的对话关系不单可以在(西方)理论与(中国)文论之间进行,也可以在(中国)文本与(西方)理论之间展开,关键在于我们能否直面文本的主体性以及它拒绝被理论殖民而发出的异议之声,乃至其对理论的改写、重塑及增益的面向。

第二,是所谓的"逆向他者化"。顾明栋指出,"汉学主义"有别于

---

① 顾明栋:《汉学与汉学主义》,《南京大学学报》,2010(1):79。
② 张松建:《殖民主义与西方汉学:一些有待讨论的看法》,《浙江学刊》,2002(4):192。
③ 吉川幸次郎,讨论见钱婉约:《从汉学到中国学:近代日本的中国研究》,第42—47页。
④ 周蕾:《妇女与中国现代性:西方与东方之间的阅读政治》,第4页。

"东方主义"的重要表现是,"汉学主义并不仅仅是一个纯西方问题,制造汉学主义的还包括东方人,中国人和非西方人"①。"在传统情况下,西方人将非西方人视为他者,以此展示他们的与众不同,显示他们比后者优越。但是在汉学主义中,中国人可以将自己置于西方人的位置、将自己视为他者"②。换句话说,参与汉学研究的人力资源配备较过往的"东方学"(oriental studies)有了一个国际化的趋势。这一点在现代文学研究中表现得尤为明显,从早期的夏济安、夏志清昆仲,到尔后的刘绍铭、李欧梵、王德威,乃至于 1980 年代以后走出去的一大批学人,包括张旭东、刘康、王斑、唐小兵、孟悦、刘禾、杨小滨、黄心村等。这些研究者往往兼具"内部亲历者"和"外部研究者"的双重身份,因此比那种西方一言堂,或者隔海看中国的研究姿态,要多一份真切的同情和历史的体恤。由此,这种"逆向他者化"不等同于刻意的贬低、敌视或者丑化。

四、角度的选取

尽管我已经从语言和区域两个方面大大压缩了我的研究对象,但仍不可否认它依旧是个"庞然大物"。由此,如何理解它、以什么样的角度切入,成了我目前最为棘手的问题。而环顾学界,已有的研究成果和切入视角基本上可以梳理为如下四类。

第一类为翻译介绍式。其主要的工作在于务求快速、及时地将海外中国现代文学的研究成果、研究现状推介到国内,从而加强学术和文化交流,并为下一步研究工作的顺利开展做好最扎实的基础文献和数据准备。这项工作自改革开放以来就在稳步推进,其或者以译丛的方式连续、集中出版,或者以译著的形式单独发行,还或者与国内学者的著述一起收入某一主题的研究丛书,不分内外。其中,就译丛而言,比较有代表性的是:王元化主编的"海外汉学丛书"(上海古籍出版社)、乐黛云主编的"中国文学在国外丛书"(花城出版社)、"海外中国博士丛书"(中国人民大学出版社)、刘东主编的"海外中国研究丛书"

---

① 顾明栋,《汉学与汉学主义:中国研究之批判》,《南京大学学报》,2010(1):83。
② 顾明栋,《汉学、汉学主义与东方主义》,《学术月刊》,2010(12):10。

（江苏人民出版社），张西平主编的"海外汉学研究丛书"，季进、王尧主编的"海外中国现代文学研究译丛"（上海三联书店），以及由南京大学出版社推出的"海外华人学者论丛"。这一系列的成果，除了后两项是专门针对中国现代文学和文化的，前面五种多倾向于古典文学及中国社会、历史、政治及文化交流等方面的研究。不过，其对现代文学也有兼及，比如，张英进的作品《中国现代文学与电影中的城市》就属于刘东主编的"海外中国研究丛书·海外学子系列"。同国内学者的著述放在一个方阵内出版的图书，著名的例子有李欧梵的《上海摩登》、王德威的《被压抑的现代性》，它们都收在由陈平原主编的"文学史研究丛书"（北京大学出版社）之中，形制上颇有点"学术共同体"或者我所谓的"现代文学研究场"的味道。

同这些丛书或者译丛相比，单独发行的著述，虽然不成体系，不易引起关注，可出版上相对自由，不必考虑丛书内部的协调问题，代表性的作品如金介甫（Jeffrey Kinkley）的《沈从文传》（国际文化出版公司）、耿德华（Edward Gunn）的《被冷落的缪斯》（新星出版社）。除了大部头的著述，单篇文章或者以论文集的形式出版，或者收入个人文集，或者散见于杂志期刊。由乐黛云主编的《当代英语世界的鲁迅研究》（江西人民出版社）就属于典型的论文集；而王德威撰写的《现代中国小说研究在西方》《想象中国的方法：海外学者看现、当代小说与电影》则收在他《想象中国的方法》一书中；金介甫的文章"A Bibliographic Survey of Publications on Chinese Literature in Translation from 1949 to 1999"，则收录在齐邦媛和王德威主编的 *Chinese Literature in the Second Half of a Modern Century* 一书里面。此外，杂志文章更是数以百计，例子有王宁《中国现当代文学研究在西方》（《中国文化研究》2001年第1期）、季进《美国的中国现代文学研究管窥》（《当代作家评论》2007年第4期）等。这些论述，通常比较注重海外汉学研究成果的总体呈现和历史梳理，以及特征总结，便利读者从面上进行汉学现状的把握。除了译作和概述，另一类介绍则经由面对面的学术访谈带出，目前已经结集出版的有李凤亮的《彼岸的现代性》、季进的《李欧梵季进对话录》《另一种声音》等。

第二类是个案评述式。这类研究的特点是以个别学者或者学者群,以及其研究成果、思想为关注的中心,进行细读式的批评和分析。例如,王彬彬对刘禾《跨语际实践》一书的评论文字(《花拳绣腿的实践》,《文艺研究》2006 年第 10 期;《以伪乱真和化真为伪》,《文艺研究》2007 年第 4 期);林分份(《史学想象与诗学批评》,《当代作家评论》2005 年第 5 期)、季进(《文学谱系·意识形态·文本解读》2004 年第 1 期)等人对王德威学术思想的评议,等等。就学者群的研究而言,夏志清、李欧梵、王德威三位往往被放在一起谈论,从郑闯琦的《从夏志清到李欧梵和王德威》(《文艺理论与批评》2004 年第 1 期)到彭松、唐金海的《海外华人学者现代文学研究中的传统因素——以夏志清、李欧梵、王德威为例》(《文学评论》2007 年第 5 期),以及吉林大学张涛的博士论文《理论与立场:海外中国现代文学研究"三家论"》均是如此操作。这一类型的研究,主要的特色和问题是:一、专人专论或专书专论,重心明确,分析透彻,容易出彩;但不足是,容易就事论事,从而忽略学术史或者研究对象之外的其他内容;二、讨论多集中在某些研究者和其著述之上,用力不均,例如大陆地区直接以"王德威"入题的研究论文不下百余篇(只限知网所收录的杂志),而同样在晚清研究方面颇有建树的叶凯蒂(Catherine Yeh)只有少数几篇文章论及;三、一大批硕士、博士的论文都采用这种形式,例如朱晓静《论王德威的中国现代文学研究》(华中师范大学硕士论文)、余迅《海外汉学中的"顾彬现象"研究》(华中师范大学硕士论文)、田宗媚《审美与批判:论王德威的现当代文学批评》(牡丹江师范大学硕士论文),以及高慧《追寻现代性:李欧梵文学与文化理论研究》(北京语言大学博士论文)等;四、为以上观念提供论说平台的多是专业杂志或部分期刊的专栏,如《世界汉学》、《国际汉学》、《汉学研究》(台湾)、《汉学研究通讯》(台湾)、《海外中国学评论》、《当代作家评论》、《中国文哲通讯》(台湾)等。另外,像现在由邓腾克(Kirk A. Denton)主编的《中国现代文学与文化》(*Modern Chinese Literature and Culture*,其前身是 *Modern Chinese Literature*)杂志多年来常设"书评"(review)栏目,用以推荐和评介新书。

第三类是综合探索式。相对于个案研究,这类研究更注重以问题意识切入,或者尝试综合性或主题式地考察、反思海外中国现代文学的研究成果及其影响和价值。例如,温儒敏曾经就海外汉学在国内传播、接受过程中产生的一系列问题,包括"汉学心态""现代性"的过度阐释等问题做出过持续思考(《谈谈困扰现代文学研究的几个问题》,《文学评论》2007 年第 2 期和《文学研究中的"汉学心态"》,《文艺争鸣》2007 年第 7 期);彭松的专著《多向之维》则注重点、面结合,对东欧、苏联和西方的中国现代文学研究既有历史性的回顾,也有个案的精彩阐发,说明了汉学在现代文学研究方面的示范意义;此外,李凤亮就汉学研究中的"华人学者"现象做过解读(《海外华人学者批评理论研究的几个问题》,《文学评论》2006 年第 3 期等);季进也曾以主题的形式,分别就文学史的重写、跨文化反思等问题探讨海外汉学在这方面的作为(《认知与建构》,《文艺理论研究》2011 年第 5 期;《跨语际与跨文化的海外汉学研究》,《中国比较文学》2011 年第 3 期等)。这一类研究的特点是以全景式的观察为基础,以某类问题或现象为核心关注,突出反思意念,摆脱了一般性的介绍和评述。不过,有一个不足是,容易和第二类研究相脱节。或者说,过于注重个案之间的共通性探讨,而忽视其差异的细剖。比如,彭松的著作在论述结构上就有明显的两段性,前面讲共性历史,后面讲个案表现,没有很好地将两者融合。

  最后一类是理论研发式或曰海外汉学的诗学研究。特别明确的表现是近来关于"汉学主义"的讨论。这个概念意指,"海外汉学"同萨义德所说的"东方学"颇为近似,既是一个知识系统,同时也是一种知识生产的实践理论。它的研究对象是中国知识生产中出现的总体性问题,特别是其中的意识形态和话语特征问题。顾明栋说:"汉学主义被接受为一个新的理论范畴有两个标志性事件:一是 2010 年 10 月 19—21 日南京大学人文社科高级研究院和美国达拉斯大学德州分校人文艺术学院共同举办的《汉学主义:理论探索》国际研讨会;二是《跨文化对话》2011 年第 28 辑刊登了一个探讨汉学主义的专题讨论。此外,在此之前和之后,国内一些主流学刊陆续发表了一系列专门把汉学主义作为一种理论范畴和批评话语予以研究的文章。"[①]其中就包括我在前面注释中提及的周宁和顾明栋本人的系列论文。尽管这种诗

[①] 顾明栋:《汉学主义的历史批判》,《中山大学学报》,2012(1):1。

学意义上的讨论,必然以细密的现象分析为起点,但是,一个有待解决的问题是,"海外汉学"是否真的已经如"东方学"那样,或者说脱离了"东方学"的范畴而拥有一个独立、自足的传统,并以此来组织自己的运作系统?

同以上四种研究倾向,特别是当中表现出来的史诗化和理论化意涵有别,我的起点和目标毋宁更为素朴和根本,它尝试回答我在本章一开始就提出的那个问题,即"文学研究"如何为"文学"注入新的质素和因子。在这个层面上,"海外中国现代文学研究"不仅是一种"资源"(它成为我的研究对象)、一种"话语"(中国现代文学研究的形态之一),更是一种具有认知价值的"介质"(通过它我得到答案)①和具有示范意义的"方法"②(对国内的研究做出启示)。

明眼的读者应该已经注意到,直到现在为止我都没有给"现代文学"下过一个精准的定义。我在一种泛称意义和通俗层面上使用它,并把它和"现当代文学""现代文学与文化"等概念交混使用。我之所以这样做的一个关键原因,正是上面所说的:它仍在不断地被现代文学研究重新定义和书写。但既然是重新书写,那么我们就必须了解它被重写的根基或曰母本是什么。从北美地区的情况来看,"现代文学"的起点与国内通行的理解一致,均定位在 1917 年的文学革命,但其下限却要有意突破 1949 这个政治史上的"大写日期"(the Date)③,将其延展到其他与文学命运息息相关的时间点上,譬如 1957 或者其他的

---

① 这里,我并不是在一般工具论或者媒介说的基础之上来界定"海外中国现代文学研究"性质的。受到柄谷行人"风景乃是一种认识性的装置"启发,我亦对"海外中国现代文学研究"同样看待。柄谷说:"正如国学家想象汉文学以前的日本文学时,是因为有了汉文学的意识才要这样做的一样,谈论'风景'以前的风景时,乃是通过已有的'风景'概念来观察的。"(柄谷行人:《日本现代文学的起源》,赵京华译,北京:生活·读书·新知三联书店,2003:12,10)举一反三:正是因为有了"海外中国现代文学研究",我们得以检讨在把它纳入视野之前的那个研究形态,最终为两者的对话做出努力。
② 这个理念受到来自各个领域及学科的交叉启发,如思想史领域:竹内好:《作为方法的亚洲》(高士明、贺照田主编:《人间思想》第四辑"亚洲思想运动报告",台北:人间出版社,2016)、沟口雄三:《作为方法的中国》(孙军悦译,北京:生活·读书·新知三联书店,2011)、陈光兴:《去帝国:亚洲作为方法》(台北:行人出版社,2006);文学研究领域:程光炜:《文学讲稿:"八十年代"作为方法》(北京:北京大学出版社,2009);文献学领域:张伯伟:《作为方法的汉文化圈》(北京:中华书局,2011)。
③ 宇文所安:《他山的石头记:宇文所安自选集》,田晓菲译,南京:江苏人民出版社,2006:258。

年份。夏志清具有划时代意义的《中国现代小说史》(*A History of Modern Chinese Fiction*)①是圈定这个基本疆域的核心之作。以后的研究,大抵就是在此基础之上,生根发芽、辩难反思、增益扩充"现代文学"的视域、内涵和特质,并衍生出一套"新"的文学理念和文本意识。

如同上世纪之初思想家和评论家们汲汲于"现代文学"观念的营建以期应对"世变之亟"(严复)一样,20世纪中期以来,汉学家们与国内同行一道,亦相继投身于这项仍在进行中的(文学/文化)现代化工程,既"为了解决自身的困惑"②,也为应对文学在新语境下不同的诉求和压力。两者的有机辉映,见证了一脉学术传统的赓续不辍和接力更新。王德威曾经开列晚清以降六组不同的知识分子和他们所代表的文学见解,来说明社会发生结构性转变之时,文人与思想家们如何借助于不同的学术资源、倚赖于不同的思维视角和参与方式来对"文学是什么"这个问题发出各自不同乃至不谐的音调,从而成就了"现代中国文学理念的多重缘起"这一历史事实。他批评了那种一概把"起源"和"发生"锚定于一点或者一尊的"缘起论",并别有深意地指出:"'缘起'的问题,恰恰是做为文学史的同业们不断去承受它的刺激,但是也要不断去解构它的概念式起源的强烈信念。我认为没有必要把这个起源当作是一个了不得的黄道吉日,有了这一天,我们就敲锣打鼓地开始等等。"③

表面上,王德威不过讲了一个老生常谈(commonplace)的观念,可是,即便是这样一个常识性的认识,我觉得到目前为止,也不见得就得到了很多圈内人士的认可。我们动辄重要作家、经典作品,且不说这些作家、作品本身是历史淘洗和文化选择的结果,里头有一种权力意志④,单说那些不重要、不经典的作品,它们是否真的属于正闰意识的陪衬、在历史上绝无声息,这一点就很值得怀疑。不过,这里我更想

---

① Hsia Chih-tsing. *A History of Modern Chinese Fiction*. New York: Yale University Press,1961. 中译本:夏志清:《中国现代小说史》,刘绍铭等译,香港:香港中文大学出版社,2001。
② 陈平原:《中国现代学术之建立:以章太炎、胡适之为中心》,北京:北京大学出版社,1998:1。
③ 王德威:《现代中国文学理念的多重缘起》,《南京社会科学》,2011(11):109。
④ 石剑锋:《田晓菲夫妇:关注那些被文学史过滤了的诗人》,《东方早报》,2007.11.6。

补充的是，除了那种"一元论"式的缘起症候群，另一种没有被王德威点名的病态走势是："厚古薄今"式的起源论。这种观念倾向于到历史的纵深处去寻求起源的可能，而对当下的种种反应不闻不问。这里头有两个问题。一个问题是，它的动机里面永远包裹着一个基本的预设或者假定，那就是现代文学是从某一个时间点开始的，那么要寻求它的起源，就一定是从这个点往前走，而不是往后看，否则就会南辕北辙。其实说到底，这种见识根底上还是一元的。因为它所有的行动目标都是为了解释这个事先假定好的起点，也因此，多元其实是一元，这正如胡适之写《白话文学史》；问题之二是，它基本上把"现代文学"当做一个已经完成的封闭系统，我们今人的看法和见解，可以是对它的疏通、整理，乃至发明，但绝无可能是催生和改造。这个问题，把当世的研究者变得相当被动：作为这段文史的后来者，我们似乎只有评说、议论的份，而无参与共建的可能。这样一来，我们的研究工作也变成了一种无止境的知识盘剥（exploitation）：它对现代文学只有攫取，没有建设。

可是，一旦我们破除了这种前后论的迷思，把"起源"看成是一个开放性的空间，或者一个具有相当延展性的包容系统，而不是一个定点、一个时间段落，那么，我们可以说，直到今天，现代文学依然处于发展之中，任何一个新兴的观念都有可能改变其最终的走向和特性。正是在这样一个层面上，我们除了可以谈章太炎、王国维、梁启超、黄人、陈衍、周氏兄弟等人对现代文学理念的贡献，也可以接着谈朱自清、钱锺书、王瑶、李欧梵、陈平原、陈思和、王德威等人对现代文学缘起的助力。也是在这个层面上，"现代文学"之"现代"得以重新回到它的问题意识（problematic）之上，而不是简单地沦落成一种时间标识。由此，我们说，"海外中国现代文学研究"同过往以及将来的一切讨论一样，都是"中国现代文学理念多重缘起"的重要线索和组成部分。他们有志一同，对"现代文学是什么"这个问题不断地发出质询，也不断地进行定义。

不过，我立马要强调，对"现代文学"的定义，绝不会像王德威在文章中讨论的那样纯粹自足——它的缘起发生、辩证协商都只在文学内部进行；或者是时代同业者之间的对话辩难，或者是行业代际间的承续突破,抑或是东西话语间的激荡启发,还或者是昔日之我和今日之我的转变角力。我已经特别指出,"现代文学"实在是一个社会性、物质化的存在和制作,无法就文学而文学。诚如罗岗所言:"'文学是什么'的问题最终涉及文学在整个社会网络结构中的位置。……'文学'的意义不单由抽象的理论探讨给定,而且要经过多重复杂的社会机制生产出来。新的'文学'观念的发生当然需要倡导者在理论上鸣锣开道,同时它还必须一方面落实到文学具体实践活动中,显示出文学创作的'实绩';另一方面则借助文学教育,重构人们关于文学秩序的想象结构。……简言之,新的'文学'观念经由文学的学理阐释(理论研究)、文学写作及其相关的体制(文学实践)和文学教育三方面共同建构起来。"①

这里,我们并不需要为"现代文学研究"对号入座,正如我用"文化回路"模式分析过的那样,"文学研究"渗透在罗岗所说的每一个层面。它将三者有机地串联起来,并揭示出它们交错重叠的关系。"文学研究"可以是学理上的探析,但也可以随时转化成课堂教学的内容,变成文学教育的重要组成。此外,它也相应地影响到阅读者对文学作品的品鉴和理解,进而对新一轮的文学实践带来干预。如此,当我们尝试以"海外中国现代文学研究"为入口和对象来领受"现代文学"观念的建制与缘起之时,一种要求超越教育史或者文学史等单线视角的模型和架构就被顺理成章地召唤出来。它试图将这些视角做一个融通,不偏不倚,兼而有之,它接近布尔迪厄(Pierre Bourdieu,又作布迪厄,布狄厄)所谓的"文学场域"(literary field)。

五、方法的引入

之所以说它"接近",而非"是",是因为我们必须对这套理论有一个针对性的修正才能运用到"海外中国现代文学研究"身上。正如前文所示,我的本意是要把"现代文学研究"当做一个连接点,将海内外的研究者聚集到一个非功利性的学术空间里来。这个空间正类似于

---

① 罗岗:《文学教育与文学史——中国现代"文学"观念建构的一个侧面》,李陀编选:《昨天的故事:关于重写文学史》,北京:生活·读书·新知三联书店,2011:160—161。

布尔迪厄所谓的"场"。在布尔迪厄那里,"场"是一个永无宁日的斗争区域。它有着一套完备的游戏规则,参与其中的人们,受它支配,但也利用它、改造它。通过有效地协调和借用包括游戏规则在内的各种力量、资源,如代表品味的"惯习"(habitus,或译生性、习尚)和具有象征意义的文化资本,他们或维持或取得自己在场域中的相应位置;尔后又通过这个位置,参与新一轮的文学斗争。如此运转不辍。①

通过这个描述,我们可以发现,用"场域理论"来透析历史上那些确有其事的文学论争有其适切之处。但与此不同,我这里所谓的"现代文学研究场",却恰恰是建立在对话而非对抗的基础之上的,而且它只在虚拟意义和想象层面上存在,并不像"二十世纪中国文学场"②或者"北美汉学研究场"那样相对具体,并拥有各自相对完整的场域规则和"惯习"。我之所以强调"对话",是因为当中外研究者们"齐聚一堂"时,他们也必定带来了各自场域内的某些定势、定见或曰传统。这些传统必须在对话的层面上才能发挥功效,否则,它们只能成为某种不必要的干扰,并一再拖延"现代文学研究"的国际化协作。而且正是因为这种不同场域规则和惯习间的对话活动,才使得我们对"现代文学"的认知变得更为丰富、多元。而这种认知性的转变,最终又将成为不同场域格局变动的推手和助力。这个过程,毫无疑问地会带来一种趋同效应,即中外研究者之间的学术共识越来越多。但是,我们也可以肯定地说,趋同并不意味着完全的重叠,因为在这个共同的想象性场域之外,他们又各自承受着原先所在场域的制约。这正是对话的效应——同工异曲,而与此相反,对抗虽然也带来争鸣和喧哗,但最终亦会导出一个主流、一个霸权,一个布尔迪厄所说的"统御结构"(structures of domination),所以必须修正。概言之,变对抗为对话,此为修正之一。

---

① 关于场域理论的简要介绍可参阅贺麦晓:《布狄厄的文学社会学思想》,《读书》,1996(11):76—82。布尔迪厄本人的著述有:布尔迪厄:《艺术法则》,刘晖译,北京:中央编译出版社,2001;《文化资本与社会炼金术——布尔迪厄访谈录》,包亚明译,上海:上海人民出版社,1997。

② 这个概念的运用见 Michel Hockx ed., *The Literary Field of Twentieth Century China*. Honolulu: University of Hawai'i Press, 1998;贺麦晓:《二十年代中国的"文学场"》,《学人》,1998(13):295—317。

修正之二，我们必须留意到场域实践中的集体性因素。荷兰学者贺麦晓(Michel Hockx)已经指出："现代中国的文学实践，特别是二十年代，以集体性为最突出的特征。作家、编辑、出版商的行为(也许还要包括读者的)部分地依赖于他们参加的团体和那些团体的名称。但布尔迪厄将其理论应用于法国文学场时，他没有观察到同样的现象，因而集体性现象在《艺术的规则》当中没有得到足够的注意。"①后来，贺麦晓在评述民国时期(1911—1937)的文学杂志时，甚至有意创造出一个"集体作者"(collective authors)的观念来追述问题。他说："被视为分析单元的杂志期号(journal issue)，不能当作单一作者的产品。相反，它可以从另外三个角度来理解：一个集体作者的文本；一个独立编辑的产物；一个作者不详的集体合音。"②顺着这样的思路，我们不妨也将"现代文学"的各项研究成果视为一个"集体性"产物，而不是某些研究者的个人专利。事实上如果我们注意到，一篇"标准"的论文总是由大量的引文文献和参考注释构成，那么我们就会欣然接受这一点。把研究成果集体化，实际上传达出一个很平实的看法，那就是文学研究并不是什么发明创造，而是发现。它意味着我们必须对学术传统有所了解，知道它继承什么、突破什么，又与哪些文本竞争、对话，最终才折冲出自己的观点和见解。这个了解的过程，同时也是梳理文学观念流变的过程，看其如何起承转合，具备我们今天理解的那个意思。

第三个方面的修正，我受到舒允中关于七月派讨论的启发。在运用场域理论来分析七月派对左翼文学主流的挑战之时，舒允中指出："布尔迪厄这种从经济学出发的观点只能帮助我们从某种程度上理解七月派。布尔迪厄认为一旦文学领域里的某个受压制的流派取得显赫地位以后这个流派就会由于成员之间的受益不均而产生内部竞争从而导致流派的解体。这种从法国文学出发的观点显然不适用于无论在取得地位之前或之后都相当团结的七月派。"③舒允中进一步解释说，这里面主要有两个问题。一是将场域及其参与者的行为过分地利

---

① 贺麦晓：《二十年代中国的"文学场"》，《学人》，第 314 页。
② Michel Hockx. *Questions of Style*: *Literary Societies and Literary Journals in Modern China*, *1911-1937*. Leiden: Brill, 2003, pp.124-125.
③ 舒允中：《内线号手：七月派的战时文学活动》，上海：上海三联书店，2010:5。

益化。他说:"七月派的凝聚力来自其成员共同政治信念,这种凝聚力表明七月派并不只是为了争夺实际上或象征性的权力和地位而生存。"①我之所以特别强调"现代文学研究场域"的想象特性,正是为了凸显其"超功利"的一面。尽管这个看法多少带有一点理想色彩,但是,我相信在一个成熟的研究场中,真正能为研究者带来声望和"利润"的一定是他脚踏实地的研究过程和丰富的学术累积,而不是那些哗众取宠的观点或其他因素。虽然我们通常借助某些知名观点来记忆某位研究者,但是不要忘记在观点之下仍有他不可替代、独一无二的论证过程。二是"过分强调文学领域内各参与者之间的竞争而忽视了参与者对自己的反思"②。我所提出的"对话关系"可以视为对它的修正之一,但它针对的主要是论断的前一部分,即竞争这一部分。更多地针对后者的修正则来自奚密的提醒,她说:"布尔迪厄低估了文学场域参与者的自主性。在他的论述里,个别参与者不过是表现品味的习尚的无自觉载体而已。虽然他们运用种种策略来争取资本,巩固自己的地位,但是他们能选择的策略很大程度上受到文学场域结构性的制约。我承认结构性制约的确限制了参与者所能做的选择,但是个别作家如何与这些制约性商榷,却由于不同的历史和艺术因素而是个人的、独特的、无可复制的。换言之,虽然他们置身在同样的制约中,每个作家的回应却是不同的。"③

正是基于这样或那样的不足,特别是注意到文学史中的"常与变",以及"文本与场域"这两组互涉互为的关系,奚密在布尔迪厄的基础之上发展出一套新的阐述架构,其核心理念被称为 Game-Changer,即"改变游戏的人"。本文的分析主要参考了这个观念,但我对它同样有所修正。在奚密看来:"Game-Changer 的基本定义如下。第一,作为文学史的推动者,是一位作家,或是一个作家群,透过作品和其他文学实践(例如结社、编辑、出版、朗诵、座谈、笔战等等),建立新的文学习尚与价值。第二,常常出现在文学史的转折点,当旧的典范日益衰微,而新的典范方兴未艾之际,往往从边缘出发,透过作品和其他文学

---

① 舒允中:《内线号手》,第5页。
② 同上。
③ 奚密:《早期新诗的 Game-Changer:重评徐志摩》,《新诗评论》,2010(2):29。

实践,突破旧的思维及书写模式,在文坛上建立优越的地位,而造成上述影响。"①

我修正的主要方面在于削弱"changer"的影响力。不可否认,奚密的理论当中有一种比较理想化的成分,造成此因的关键是她研究的选择性。即她所讨论的对象,针对的只是那些已经成功地将新要素、新观念注入旧体制或思维中去的场域参加者,如徐志摩、杨牧等人。这种做法很自然地屏蔽掉了一大批并不是那么成功的 changer,但问题是,这些 changer 有没有给场域带来新变的可能,并暗中成为 Game-Changer 的助力和思想资源呢?我们不妨用一个具体的例子来说明。

回首现代文学的发生,梁启超算得上是一位重量级的"Game-Changer"。他关于"新小说"的理念与运动,不仅革新了小说地位,引发了写作风潮,十年间使得小说数量"增加倍蓰什百"②,而且据此而成的"新文体"更是"别有一种魔力"③,成为时人、后学竞相模仿的对象,泽被甚广④。可饶是如此,梁启超在"新小说""成功"推行十余年后,仍然对这种繁荣做了一个"失败了"的总结。他讲这数以百计的小说之中,"其什九则诲盗与诲淫而已,或则尖酸轻薄毫无取义之游戏文也"⑤。这样一来,梁启超等于对他本人所说的"小说有不可思议之力"⑥提出了一个吊诡性的反思,提出了一个关于"change"与"changer"的限度问题,或者说一个理想与现实的问题。依据这个理解,我们首先就需要把 change 和 change 的结果分开处理。

而当我们再次把"新小说"的剧情往前拉时,又会发现梁启超关于新小说的许多理念,甚至措辞都是从傅兰雅(John Fryer)那里学来的。

---

① 奚密:《早期新诗的 Game-Changer:重评徐志摩》,第 28 页。
② 梁启超:《告小说家》,陈平原、夏晓虹编:《二十世纪中国小说资料(第一卷)1897—1916》,北京:北京大学出版社,1997:511。
③ 梁启超:《清代学术概论》,上海:上海古籍出版社,1998:86。
④ 有关梁启超"新文体"的阐述见 Theodore Huters. *Bringing the World Home: Appropriating the West in Late Qing and Early Republican China*. Honolulu: University of Hawai'i Press, 2005, pp. 93-97.
⑤ 梁启超:《告小说家》,陈平原、夏晓虹编:《二十世纪中国小说资料(第一卷)1897—1916》,第 511 页。
⑥ 梁启超:《论小说与群治之关系》,同上书,第 50 页。

傅兰雅于1895年举办的"时新小说"竞赛对梁启超影响很大,可是这次小说竞赛无论是在当时和之后的文学史上都很少被提到,这暗示其影响力十分有限。为此,胡志德(Theodore Huters)说他徒占了一个第一的名号,在思想史上却很难被归位①。可我以为,傅兰雅的change虽小,但要讨论梁启超的思想和后来的大作为,是无论如何也绕不过去的。所以韩南(Patrick Hanan)说:"梁启超对晚清文学有多方面的影响,远远超过傅兰雅。但……傅兰雅的竞赛的确在某种程度上影响了晚清小说的总体方向。"②这提醒我们,谈"change"必须把"change"之前的种种波动、变化看进去,而不是把它孤立化、绝对化。为此,结合上面一点,我有意要把"change"和"changer"放在一个更低的层面上来界定,把它和"蝴蝶效应"(The Butterfly Effect)所说的"微力"相连。这个效应所强调的连锁观,同我上面所谓的作家群和学术史的观念是一致的。而且,考虑到(海外)中国现代文学研究是一项仍在进行中的事业,它并不像奚密所讨论的新诗运动多少已经成为经验事实,所以尽管我们乐观其成,但也必须有效区分change的愿景和结果间的距离。

  正是注意到一个changer身上所带有的这种多层面性(overdetermined),驱使我对奚密的观念做了反思性的借鉴。也正因此,我的研究不是关乎"海外中国现代文学研究"的功能主义探讨,即一味地诉说它带来了什么改变、造成什么影响。恰恰相反,我只是平实地表述,并适时地检讨各种研究成果,一视同仁地将其看成是没有最终定型和定性的changes。这些changes或者成为某种具有颠覆性change的前奏,或者就是这种颠覆性的表现之一,但是,我不会刻意去强调后者一定比前者重要。因为在"现代文学"仍在建制的过程里,盖棺论定式的讨论永远不合时宜,也不甚妥当。在这个意义上,我遵循杰姆逊(Fredric Jamson)所谓的"永远地历史化"!(Always historicize!)

---

① 这个观点源自2011年11月我对胡志德教授关于晚清的访谈。
② 韩南:《中国近代小说的兴起》,徐侠译,上海:上海教育出版社,2004:168。

六、框架的设计

葛兆光说,在思想史研究里面存在着一种加减法。所谓"加法",就是锚定了某个目标,不断地援引材料加以证明,就好像胡适写《白话文学史》,是先有了"白话"这个预设,然后才有了历朝历代多姿多彩的表现。其思路基本上是颠因倒果的:"就是根据'后果'去追'前因'的,就是'倒着写历史',说明这些后来的新思想是怎样从旧时代一点一点生出来的,并且成了思想的'进步'、'发展'或'演变'"①。而与此相应,那些不敷以解释后果的因素当然就被无情地淘汰了、屏蔽了,这就是所谓的思想史的"减法"。

我之所以要把这个理解搬出来,是想提醒读者,我的讨论并无意于建立一个新的学术道统——就着今天的"汉学热"来铺陈其种种进步的表现,来把玩其成功的秘诀。我要再一次重申,我所探讨的这些对象和成绩,仅仅只是一种努力和探索的方向,并不是大叙事(master narrative)所讲的那种一锤定音。除了分析它们的贡献和启示,我也要讲它们的不合理,检讨它们的缺陷。也因此,我的论证不是直线式的,它不为我们今天的某些文学史现象或文学研究成绩来寻因找果,而仅仅只是探讨它自身的可能与不可能。在这个理解上,我选择了一个开放性的结构,以主题的方式来探讨其得与失,去分析它怎样不断地介入历史对话——当中既包含文学史、学科史,也指涉研究本身所在的历史——并带出新的问题意识。

我所设计的每个环节或主题之间,是一种平行关系,但是它们也互有交错。而且只要我们愿意,完全还可以通过放宽时空距离、拓展搜索范围的方式,将这个体系不断地扩展、充实。比如,在我下面的思考之外,我们还可以探讨,那种建立在作家、文类、时代、思潮之间的等级关系是如何逐步逐步被打破的,从而形诸"去等级"的思考。不过,学有所限,我的总结只有六个方面。它们依次是"去冷战""去殖民""去帝国""去典范""去道德"和"去文字"。

---

① 葛兆光:《思想史研究课堂讲录:视野、角度与方法》,北京:生活·读书·新知三联书店,2005:319—320。

我首先要说明的是这个"去"字。它的本意不是根除、清空,而是保持距离,以一种更为审慎的姿态、更具批判性的视野来面对其所要"去"的对象。这些对象或者同具体的历史经验相关,或者同新的时代语境有涉,还或者源于学科内部的观念累积。在某种意义上,它们限制了我们对现代文学和文化做出更为深入、透彻的省思,成为我们的前理解,干扰我们的判断。为此,它们需要不断地被凝视、被检讨,从而释放出新的学术空间和可能。

我用"去冷战"来反省蛰藏在研究中的"二元对抗思路",并就"文学"与"政治"的关系做出了具体的梳理和讨论。我的研究将指明,无论过去海外学界对两者关系的讨论如何深透,其基本的思路依然不脱在两者之间做出辩证,从而忽略了从外部引入新的参量来阻断架设在"文学"与"政治"之间那个直线式连字符的可能。而这种理解在新近关于性别的研讨中已经开始有力凸显。我探讨了作为社会文本和批评立场的两种女性观,并指出其对二元关系所带来的新挑战,其中包括全面改写和修订整个文化和社会的阐释机制问题。

"去殖民"的讨论,着力就殖民历史与殖民遗留的问题做出分析。我列举了史书美、周蕾、石静远三位女性学者的思考,看其如何就"半殖民"的理念做出拆解,或者由"后殖民"的理论捕获洞见,甚至直接从"被殖民"的经历之中发掘出现代民族国家建设的力量。她们的讨论,揭橥了埋藏于"殖民"话语之中的等级观念,在分析其巨大危害的同时,也指明这种等级观念有可能被反转、利用的一面。

"去帝国"则把目光聚焦于一个世纪以来西方文化不断渗入,特别是到了全球化的语境下,我们该如何有效地营建新的身份意识和文学认同的问题之上。通过分析,我们将看到研究者们立定主体性的立场,强化能动观念,发出了基于过去、现在和未来三个不同时间面向的诉求和思考。他们或者通过重返历史,探索帝国话语机制的生成;或者借由直面现实语境,召唤抵御帝国思维侵扰的法门;还或者通过设计其可能走向的办法,积极谋求一个超帝国的文化空间与学术构造体系。

从外部的语境往回转,我试图重新梳理学术史和文学史上那些被视为理所当然的现象或概念。我以"去典范"的理念来统摄这方面的考察。在第四部分的讨论中,我将指明包括鲁迅、"五四"、现实主义等在内的观念,因为被一种文学史的"加法"所护持,已经有了一种排他的特性或者自我删减的表现,所以它们需要被历史性地重审,或者通过引入外部机制和参照系统的方式来加以还原和恢复。

第五章"去道德"的观念强调了建立文学批评伦理的必要,主张清楚地区分社会伦理和批评伦理,以维护文学的独立性。过去曾被我们边缘化处理的人事和现象,如对黑暗的迷恋和笑的投入,以及各类负面的人物形象,均是出于一种社会化解读的结果。而这种社会化,归根到底是一种二元判别,黑暗对应光明、笑联系着哭、负面指涉着正面。但问题是,在极为不同的历史语境中,这种二元判定是否持续有效,因为道德本身是变化的。或者换一种提问的方式,道德有没有被充分复杂化的可能,而不仅仅是作为言行德性可视的标尺。

最后一章"去文字"处理的是文学研究的边界问题。伴随着文化研究和跨学科研究的勃兴,文学研究已全面突破由文字文献所划定的范围,进入到诸如视听、城市、感官、游戏、医疗等全新领域,表现出鲜明的"泛文化"特征。这种特征,一方面见证了"文学"无穷的包容力,但另一方面也暴露了"文学"正在失去它的独特性。"文学性"从一种自足、排他的特性,变成了无所不包的容器。文学的体量和深度因此有了新的辩证可能。

在经过了以上六个主题的分章讨论之后,我将在最后的结论中,全面检讨这些不同的方面所带出的共通性的问题,其中包括一种被不同利益所驱动的知识生产形态、一种以普世主义为核心的一元论式的帝国审美,甚至还有一种以偏概全、反复利用,直至其对象透支的学术研究方式。这三个方面构成了跨文化交流的潜在危险,但是,我也愿意强调,危险总是伴随着不同程度的主体立场和反思力度而有所变化。运用之妙在乎一心,如果我们把海外汉学当作一种有益的示范和方法,而不是仰之弥高的圣像和纪念碑,那么,我们可以从中收获启发,并远远地规避风险。

第一章
去冷战：超越二元迷思

20世纪80年代，一系列指标性的事件预示着长达三十多年的世界冷战格局将最终告结。从柏林墙的倒塌、苏东剧变，到中国的改革开放，资本主义和社会主义在旷日持久的对立之后终于迎来破冰之象。时间到了1990年代，全球化的趋势愈演愈烈，似乎更预示着曾经水火不容的两大阵营，终究有了皆大欢喜的完满结局。冷战的阴霾逐渐散去，对抗的格局渐行渐远，地球村的概念也一度吸引人的眼球，这种种迹象对于祈求世界和平、全球共融的人们，可谓是最好的福祉。不过，正当我们如此乐观地对待这一段史实之时，一些有识之士仍在深入地探问：冷战及其意识形态构造是否真的已经成为历史进程中的过往？它的遗留及其影响是否真的能够因时间的推移而被逐渐遗忘，甚或一笔勾销？我想这样的提问，绝对不等同于别有所图的重翻历史旧账，要为过去的事件做一个政治正确或者错误的定性。相反，它帮助我们打开了一个可供反复讨论、反思的学术空间，藉此我们可以重审历史事件及其经验、价值，并对其影响和后果做出最全面、彻底的检讨与总结。

陈光兴表示："所谓的后冷战时期尚未到来。进一步来说，冷战的长期效应已经根植于在地历史，成为国族史乃至于家族与个人历史的重要地层，就算现实上冷战被宣告结束，也不会就此散去，冷战效应已经成为我们身体的一部分，与我们常相左右。"① 他进一步解释说："去冷战在东亚地区无法规避的方向是从战后各个层次的'脱亚入美'走

---

① 陈光兴：《去帝国：亚洲作为方法》，第183页。

向'脱美返亚'。在此历史时刻当中,去冷战就是去美国化,就是在反思美国内在于东亚主体性所造成的问题。脱美能否展开,是区域统合、自主与和平最为关键的指标。"①

陈光兴的这个讨论当然别有针对。如果我们尝试着对全球范围内的冷战效应,特别是文学/文化研究领域内的情况进行概括、提炼时,会发现"去冷战"实际上就是去松动那种明显带有意识形态敌意的二元对立(Binary Opposition)结构和观念。被萨义德(Edward Said)点名批评的"东方主义"(Orientalism,也作东方学),正是该类意识的典型表现。东方主义,作为一种知识生产,其一贯思路和做法是利用所谓的文明阶序论将他者野蛮化、妖魔化,并剥夺其发言权进而为之立言②。东方主义中所明确包含的政治倾向、等级意识和想象色彩,使得它区别于同样以二元思路来理解文化的结构主义人类学,因为它涵容更多的实证内容;同时更有别于陈小眉所提出的"西方主义"(Occidentalism)③。

这个术语的用意在于降低"对抗"的目的性,转而强调其策略性的方面。无论是清末民初两代学人以中西二分的思路来推演中国现代化的可能和必要,还是1980年代中国知识界广借西方资源来推进对"历史"的反思,都在在见证"对抗"或者说"对立"事实上已经成为批判的起点和文化新变的理论预设,凸显的乃是文化碰撞的建设性而非军事征服与殖民。正像史书美所指出的:"我们不能将'五四'中国对现代性时间观的采纳简单地视作是西方民族国家之线性时间观的翻版,我们不能将之看作是另一个对过去与现在的隔断。这是因为中国的中断是受到了西方时间观念的影响,是迫于西方帝国主义的压力而被迫做出的选择。"④套用这个理解,我们尽可以说,冷战效应支配下的中美敌对,也有可能成为某种"被迫性的建设策略"。这种策略,多少令人想起印度理论家南迪(Ashis Nandy)所谓的"亲密敌人"(the

---

① 陈光兴:《去帝国:亚洲作为方法》,第186页。
② 萨义德:《东方学》,王宇根译,北京:生活·读书·新知三联书店,1999。
③ Chen Xiaomei. *Occidentalism: A Theory of Counter-Discourse in Post-Mao China*. New York: Oxford University Press, 1995.
④ 史书美:《现代的诱惑:书写半殖民中国的现代主义(1917—1937)》,何恬译,南京:江苏人民出版社,2007:60。

intimate enemy)一说。在他看来,政治和军事上处于对抗中的双方,于某些文化观念的创制上却有着相反相成的"合谋"效果①。"西方主义"多少见证了这种跨文化创化(productive distortions)的"对立—合谋"性。陈小眉说:"西方主义这种话语实践,通过建构其西方他者的形式,使得东方能够积极地、带着内在创造力参与到自我转化的进程中去,即使转化的起点是在它已经被西方他者挪用和建构之后。经常修改和操控那些经由帝国殖民而强加于我的西方理论与实践,致使中国产生了一种崭新的话语,其特色是结合西方对中国的建构和中国对西方的建构,使这些组合元素彼此交流,互相渗透。"②

尽管佛克马(Douwe Fokkema)、蚁布思(Elrud Ibsch)夫妇批评陈小眉的论述之中带有理想主义色彩③,张英进也指责其对"误解"的用法暗含等级秩序——"将中国置于缺乏或不足的一方,始终都是在接受"④,但是,我们还是应当看到,陈小眉对冷战意识形态的借用和揭示,提醒我们所谓的"二元对立"模式并非单纯的铁板一块,而是具有变化的多层次性。这些层次,促使二元模式直至今天仍大有市场,一再衍生、变种,但同时也为我们的讨论和研究提供足够多的回旋空间和论述材料。

这里我们不妨以冷战思维的直接产物"冲击——回应"为例来说明问题的复杂和吊诡。一方面,这个模式通过重蹈东方主义的覆辙,将中外关系、中外文明本质化和等级化,为曾经的热战和殖民辟谣、脱罪,有着典型的二分视野;但另一方面,考察这个理解模式的生成语境,我们会看到,这并不是费正清本人的发明,或者说是受到政府情报机构支配所妄下的结论。"费正清等人发展出'挑战与回应'的解释模式,与蒋廷黻、胡适等中国学者对中国历史的解释,不无相似之处,甚

---

① Ashis Nandy. *The Intimate Enemy*: *Loss and Recovery of Self under Colonialism*. New Delhi: Oxford University Press, 1983.
② Chen Xiaomei. *Occidentalism*: *A Theory of Counter-Discourse in Post-Mao China*, pp. 4-5.
③ 佛克马、蚁布思:《文学研究与文化参与》,俞国强译,北京:北京大学出版社,1996:137。
④ 张英进:《影像中国:当代中国电影的批评重构及跨国想象》,胡静译,上海:上海三联书店,2008:10。

至可以说是受到了后者的启发。譬如,有关'挑战与回应'的代表作就是费正清与邓嗣禹(Teng Ssu-yu,1906—)合编的《中国对西方的回应》(*China's Response to the West*)一书。而邓嗣禹是燕京大学毕业生,在获得哈佛学位以后,又曾经回国任教,与民国时期的史学大家交往颇多。"①王晴佳的这个指正,有力地回应了冷战结构中可能存在的对抗合谋关系。正是对这个关系的疏略,使得后来柯文(Paul Cohen)在对"冲击——回应"模式发出挑战之时,无可避免地陷入如下一个僵局之中。

首先,他主张从中国特殊的历史情境出发来处理中国历史,表面上虽有意突破西方中心主义,但其实质依然只是在西方的研究架构和情势之内打转,为东方历史附加了漂亮的"修饰语",把西方意义上"近代化"理论变成了全球范围内的在地性"另类近代化"。这个思路袭用进化论的时间观,将西方当作全球的表率和先锋,供世界各地的国家追赶、效仿,模塑了"正典/另类"的等级结构。其次,是这种被强调的"另类",又一次使得论述回到陈光兴所声称的冷战的典型格局——"半个不完整的世界"②——之中。"他诉诸于一个非历史的中国,一个中国中心的历史,这历史隔离在西方现代性之外。中国具有其内在的自我封闭的逻辑,有其文化发展的形式,无法被西方所理解。"③在此意义上,"中国中心"同样有可能导致"东方主义"。最后,这种批判因为回避了概念生产史中的中国参与因素,又可能"堕入另一种西方中心论的立场,那就是用高人一头的态度,认为西方人研究中国历史,能比中国人自己还要'客观'、'出色',因而可以无视现当代中国学者的著作和论点。"④

正因为注意到二元模式内部充满了对抗、激辩、合作的多层结构,王斑有意要用"天下"(China in the world)的理念,来重新梳理冷战格局下的中国文艺现象。通过重申毛泽东关于"爱国主义和国际主义"

---

① 王晴佳:《中国文明有历史吗?——美国中国史教学与研究的缘起和现状探究》,钟雪萍、王斑主编:《美国大学课堂里的中国:旅美学者自述》,南京:南京大学出版社,2006:89。
② 陈光兴:《去帝国:亚洲作为方法》,第186页。
③ 王斑:《全球化阴影下的历史与记忆》,南京:南京大学出版社,2006:198。
④ 王晴佳:《中国文明有历史吗?》,第89页。

并行不悖的理论见解,他指出鲁艺时期由周立波主讲的"世界文学课"如何成为可能,而所谓绝对孤立的"半个世界"在实践上也并不存在①。参照这个观点,我想强调,我定义的"去冷战",恰恰不是要去根除二元敌对这个阐述模式,相反,是想利用这种二元结构作为论述的入口,探讨更为复杂的话语关系,把那些被认为相互隔绝的观念有机地统合起来,并观看由此引发的研究效应和历史重写。

在接下去的部分,我将处理那些检讨或者本身就被认为陷入了冷战对抗模式的著作。这些著作共同回应了文学与政治这一永恒的议题。但它们各有侧重,有的从文学史的书写出发,有的则偏重文学的情感表现,而另一些则追索文学的性别意识。这些不同的层次,打破了那种将文学与意识形态、历史事件或作家身份做直接等同的思路,也将文学与政治的关系带离控制与被控制的单一路线。通过反思文学制作的复杂语境,以及其主体性发挥的种种表现,这些海外中国现代文学研究的著作,把"冷战模式"变成了一个大有可取的反思场所。在那里,对抗的双方得以碰撞、协商,甚至融合为一,而不是封闭在各自的概念之中横眉冷对。

第一节　现代文学的史与学

一、政治解读的失效

第一个被讨论的对象,是预示着中国现代文学研究在西方学院内奠基、开山的著述——夏志清的《中国现代小说史》(*A History of Modern Chinese Fiction*. New York: Yale University Press, 1961)。这部著作自 1961 年出版以来,屡经再版、修订和翻译,泽被既广,反响也大,已经成为学术史上不可移易的经典。王德威评价说:"任何有志现代中国文学文化研究的学者及学生,(此书)都是不可或缺的参考资料。……世纪末的学者治现代中国文学史,也许碰触许多夏当年无从预见的理论及材料,但少有人能在另起炉灶前,不参照、辩难,或反思

---

① 余夏云:《天下中国——王斑教授访谈》,《东吴学术》,2011(1):135。

夏著的观点。"①

而在众多的反思意见里,最具批判性,也是最普遍的认识是,该著作包藏了一个明确的"政治潜文本":作者以其鲜明的政治立场来取舍文本、臧否人物、架构历史。也因此,其戛戛独造、力排众议之处,所显示出来的不过是一己之褊狭和傲慢。可话虽如此,我仍想澄清,这种解读当中的传记式倾向,实际上犯下了和张隆溪所批评的那种"位置性"一样的错误。它将夏毫不避讳的政治立场,特别是他曾经为美国军方效力的事实,换算成了《小说史》理所当然的写作立场和组织思路。且不说这样的解读,如何无视夏的学术训练而有以偏概全的问题,单说拥有政治立场就必然导致文学研究的失格这一观点,就格外值得警惕。这里,我们必须有效区分那种将政治立场当作唯一评判标准和把它视为众多依据之一的研究方法。后者强调了文学审美的多元化趋势,特别是把所谓的"政治审美"和"审美政治"提上了研究的日程。也因此,当陈国球回首昔日夏志清与普实克(Jaroslav Průšek)就《小说史》的"政治偏见"和"艺术价值"做你来我往的激辩时,如是写道:"双方互相指控对方充满'政治偏见',而力陈己方是文学的'艺术价值'守护者。在这些控诉之间,'文学'与'政治'的形象变得流动不居;'文学'与'政治'之纠结夹缠,莫此为甚。当然自今视昔,二十世纪中叶的两位辩者对'文学'与'政治'的界划仍然有这样纯朴而认真的想象,实在值得敬佩。总的说来,冷战思维及其所寄托的政治言说,在此次论辩中非常显眼。"②

尽管在陈国球看来,夏的论述之中仍有对"文学"与"政治"壁垒分明的区划,可是,回到《小说史》写作本身,我们会发现这种壁障即使不是完全没有,也已经变得一击即破。这一点提醒我们,用于论辩的文字和研究中展示出来的观念,可能并不是完全对称的。文类和体裁的差异造就了部分原因,另一部分原因来自陈国球所说的,论辩中的"个

---

① 王德威:《重读夏志清教授〈中国现代小说史〉》,夏志清:《中国现代小说史》(香港),第 xi 页。
② 陈国球:《"文学批评"与"文学科学"——夏志清与普实克的"文学史"辩论》,王德威主编:《中国现代小说的史与学:向夏志清先生致敬》,台北:联经出版事业股份有限公司,2010:70。

人义气,使得夏普两人的论文都没有达致他们著述中的最高水平"①。为了说明《小说史》中政治立场与文学审美的绾合关系,我们不妨以鲁迅为例说明问题。

众所周知,夏志清对鲁迅的评价,不仅在篇幅上半于张爱玲(1961年英文版的篇幅,张爱玲42页,鲁迅27页),在结论上也有相当"出格"的表现。他批评鲁迅:"为其时代所摆布,而不能算是它那个时代的导师和讽刺家"(……he appears to be largely the victim of his age rather than its self-appointed teacher and satirist)②。这样的"寡言"和"低评",在那些热衷于把鲁迅神化或者政治立场恰好与夏相左的研究人员看来,自然同鲁迅领袖群伦的大师地位不符,也不对。尽管我们能够为这个论点找到足够充分、有力的反驳材料,譬如鲁迅对青年作家无私的奖掖和扶持,以及他对包括胡风在内一大批后学的影响③,使他足堪"精神之父"的称号,可是我仍要指出,这种反驳在逻辑思路上却充满问题。

问题之一,是过于感性地把论述篇幅的多寡和论述对象的轻重做直接的关联。不可否认,篇幅字数在一定程度上暴露了编著者的意识形态,可是这样的暴露必须跟更为复杂的评阅机制、出版审查、人事关系,以及某些极为偶然的因素做综合考察才能生效。单方面的发言和论断,容易导致这样一个文学史的认识误区,即认为被历史记载且写得长的,就是重要的;凡是写得短的或者不被写的,都是次要的。用夏志清自己的话说,他的选择自然"全以作品的文学价值为原则"④,可是,同样也碍于研究材料的匮乏和缺失,他又不得不对某些作家做泛论、简评。他说,如果有机会,他愿意"把吴组缃、萧军、萧红、端木蕻良、路翎,以及其他值得重视的小说家,予以专章讨论"⑤。夏的这番自

---

① 陈国球:《"文学批评"与"文学科学"》,第70页。
② 夏志清:《中国现代小说史》(香港),第46页。
③ 这方面的早期讨论可参阅西奥多·D. 休特斯(Theodor D. Hentes):《胡风与鲁迅的批评遗产》,以及葛浩文(Howard Goldblatt):《鲁迅与文学保护者的形象》,两文见乐黛云主编:《当代英语世界鲁迅研究》,南昌:江西人民出版社,1993:334—360、391—409。
④ 夏志清:《论对中国现代文学的"科学"研究——答普实克教授》,夏志清:《中国现代小说史》,上海:复旦大学出版社,2005:327。
⑤ 夏志清:《中国现代小说史》(香港)作者中译本序,第 xlviii 页。

白,不仅击破了那种以篇幅多寡来观察其史观的荒唐揣测,更是明确显示了其对重要性的界定之中,有超越自身政治立场的方面。因为按照政治决定论的观点来看,萧红、萧军这些跟左翼大有瓜葛的人,在夏的视野中从来都不可能成为重要的作家,可夏却恰恰反其道而行之。由此我们说,"寡言"论的核心问题在于混淆了文学史所能呈现和所要呈现的内容。

问题之二,是将文学史的结论和它的论证过程相拆分。这与那种只记住夏对现代小说史重排座次的结果,而无视其"冒大不韪"的"重新洗牌"之下仍有细腻推导、演绎的做法,殊无二致。回到讨论本身,我们可以看到,夏对鲁迅的评价,恰恰不是贬抑式的,相反他开启了鲁迅思想中更为幽微复杂的面向。对这个面向的深入探讨和发挥,成就了后来夏济安关于"鲁迅作品黑暗面目"的观点和安敏成(Marston Anderson)有关"现实主义道德阻碍"的思考①。对他们而言,鲁迅尽管有其自觉服膺的时代使命,但因为"敏锐地感觉到这两种具有压迫力、渗透力,而又无可避免的力量"——"一是传统的中国文学与文化,一是作者本身不安的心灵"②——他并没有把一项史诗性工程完全乐观化。他以抒情③的方式自省、呐喊与彷徨,以致作品中满布"曲笔"(distortions)④和"鬼影"⑤。正是这样一个阴郁、孤独的鲁迅形象和作品,使得他不能够和光明坚定、满腹激情的革命导师形象相配。同时,他对文字暴力的敬畏,又使他更像一个"道学家"。他反复地检视自己的过激和可能由此造成的阅读伤害,这使他不可能成为那种直来直往嬉笑怒骂的讽刺家。

---

① Hsia Tsi-an. *The Gate of Darkness*: *Studies on the Leftist Literary Movement in China*. Seattle: University of Washington Press, 1968, pp. 146-162; Marston Anderson. *The Limits of Realism*: *Chinese Fiction in the Revolutionary Period*. Berkeley: University of California Press, 1990, pp. 76-93.
② 夏济安:《鲁迅作品的黑暗面》,《夏济安选集》,沈阳:辽宁教育出版社,2001:21。
③ 这里有关史诗与抒情的理念借自王德威,参见王德威:《抒情传统与中国现代性:在北大的八堂课》,北京:生活·读书·新知三联书店,2010。
④ 安敏成:《现实主义的限制:革命时代的中国小说》,姜涛译,南京:江苏人民出版社,2001:90—91。
⑤ 丸尾常喜:《"人"与"鬼"的纠葛:鲁迅小说论析》,秦弓译,北京:人民文学出版社,2001。

安敏成这样写道:"鲁迅的小说期望开启的批判意识之门是以转折词'但'为门枢的,……在幻灭与希望之间,鲁迅展示了又阻碍了它创作的小说实效。他冷酷的反省最终扰乱了西方的小说模式,观察者确定的客观性与读者净化反应的圆满被双双打破。……他的小说……对于宏大的文化传统以及小说本身对读者的影响,起到了建设与破坏(解构)的双重作用,当其他作家接过鲁迅开创的新小说模式时,他们一同接纳的还有深刻的道德怀疑和形式的不确定性。"[1]参考这样的意见,可以说,夏的批评实在是一针见血,他直言鲁迅的问题在于对自己的思考承担了过度的道德忧虑,也就是安敏成所说的"深刻的道德怀疑",以至于变得"温情"。比较当时学界那些过分拔高鲁迅价值的言论,夏的这个评骘当然算得上是一个"差评",甚至"恶评",但是以后见之明的视野来说,这个曾经的"差评",却是客观平正的。它不仅开启了海外世界祛魅鲁迅神话的进程,同时也予沉溺于鲁迅光明形象的国内同行以当头一棒,因而自有其学术的示范意义。

二、文学阐读的不足

以上用政治解读来评说夏著暴露出来的问题,自然会使我们快速地转向夏本人所承诺的文学阅读之法——那种以对"优美作品之发现和评审"(the discovery and appraisal of excellence)为核心的阐述。然而,一个首当其冲的问题是,果真存在这样一种无关政治的纯文学阅读吗?特别是在面对中国现代文学这个特殊的文本对象时,这种文学阅读之法真的能够凭一己之力完全发掘作品之美吗?我的答案是否定的,原因不妨从以下几个方面来加以说明。

首先,从其研讨的对象而言,纯审美的观察容易导致见木不见林的问题。特别是在我们接受了夏本人关于中国现代文学有其特殊的情感执念——"感时忧国"(obsession with China)精神之后,更应当承认:想要超越作品本身的政治寄托和道德关怀来谈论作品有其偏颇。即使拿"爱国色彩"最弱的张爱玲来讲。她40年代的作品,借家庭内闱的凡俗视景,透视无奈苍凉的人生,也专心临摹人性的弱点,有其疏

---

[1] 安敏成:《现实主义的限制》,第96页。

离政治传统的表现。可是近来的研究也一再揭示,这种向家庭内转的倾向,实际上有其外向的政治针对。即她的作品,是在沦陷这一特殊的历史语境下,借那些能够被殖民当局认可的题材来发挥最微妙的爱国抗议。与同时期的许多闺秀作家一道,张爱玲的业绩表明:"可以有许多不同的方式来指称战争的存在,而战争时期的叙事可以建构得更有隐喻性从而也就更为深刻地切入现实。日本宣传机器也许可以用女性形象来作为中日合作的象征和传播'泛亚洲主义'意识形态的工具,但是张爱玲们也同样可以在文本上颠覆这种对女性和她置身城市的描绘,进而构筑一种最个人化的战争叙述。文学转叙被赋予政治意义,话语颠覆也发生在受到高度控制的出版空间之中。这正是张爱玲、苏青、施济美们的才华所在:不谈政治,却无处不介入。"①

黄心村的这个精彩结论,使得我们可以进一步追问"感时忧国"是否必然导致一种文学写作上的限制? 如果我们联系到杰姆逊(Fredric Jameson)关于中国现代文学是"民族寓言"(national allegory)②的论断,以及金克木关于中国文学自古就有"以'意淫'通于政论"③的写作传统,那么,我们就可以说,把写作和爱国联系起来,非但不成为限制,反而有其适切之处。而且回归动荡的时代当场,应该肯定这种对民族国家的迷恋,不唯是寓言式的操作或曰情感上的限制,而应有其深厚的伦理维度和现实意义,是普世皆然的。退一步讲,是否专于国事,就注定要遗忘世界? 对中国"天下"观念胥有心得的研究者,可能要扬言,这实在是谬见。近代中国岂是在将"天下"缩变为"国家",明明是使"天下"向"世界"平稳地过渡④。

其次,从全书的批评视野和方法学而言,纯粹的文学标准只是一个幻想。夏的理论工具,从他自己直接师承自布鲁克斯(Cleanth Brooks)的新批评(New Criticism)观,到列维斯(F. R. Leavis)分外强

---

① 黄心村:《乱世书写:张爱玲与沦陷时期上海文学及通俗文化》,胡静译,上海:上海三联书店,2010:20—21。
② 詹明信(也作杰姆逊):《处于跨国资本主义时代中的第三世界文学》,《晚期资本主义的文化逻辑》,北京:生活・读书・新知三联书店,2003:516—546。
③ 金克木:《玉梨魂不散,金锁记重来:谈历史的荒诞》,《读书》,1989(7):87。
④ 罗志田:《天下与世界:清末士人关于人类社会认知的转变——侧重梁启超的观念》,《中国社会科学》,2007(5):191—204。

调生命体验的"大传统",以及对阿诺德(Matthew Arnold)的理念多有回应的20世纪理论名家艾略特(T. S. Eliot)、屈灵(Linoel Trilling)、泰特(Allen Tate)、史丹纳(George Steiner)等人。由这些批评论述所组成的解读方阵,在王德威看来,很难摆脱传统"反映论"和"道德论"的嫌疑。特别是新批评理论,尽管其表面上主张封闭(close)在文本内部做精致的文字阐读和形式意蕴的发掘,可是,其实质"仍暗含一套文学的社会学,企图自文本内的小宇宙与文本外的大世界间,建立一种既相似又相异的吊诡秩序。"①换句话说,新批评的理论看似自足独立,实际上却有其相当无奈的动因。对社会乱象的有心无力,使得批评家们不得不退而求其次,用对文字的清理和训驯来寄寓其美好的社会治理愿景②。在此层面上,文学批评和文学创作一样,有其历史和政治的倾向,都可以用于表现感时忧国的精神情绪。拿上面提到的"民族寓言"来说,杰姆逊虽欲表白中国现代文学的特质如何异于西方文明,它每每将公私领域做一连带考察,以文学干预政治,其意却在反证美国知识分子对其社会责任如何不闻不问,对国家政治少有一种切身的关注③。这种迂回进入的批评,恰恰显示了政治意图的祛之不尽和纯粹文学标准的失效。

毫不客气地说,夏借文学标准来树立一套属于他自己的文学秩序,本身就是一种巨大的政治抗争和对话,其对象正是以爱国主义和政教意识形态为中心的文学史编写。也因此,王德威说:"这本书更象征了世变之下,一个知识分子所做的现实决定:既然离家去国,他在异乡反而成为自己国家文化的代言人,并为母国文化添加了一层世界向度。"④

再者,从其援引的参照系统而言,纯文学标准只是表面文章。当然一开始必须承认,采纳西方文学作为评阅标准,有其现实的考量。一、夏的学术训练在英美文学;二、英美文学确实对现代文学有广泛影

---

① 王德威:《重读夏志清教授〈中国现代小说史〉》,夏志清:《中国现代小说史》(香港),第xv页。
② 王德威:《抒情传统与中国现代性》,第18页。
③ 这个观念得益于我对王斑的访谈,特此说明。
④ 王德威:《重读夏志清教授〈中国现代小说史〉》,夏志清:《中国现代小说史》(香港),第xiii页。

响;三、《小说史》针对的是西方读者,用他们耳熟能详的作品为例,能使推介更有成效。可是,这里面也有不容回避的硬伤。第一,拿西方文学来对比中国文学并借此肯定其价值,本身就暗含一种等级次序,似乎西方文学的经典性能不证自明,而中国文学则要经由它们来做筛选。而且,这些所谓的西方经典文学,本身也是经过淘洗所得,里面包含的政治、社会、文化、经济因素亦不能无视。换句话说,经典性本身不是纯文学评价机制的结果。第二,是那些作为例证的西方作品,与现代文学之间的关系,并不十分紧密。比如在谈论鲁迅时,夏列举了海明威(Ernest Miller Hemingway)、贺拉斯(Horace)、本·琼森(Ben Jonson)和赫胥黎(Aldous Huxley)等人,可事实上,与鲁迅的创作和思想有着更直接关联的是果戈理(Nikolai Gogol)、显克微支(H. Sienkiewica)、安特莱夫(L. Andreev)、夏目漱石、森鸥外等非英美地区的作家[①]。这一点足以暴露夏的文学标准实际上是英美中心主义的,因而也非纯粹无关政治的。借着导论中提及的"以亚洲为方法"的观念来反思,我们会发觉,这种过分沉溺于欧美经验来进行中国文学验证和验真的行为,不仅窄化了分析视野、割除了欧美之外多元的历史经验,更几乎是把欧美的知识方式变成了唯一的典范。如果现代中国是以日本、印度或其他亚洲国家为参照,那么,中国的现代小说史面目会有怎样的不同?这是需要我们思量再三的问题。

最后,从全书的研究体例来讲,纯文学的讲述会造成过多的价值屏蔽,甚至包括文学发展自身的脉络。伊娃·库绪纳(Eva Kushner)已经明确指出:"文学史不是有关纪念碑似的作品的故事,而是有关一些可能相互交流的项目的多样性组合。"[②]以所谓绝对优美的文学作品组成的研究,不能算是真正的文学史研究,顶多是经典文学的论集。因为它把历史当有的参差抹平,以所谓的高度造成某种平行的、跳跃的、压抑式的发展。例如,以雅俗的高低对立,把俗文学排除在写作的

[①] 对这种影响关系的讨论见佛克马:《俄国文学对鲁迅的影响》、帕特里克·哈南(Patrick Hanan):《鲁迅小说的技巧》,两文见乐黛云编:《国外鲁迅研究论集(1960—1980)》,北京:北京大学出版社,1981:279—292、293—333。

[②] 转引自张英进:《审视中国:从学科史的角度观察中国电影与文学研究》,南京:南京大学出版社,2006:170。

视野之外。这一点造成了葛兆光所说的那种加法式的历史。夏著通过不断地强化左翼文学的伸展变化——这一过程不仅减去了通俗文学,也减去了二三十年代风靡上海的"新感觉"——最终突出了他所说的"感时忧国"理念的合情合理和一以贯之。如果把通俗文学的内容引入,那么,这个结论或者说那种基本上以左翼为线索的书写体系是不能够完全成立或者解释中国文学的特征。再者,即使是对左翼文学内部,能不能只谈茅盾、张天翼这些在文学技巧上表现优异的作家,而罔顾那些文学成绩差强人意的作家呢。以蒋光慈这个浪漫的左派为例,在夏济安看来,他在文学上自是彻头彻尾地失败了,"除了使五四运动的文学信条沦为笑谈"(he only succeeded in reducing to absurdity the literary credo of the May Fourth Movement)①,他几乎一无所成,文字粗糙、想象力贫乏。可是,正是这样一个失败的个体,却成了认识中国现代知识分子所处困境的重要枢纽。通过他,我们理解"革命+恋爱"的公式如何生成、孕育,有何问题,同时也掌握革命文学内部的杂音、喧哗从何而来,史诗时代的抒情如何成为可能。由此,夏济安说:"对我而言,蒋的贡献正在于他的失败,他的价值正源于他的毫无价值。"②(his worth is found in his worthlessness)通过这个例子我们可以说,单一的文学审美在文学史写作过程中并不奏效,它必须综合考虑其他更为复杂的因素,特别是要赋予这种审美以一种历史的维度,而不是在超历史、去政治的层面上做文学的品评和秩序的建设。

以上,我们通过仔细地推敲,说明了惯常那种对《小说史》——一个冷战背景下生成,且毫无疑问带有冷战意念的产物——做单一的政治批判或美学表扬的做法,总有其捉襟见肘之处。这样的失败,不仅宣告文学(研究)与政治(立场)并非简单的二元对立关系,同时更引发了这样一种好奇:那即是文学(研究)与政治(立场)的关系到底是什么?什么才是真正有效地阐述冷战意识和效应的方法?带着这个疑问,我们将转向下一个议题——政治情感的分与离。对这个议题的讨

---

① Hsia Tsi-an. *The Gate of Darkness*, p. 63.
② *Ibid.*, p. 71.

论将提供解答问题的某些可能。

第二节 政治情感的分与离

一、多样的关系

如果我们秉持文学作品或多或少地反映了或折射出作家本人及其时代的情感结构这一理念，那么，对国体政治与个人情感关系的梳理，将有助于我们理解文学与意识形态的复杂纠葛。当然，这种理解是局部性的，因为排除了情感，还有其他更为丰富的认识层次可供我们选择，例如身体、性别，等等，这一点我会在第三部分详加说明。但在这一部分，我仍将继续借用冷战意念，用预设二元的方法来处理文学与政治的关系。这种处理方式将说明，冷战效应在学术领域不仅没有被完全剔除，甚至还可能提供某些出人意料的建议和价值。在论述的一开始，我就将罗列、举证海外世界有关情感与政治关系的各类不同阐释路径。这些变化不一的路径，将毫无疑问地充实和调整我在上面提到的那种将文学与政治绝然对立的批评方法，并开始把注意力转到那存在于两者之间的动态关系之上。

回顾学史，在西方世界，较早把政治与情感关系引入讨论的，当推与夏志清大打笔战的普实克。对他而言，要理解现代中国文学的肇始与发展，就无法离开个人主义与国家意志这组轮替的概念。他以所谓的"抒情与史诗"(the Lyrical and the Epic)观念出之，并详加证明。在他的定义中，所谓抒情，是指晚清以降，文人在易诗为文的背景下，对其主体构造和欲望情绪都有了一种普遍的关注和释放。它既上承以往诗言志与诗缘情的传统，又部分嫁接西方个人主义与浪漫主义的情思，从而带出了主体的心理学化，从晚清刘鹗的《老残游记》到"五四"郁达夫的作品，都对此有所印证。但是基于他特殊的左翼立场，普实克并不把"抒情"视为中国现代文学集大成的特色，相反只是一个过渡性的阶段。在他眼中，时间只有真正到了1920年代末，中国文学的现代气质才真正诞生。在这个时段内，主体情志为集体主义所吸引，浪漫个人接受革命意志的询唤和加持，从而有了一个强调文学"历史—

社会"功能的进程,小我化身大我,文学写作变身革命实践。他赋之以"史诗化"的名讳。①

从抒情到史诗,普实克为现代文学的演进架设了一个脉络清晰的政治时间表。它不仅同一般文学史叙事中所说的"从文学革命到革命文学"的表述若合符节,同时也更强烈地传达出其对革命意识形态的首肯和颂扬,因而别有一种"政治正确"②或曰"科学历史观"的意味。尽管我们不必把普实克定义下的"史诗"与"抒情"视为一般的文类标签,而可以将之"延伸为话语模式,情感功能,以及最重要的,社会政治想象"③。可饶是如此,研究者仍可质诘:这种对文学进化无限乐观的线性体认,到底是属于后见之明? 还只是一个(伪)科学的阐释假设? 而文学的历史又是否果如普实克描绘的这样泾渭分明、按部就班,或者说,文学的历史是不是就是文学史?

正是基于这一系列的盘诘,特别是联系到中国抒情传统本身,陈国球和王德威诸位均发出了自己不同的见解④。尤其是王德威,他着意打破普实克假定的那个由此及彼、从不拖泥带水的时间框架,指出史诗之下亦不乏抒情。他聚焦上世纪中期,考察一组文化人马如何从各自有别的领域内(戏剧、书法、音乐、电影、政治、小说等)演绎出异于"启蒙"与"革命"的抒情路数,并对整个时代日益集权化的史诗气象做出对话。这样的讨论毫无疑问地使"抒情"走出了唯心、走资,或者小情小感的肤泛之论,但是,也无疑走入了将抒情与正面的政治想象做必然关联的误区,从而回避了那种颓废⑤、耽溺的自我抒情。我们可以

---

① 普实克:《抒情与史诗:现代中国文学论集》,李欧梵编、郭建玲译,上海:上海三联书店,2010,特别是第一、二两章,及李欧梵的序言。
② 对这个概念的详尽阐述见孙康宜:《"政治正确"的不正确言论》,《亲历耶鲁》,南京:凤凰出版社,2009:131—134。
③ 季进:《抒情传统与中国现代性——王德威教授访谈录》,《书城》,2008(6):5。
④ K. K. Leonard Chen(陈国球), "The Conception of Chinese Lyricism: Průšek's Reading of Chinese Literary Tradition." In Olga Lomová(罗然) ed., *Paths toward Modernity: Conference to Mark the Centenary of Jaroslav Průšek*. Prague: The Karolinum Press, 2008, pp.19-32;王德威:《抒情传统与中国现代性》。
⑤ 有关颓废的讨论,特别是关于新感觉的部分参阅李欧梵:《漫谈中国现代文学中的"颓废"》,《现代性的追求:李欧梵文化评论精选集》,第 141—173 页。戏剧中的颓废,参见高利克(Marian Gálik):《论三部中国现代颓废主义戏剧中的畸恋与暴力》,王尧、季进编:《下江南:苏州大学海外汉学演讲录》,上海:复旦大学出版社,2011:152—160。

尝试追问,新感觉之后色(erotic)、魔、幻、怪(grotesque)的种种表现,是否就此一去不返、杳无音信?事实上,无论答案是肯定还是否定,我们都可以看到,王的论述结果中有这样一种设计,即革命气场中,抒情唯有同史诗发生了往返,才能成其大。这种欲念,多少掉入或带有我下面要评述的第一类"情感——政治"的结构模式或色彩。我称之为"攫取式"的。同第二类模式——"培植式"一样,它们都借自福柯的讨论。

在关于权力谱系的精彩论述中,福柯曾经指出,权力的运转,不仅仅是攫取式的,它也可以是培植式的。它们分别代表了前现代和现代社会两种截然不同的权力运转机制。就统治者操纵生死的方式而言,前现代的方式,基本是攫取式的:"获取东西、时间、肉体和生命的权力。"①福柯写道:"君主只有在行使或保留生杀大权时才会实施放生的权力。他只是通过有能力让别人死才显示出自己对生的权力。"②

但是,这种管理,就西方世界而言,从古典时期开始经历了一种转折,"'征收'不再是权力的主要形式,而仅仅是具有煽动、强化、控制、监督、抬高和组织它手下的各种力量的作用的一个部件。"③现代社会,权力转化成"确保、维护、强化、增强生命和理顺生命的秩序"④的能力。福柯以"死刑"为例做出说明。他讲,在前现代时期,"死刑"是"君主对反对自己的意愿、法律和人格的人的回答"⑤。但是,在现代,"大家只能因为罪犯的罪大恶极和无法改造才使用死刑来保护社会,而不是根据犯罪数目的庞大来实施死刑。只有那些对其他人构成一种生命威胁的人才会被依法处决"⑥。换句话说,"死刑"不再是君主或统治阶级个人权力的展示,而是他们维护公共利益的一种正当手段。在这个意义上,"我们可以说'让'人死或'让'人活的古老权力已经被'让'人活或'不让'人死的权力取代了。"⑦

---

① 福柯:《性经验史》,佘碧华译,上海:上海人民出版社,2005:88。
② 同上。
③ 同上。
④ 同上书,第89页。
⑤ 同上。
⑥ 同上。
⑦ 同上。

就第一种模式而言，孟悦对《白毛女》和《青春之歌》等作的解读，足堪表率。她把国家话语的生产看成是一种绝对的政治施压和意识形态控制。在这种控制之下，产生了"精神分裂的种种症候：……'敌人'"。尽管说这样的批评有它特定的历史原因——它同中国激进的政治遗产和80年代"告别革命"的强烈企盼相关，但是，也有它不容回避的盲区。套用高彦颐（Dorothy Ko）对儒家体系中妇女形象与地位的基础性认知来说，如果私人领域/女性永远只处于被压迫和侮辱者的位置，那么操控它的那个权力机构和社会就不可能运转得如此持久而稳定。① 换句话说，政治规训之中总是包含有相当柔软的部分，可供它更为平滑、稳妥地进行生产、处理和推演。这正是那种被福柯称为"培植"模式的核心。

有别于孟悦的激进，王斑以一种更为审慎的态度讨论了革命话语的"柔软"之处。他的例子依旧是《青春之歌》，只不过这次是电影版的。在整个研究中，他尝试与孟悦的解读框架发生对话，他说："尽管我同情这些理解，我还是不禁想问，为什么某些共产主义文学，尽管试图去除性别特征和脱离肉体，却还能调动我们的感情、激发我们的想象呢？遭受压制，情欲将去向何方？假如无意识的愿望即使经受有意识的、最严格的审查和社会的压制也从不会消失，并且总能找到某种隐蔽的方式倾诉出来，那么，遭受压制的东西如何回到共产主义文学中去呢？"②对于这一连串问题的解答，使王斑意识到，那些表面上看似对立的东西，如情感和政治、个体和国家，实际上可能是互惠互利的（mutual enrichment）。革命影片的例子见证了这一点，同时更宣告了一种"美学化政治"的生成："通过想象的快乐这条迂回的道路，将观众提升到主体位置崇高的高度。一方面，革命影片认识到个体的欲望之欢的重要性，以此来定位、疏导观众。另一方面，它还试图将释放出来的精神力量提升到党领导的国家的要求上来。银幕上的画面、声音、

---

① 高彦颐：《闺塾师：明末清初江南的才女文化》，李志生译，南京：江苏人民出版社，2005。

② 王斑：《历史的崇高形象：二十世纪中国的美学与政治》，孟祥春译，上海：上海三联书店，2008：128。

形象、色彩并非仅仅吸引观众思考的能力,还渗透到他们的潜意识中去。"①

尽管王斑和孟悦对情感与政治关系的解释结果截然相反,但他们的共同之处在于,都是从国家政治这一角度切入,或者讨论它的压抑性或者发掘它的涵容性,从而把情感放在了一个相对被动的位置。而当我们试着去转化这种主客关系之时,会发现事实上还另有两种全新的阐释模式等待我们考掘。一种我们不妨称之为"分裂式"的,另一种则为"悖论式"的。在《革命与情爱》一书中,刘剑梅清楚地解释了分裂的含义,她说:"个人的性意识与更广泛的政治中的性暗示有时会重合,会达到暂时的一致性,在这种时候,作家对个人情感的模棱两可的处理会导致'模糊的多重性'(ambiguous pluralization)的结果。这个观点再一次说明了中国知识分子作为现代分裂人的一面,他们一方面希望能够达到自我实现与自我满足的目的,一方面又希望有一个稳定的集体环境来支持他们实现这一目的,于是只好在个人与集体之间痛苦地摇摆与徘徊。"②借助于对"革命+恋爱"这个于20世纪一再重复的文学母题的历时性梳理,刘剑梅看到,私人情感及其文化空间,并不因史诗气象的日渐强盛而被蚕食,相反,因为它自身所带有的不同层次——既具有私人的私人性,同时也拥有私人的公共性,使得它能够在政治审查、话语控制日益严格的局势下仍有序运作、保存。换句话说,刘剑梅定义中的儿女英雄、公私律动,并不是一种后天行为,而是一种先天品格。她试图将文学这个概念,或者说情感这个范畴本身复数化,将其视为一个矛盾的结合体。这种做法疏离了惯常那种通过预设二元(文学/情感—政治),然后再来探讨其交错关系的冷战思路。但是,也应该承认,刘并没有绝对地脱离二元结构,她只不过是把这个结构提前了、内部化了,即通过在文学/情感的内部去预设公私的对立来取消外部文学与政治更大的公私关系。

相比起刘剑梅对"私人公共性"的平缓态度,奚密在《当代中国的

---

① 王斑:《历史的崇高形象:二十世纪中国的美学与政治》,第151页。
② 刘剑梅:《革命与情爱:二十世纪中国小说史中的女性身体与主题重述》,郭冰茹译,上海:上海三联书店,2009:35—36。

"诗歌崇拜"》一文中提出了更具挑战性的观察。她提醒我们,在对诗歌宗教般的狂热之中,孤绝的诗人们同样造就了一种"公共性",但与刘剑梅所说的"正面"契合完全不同,他们所显示出来的是一种悖论性的相反相成和物极必反。当代诗人们曾想努力地借由诗歌的神圣化和诗人的英雄化来抵御外在的政治改写,却不幸地误入和政治史上"个人崇拜"一模一样的误区:以一种绝对主义、乌托邦式的心态来进行排他活动。这种矫枉过正的行为,使奚密疑惑:"不管'诗歌崇拜'多么强烈地反抗现存体制,它是否在无意间只是替换了崇拜的对象,而仍在原来的思维和写作模式里运作呢?从这个角度来看,先锋诗歌一方面和政治文化体制有着相逆的关系,另一方面若干诗人又正面地援引毛泽东。对此,我们并不感到惊讶。其实,引用本身并不重要,重要的是'诗歌崇拜'论述中使用的类似的语言。"[1]

奚密有效质疑那种只关心情感与政治表面关系的做法——无论这种关系是压制的、反抗的、引导的,还是暗合的,并提出了从其效果上进行反思的观念。此举无疑能大大深化我们对情感政治的理解,但是她的问题在于,其不能证明效果上的相似,就注定造成情感与政治间张力的削减。这种合辙的效果,除了对两者的对抗关系做出讽喻,其本身还能不能成为另一种反讽?比如说,套用"文革"语言是否必然陷入其暗含的排他意志,超越于此,它能不能再提供新的可能?用王德威分析《坚硬如水》的话说,阎连科对"文革"语言的有样学样、大肆铺排,在在造成了一场坎普(camp)[2]式的闹剧:"百科全书式的语汇奇观"[3],竟成了革命表述自曝其短的荒唐法门,不论书中人物所炮制的"文革"语言"如何出奇制胜,无非是一种伪托,一种拼凑。而阎连科在文本层次所刻意凸显的,更是伪托的伪托,拼凑的拼凑"[4]。从这个意

---

[1] 奚密:《从边缘出发:现代汉诗的另类传统》,广州:广东人民出版社,2000:241—242。

[2] 这个词用于表达克尽全功却总有不足之意,它也被译作"矫揉造作""媚俗",或"假仙""敢曝"等。对它的讨论可参见苏珊·桑塔格(Susan Sontag):《关于"坎普"的札记》,《反对阐释》,程巍译,上海:上海译文出版社,2003:320—339。另见陈冠中:《坎普·垃圾·刻奇——给受了过多人文教育的人》,《万象》,2004(4):16—46。

[3] 王德威:《革命时代的爱与死:阎连科论》,《当代小说二十家》,北京:生活·读书·新知三联书店,2006:430。

[4] 同上书,第431页。

见来看,文学与政治的时有重叠,并不能完全说明两者之间的距离在消弭,并带有同一层面的意义与内容。

二、普遍的问题

以上四种解释框架表明,文学与政治的关系并不如人们想象的那般明了。尽管它们各有针对,也有彼此区别的理论语境,但是,这绝不意味着这四种模式可以被选择性地运用,即像傅葆石和耿德华(Edward Gunn)对沦陷区文学与电影的讨论那样,清楚地划分出三大板块(消极—抵抗—合作或赞同—异议—超脱)然后对号入座①。这种呆板的做法,显然值得检讨。因为它非但不能发掘出文学与政治的复杂交错,相反,它使得这种关系变得机械、僵硬。超越这种做单向选择题的做法,我更倾向于提出多项组合的理念,即注意到这四种模式间可能的呼应与拼接。例如,在一个培植型的作家作品身上看到他的反讽与抵抗。以黄子平对革命样板戏《智取威虎山》的解析为例。他讲,故事中黑话累牍,且不乏诲淫诲盗之处,可吊诡的是,正是这些在主流话语看来必除之而后快的部分,却恰恰成了它最出彩、最吸引人的关键。杨子荣的大放异彩,也"盖得力于他骂骂咧咧地脏字连篇,与众匪徒详述许大马棒、郑三炮子和蝴蝶迷之间的'那堆破事'"②。换句话说,在一个培植型的文本中,那些本该被挞伐、整肃的部分在其欲除不能除之际,反倒带出了点王德威所谓的"寓教于恶"(edifying depravity)③的反讽味道。

黄子平提示道,对这种革命机体内除之不尽、死而不僵的黑话淫媒现象,不妨动用陈思和所讲的那个自外于庙堂、广场而有着自在自为、藏污纳垢品行的"民间"理论来解释,三者之间的互相渗透是该现象出现的实因。但他旋即补充,"这种渗透还得深入到语言、叙述方

---

① Poshek Fu. *Passivity, Resistance, and Collaboration: Intellectual Choices in Occupied Shanghai, 1937-1945*. Stanford: Stanford University Press, 1997;耿德华:《被冷落的缪斯:中国沦陷区文学史(1937—1945)》,张泉译,北京:新星出版社,2006:6。
② 黄子平:《"灰阑"中的叙述》,上海:上海文艺出版社,2001:70。
③ 王德威:《被压抑的现代性:晚清小说研究》,宋伟杰译,北京:北京大学出版社,2005:66—137。

式、文体类型、文学传统等等层面去讨论"①。对于黄的这个意见我欣然接受，不过，转换到本章的关怀点上，我更想说的是，这种"阴暗"面目的一再浮现，其实和冷战的二元理念直接挂钩。作为光明的对立面——黑话、破事等的被批判，事实上构成了一种重要的革命修辞。这种修辞不仅针对被批判的事物本身，同时更构成了其反面事物的合法性。即批判黑话、破事是为了给红话、贞洁等等对立的价值和话语提供合理性。或者换过来说，红色话语正当性的确立，并不仅仅源于其自身的正确，同时也受益于其对立面的不正确性。理解了这一点，我们就会明白为什么王德威会说整个20世纪会除恶不尽、暴力丛生，理性降生处，正是梼杌出没地②。

正像我在一开始就指出的，冷战意识并没有全部失效，在某种层面上它仍大有可为。不过，以四种模式为例，我还是想指出它们亟待修正的部分。因为无论我们把这种二元观玩弄得如何复杂，给出多少的杂糅组合，它都无法彻底解释某些现象。像李杨所指出的，如果脱离了通俗小说这个传统，我们就不能很好地理解"革命经典"政治观的获取其实并不只是根源于行政管束和话语控制这一事实。传统小说中的"英雄""儿女""鬼神"等主题的借用和改造，为纯粹的文本—政治关系提供了新的解释思路③。

李杨的这个意见，同上面提到的刘剑梅及黄子平的观念有其相似之处，他们均倾向于把"文学"或"情感"这些观念复数化，把它视为一个矛盾的共体，而不是一个自足的"一"。通过细腻地切分其内部构造，包括文本的语言、文类、叙述、传统等，他们解释所谓的文学与政治对话，可以具体到传统与政治，或者文类与政治的关系中去，而不只是在一个抽象的，或者就文本而文本的层面上来谈论。而这种复数化的演绎，同样也可以被应用到"政治"或者"意识形态"的概念之上。在刘

---

① 黄子平：《"灰阑"中的叙述》，第70页。
② 王德威：《历史与怪兽：历史·暴力·叙事》，台北：麦田出版股份有限公司，2004 及 *The Monster That Is History: History, Violence, and Fictional Writing in Twentieth-Century China*. Berkeley: University of California Press, 2004。
③ 李杨：《〈林海雪原〉——革命通俗小说的经典》，唐小兵编：《再解读：大众文艺与意识形态》，北京：北京大学出版社，2007：128—153。

康看来，近代以来的中国革命和政治问题，并不是一个简单的改朝换代的事情，里面包含了一种从制度到思想及文化的全方位反思和改造，其中最重要的就是建立无产阶级"主体性"和推进知识分子的大众化。换句话说，在"政治"一词中，我们同样可以透析出好多层次，为此，刘康特别接引葛兰西（Antonio Gramsci）有关"文化霸权"（cultural hegemony）的阐述来解释马克思主义的中国化问题，强调政治有所谓美学和体制的分叉。①

同复数化的修正配套，第二类修正从杰姆逊所说的"永远的历史化"中获得。这种观念提醒我们情感与政治的此一时也，彼一时也。尽管刘剑梅以历时的方式考察了文学与政治的变奏问题，可是她却无力说明感情和政治本身也是变化着的。她的处理给人留下这样一种印象，即1920年代、1940年代，甚至1960年代的政治控制是一模一样的，而不同时段内人们对情感和性的表现也没有任何距离、差异。王德威在《历史与怪兽》一书中，每以不同时空背景下的文本做比对的例子早已明白无误地显示，脱离了具体的历史语境来谈论问题，总有其疏漏之处。我这里可以举出的最新例子，是李海燕有关20世纪上半叶情感谱系的讨论。在《心灵革命》（Revolution of the Heart）一书中她借镜威廉斯（Raymond Williams）的"情感结构"（structure of feeling）理论，指明横亘20世纪有三类截然不同的情感形式，它们或者参照传统的道德架构形诸"儒家情感结构"（the Confucian structure of feeling），或者吸收人文模式下的自由观念推出"启蒙情感结构"（the enlightenment structure of feeling），还或参考社会主义体制下由国家观念构造出"革命情感结构"（the revolutionary structure of feeling）②。抛开概念界定的精准与否不论，有一点可以很肯定，那就是"情感"永远不是恒定为一的。由此类推，政治也不可能保持其一贯的姿态，其所谓压抑、培植也都应有张弛不一的表现和程度区别。

最后一类修正是针对文学与政治或情感与政治之间那个连字符

---

① Liu Kang. *Aesthetics and Marxism*: *Chinese Aesthetic Marxists and Their Western Contemporaries*. Durham: Duke University Press, 2000.
② Haiyan Lee. *Revolution of the Heart*: *A Genealogy of Love in China*, 1900-1950. Stanford: Stanford University Press, 2007.

的。搬用刘禾关于跨语际实践中"衍指符号"(The Super-sign)的生产总是同特定的文化、社会、历史、政治条件密切相连的认识①,我同样要指出,要清楚地辨析"文学—政治"的关系,就必须在那个连字符上添加更多的认知界面,把它充分地语境化,它们可以包含性别、经济、时尚、技术等五花八门的方向。唐小兵关于大众文艺与意识形态关系的"再解读"理念,正好是这方面的佳例。他说:"一旦阅读不再是单纯地解释现象或满足于发生学似的叙述,也不再是归纳意义或总结特征,而是要揭示出历史文本后面的运作机制和意义结构,我们便可以把这一重新编码的过程称为'解读'。……也许更恰当的一个名称是'文化研究',因为在这样一个综合性话语领域里,人类行为(社会的、心理的、想象的、文化的)所产生和维持的象征意义及结构性张力成为了解读的对象。"②唐小兵的意见指明,对文学和政治关系的探讨必须脱离就事论事的层次,而超拨到同这组关系产生联结的更广阔空间中去,唯其如此,我们才真正获得了击破冷战意念的有力武器,而不是逗留在一个二元的世界里做拔河运动。当然,一个接下去的问题就是,我们该如何利用这个武器切实进入到"去冷战"的进程中去。这成了我下一节的主题。

第三节 性别身份的是与非

一、作为社会文本

紧承上一部分的讨论,我将在本节中继续挖掘消解或者发挥冷战效应可能的方法。我的例子是性别。不过,为了避免不必要的误会,我必须在一开始就申明,单纯地谈论性别问题本身并不足以取消或者发展文学与政治这组二元关系。"性别"所提供的"去冷战"方案在于,它是在政治与文学的连字符上增加了一种新的向度和视角,同技术、商业、跨国等切面一样,它们共同为"文学—政治"赋予了一个综合

---

① 刘禾:《帝国的话语政治:从近代中西冲突看现代世界秩序的形成》,杨立华等译,北京:生活·读书·新知三联书店,2009。
② 唐小兵:《我们怎样想象历史(代导言)》,唐小兵编:《再解读》,第15页。

的文化语境。它们的出现打乱了那种在文学与政治两极之间做直线往返运动的解释思路。换句话说,要探讨文学与政治的复杂性就必须经由更多的像"性别"这样的中转站和媒介才能够真正实现。

这种模式,正好比现代文化交流史上,中国与西方的关系中还有一个日本中介一样①,性别也在文学与政治的关系中扮演了类似的角色。而且要特别指明的是,日本在这种结构中,并不是一个相对于西方的被动接受者,也不是一个相对于中国的被动传播者,它拥有自己的主体性,尽管这一点在通常的讨论中常常被搁置,或者被特别强调的中国主体性所掩盖。日本不只是一种在工具论或功能论层面上的存在,它有着刘禾所架构的"跨语际实践"(Translingual Practice)的主体意涵。对"性别"的定位也应该遵循这样的认知,即不要片面地把它视为文学的肌理,或者政治的投影,而应是一种具有干预力和介入性的主体视野和切面,同道德、时尚、经济、历史、记忆等切面一道,共同为文学与政治关系的梳理添砖加瓦。不过碍于篇幅,我这里只能举性别为例,可这绝不意味着性别比其他层面的内容更重要。另外,促成我做这种选择的原因还有:1. 性别研究方兴未艾,成果丰富②;2. 性别本身是一个综合性的文本,对时尚、经济、道德、历史等层面都有所触及,因而可以管中窥豹。

特别是后一点,它提请我们注意,"性别"不纯粹只是一个生物学概念,同社会、历史、文化各层面的交接,使得它拥有了能直接参与文学与政治对话的可能。正如我在上一节指出的,文学和政治均不是抽象的存在,也因此它们的对话必定在更为细腻和具体的层面上展开,而这些层面自然包含了性别所涉及的那一部分。这里我们不妨以张英进对早期画报中女性身体的讨论为例来做说明。在张英进看来,女性身体的视觉化过程,无可避免地使性别介入到了三个不同的层面上:一是艺术层面,二是商业层面,三则是文化能指层面。尽管张并未详述我在这里所说的性别参与文学与政治对话的活动(除了第三点),

---

① 史书美:《现代的诱惑:书写半殖民中国的现代主义(1917—1937)》,第 20—36 页;李怡:《日本体验与中国现代文学的发生》,北京:北京大学出版社,2009。
② 这些研究主要集中在女性研究方面,具体的内容参刘霓、黄育馥:《国外中国女性研究:文献与数据分析》,北京:中国社会科学出版社,2009。

只是坦言女性身体是"多种话语和实践交锋的场域"、三个层面的表现模式"交互渗透"①,不过承续他的解读我们可以进一步发问:一、作为艺术品被鉴赏的女性身体是不是纯粹的审美对象?二、作为被凝视者,女性身体能不能提供一种拒绝消费的可能?三、作为能指,她是否能够引起我们对那个断裂的所指的关心?要回答前面两个问题,我们不妨回到"铁姑娘"和"超女"身上②。第三个问题,则可以由一系列参与、观看,甚至以比较消极的方式(例如自杀)反思女性议题及进程的女性作家和知识分子的形象作出回答。她们的出现打破了女性是男性关于"她者修辞"(rhetoric of otherness)的迷思,指正了女性建构自身的活力及能量。这三个答案显示,在文学/艺术与政治的关系中,性别不是一个扁平的、属于前者或者后者的要素,而是一个独立的、能够为两者的会话起到对接作用的桥梁。简言之,它是一个反思、过滤的中介主体,一个多层面的文本空间。

在说清楚了性别作为社会文本这个概念之后,我们接下去探讨它介入文学与政治对话的具体方式。这种探讨,基本上可以从"被建构的性别"这一维度来加以理解。在这个层面上,性别,特别是女性,在现代文化史上,可以被视为一个架空的符号或者话语交锋的场域。这个符号,既可能同传统的伦理秩序相关(父之法),也与全新的现代想象风貌发生关联(新女性),同时更与民族国家的政治议程有所交涉(受迫害者)。而且无论在场与不在场,男性都是这个符号建构的主体,女性被挪用做反对或者支持政治与文学议程的文化资本和社会资源,从而形诸了所谓的"性别政治"和"性别文学"。基于其共同关注或者利用性别的关系,文学与政治的对话关系开始发生。

一方面,受到传统的性别表现方式及其观念影响的文学,被认为是有悖于新的性别政治的。比如鸳鸯蝴蝶派的言情之作每每被认为是诲淫诲盗或者号召女性固守儒家规范的,因而它与现代妇女解放运

---

① 张英进:《中国早期画报对女性身体的表现与消费》,姜进主编:《都市文化中的现代中国》,上海:华东师范大学出版社,2007:71、55。
② 鲁明军:《从"铁姑娘"到"超女":两个"革时代"图像中的身体隐喻与政治修辞——一个政治社会学的视角》,《二十一世纪》(网络版,http://www.cuhk.edu.hk/ics/21c/),2007(2),总59期。

动以及由此衍生的民族解放实践背道而驰。同"性别文学"一样,"性别政治"之中固植一种性别传统,而这种传统恰恰不是它跟文学做直接对话获得的,而是经由性别中介确立起来的。而且正是因为这种传统,搬用传统性别语码的文学,在某些时刻,竟能离奇地与主张推翻传统秩序的现代性别议程叠合、辉映。比如,革命通俗小说的某些表现。

不过正如孟悦注意到的,专注于谈论非政治及民间文艺传统在革命文本中的地位,容易造成对政治话语强制机制的忽略和轻看[①]。联系到毛泽东《在延安文艺座谈会上的讲话》所强调的大众化和民间化理念,这个看法可以说有其切中肯綮之处。由此,我们可以进一步去追问"性别文学"中出现的性别传统与"政治文学"中动用的性别传统是不是同一个东西?这两种性别观又是如何对话并深化文学与政治关系的?

另一个方面是,为了积极配合性别政治的部署,文学写作者开始大力探讨性别的可能,由此出现了一大批具有现代政治意识的作品。可是这些作品本身表现出来的性别政治,又大大威胁到了政治的初衷,由此不得不带来新一轮的道德和政治施压。从左翼的"革命+恋爱"到现代派的摩登女郎以至张资平、叶灵凤的黄色三角恋曲,这当中的性别表现,所要见证的绝不纯是文字的危险,而是现代性的张力,特别是特殊的文化语境下,女体、性别那种能融革命与反革命因素于一体的不可思议之力。茅盾早期小说中那些"乳房"高耸的现代女性,穿梭在革命与恋爱之间,既以其鲜活的性形象,冲击着传统秩序,但也因此激起革命的焦虑和恐慌[②],引来政治上的斥责与改造。再加上这个过程又掺进了现代想象、都会商业以及西方性话语、北欧神话、时间框架和历史设计等外力,更使得性别远远超脱其应该是什么的政治命题

---

① 孟悦:《〈白毛女〉演变的启示——兼论延安文艺的历史多质性》,唐小兵编:《再解读》,第 68 页。
② 有关新女性形象折射男性焦虑的讨论可见 Ching-kiu Stephen Chan(陈清侨),"The Language of Despair: Ideological Representations of the 'New Woman' by May Forth Intellectuals", *Modern Chinese Literature*, 1988, Vol. 4, No. 1-2, pp. 19-28; Sylvia Li-chun Lin(林丽君), "Unwelcome Heroines: Mao Dun and Yu Dafu's Creations of New Chinese Woman", *Journal Modern Literature in Chinese*, 1998, Vol. 1, No. 2, pp. 71-94。

和文学反映论的暗示,变成了一种重要的对话机制和文化空间①。

同上面两种解释性别介入性的模式不同,另有一种情况是将性别作为反思的基点,对文学和政治都有所批评。这些需要被检讨的方面,同样构成了文学与政治的对话基础。鲁迅关于"娜拉走后怎样"的洞察,毫无疑问地对文学的想象限度及其批评力进行质疑,同时也对革命所表现出来的肤泛、冲动及其实践观的乏力表达了清醒的态度②。尽管批评是负面的,但是由此带来的文学与政治在各自失效的情况下该如何相互启发、激励的问题却充满价值。可以看到,在反思这个层面上,谈文学与政治的关系,一定不是去关注政治如何有效地控制、利用文学,或文学如何有效地反映、反思政治,还或者两者如何有效地合谋并达成一致的问题,而是把各自的欠缺当成对方有意义的提示,进行修复弥补。参考石静远关于近代中国的民族主义是由一系列文化、政治上的失败激起的认识③,我们同样可以类推,这种对性别问题探索的失利,造就了文学和政治间的补偿式对话。在石静远看来,现代文学的"自虐"品性,并非完全基于中国从晚清至民国时期政治上的持续失败(文学反映政治),相反,受到这种失败的启发,中国作家开始把"失败"作为一种"原罪"意识或者弗洛伊德(Sigmund Freud)所谓的"创伤"(trauma)意念,通过不断地书写、复制来寻求弥补、克服的方法,并最终确立起关乎自我、尊严和革命的话语。也因此,郁达夫小说中令人印象深刻的性挫折,不是对偏离和心理变态的肯定,而是"通过对痛楚的自我掌控,重新唤回了主体的力量"④。同样的,我们也可以把鲁迅的批评,看成是对文学和政治各自确立性别"正途"的一个反向提示,在这个提示中双方开始了互动的可能。

---

① 陈建华:《革命与形式:茅盾早期小说的现代性展开,1927—1930》,上海:复旦大学出版社,2007。

② 关于鲁迅对性别问题的讨论可参见 Eileen J. Cheng, "Gendered Spectacles: Lu Xun on Gazing at Women and other pleasures", *Modern Chinese Literature and Culture*, 2004, Vol. 16, No. 1, pp. 1-36.

③ Jing Yuen Tsu. *Failure, Nationalism, and Literature: The Making of Modern Chinese Identity, 1895-1937*. Stanford: Stanford University Press, 2005.

④ 杨小滨:"书评・Failure, Nationalism, and Literature: The Making of Modern Chinese Identity, 1895-1937",《中国文哲研究集刊》(台湾),2007(30):405。

二、作为批评立场

同他者建构的社会文本不同,作为批评立场的"性别"主要是基于一系列"自我建构"的努力。这种努力,尝试把性别从作为"符号"的隐喻系统中解放出来,转而去强调性别的物质性存在,突出它是灵肉合一的有机体。正如刘剑梅对白薇歇斯底里的女性写作所下的分析结论一样,"有意识的女性主义写作强调的不是现代的浪漫爱情,也不是狂热的革命浪潮,而是在这些浪漫的热情掩饰下的女性伤痕累累的身体与心灵,是女性无所归依的迷茫,和幻灭后痛苦的尖叫,这是属于女性的真实的体验,是白薇在中国的现代化进程和革命道路上苦苦追寻女性自我和女性真相的见证"[①]。

尽管我对刘剑梅的见解抱持着充分肯定的态度,但是需要补充的是,我所谓的"批评"绝不仅仅只停留在这种以"真相""真实"为基础的物质层面上。尽管这个观点对那种肆意架空和填塞女性内涵的做法提出了有力的质询,但是这种认识本身也是一把双刃剑。通过强化女性本人才拥有真正的身体和精神的真相,或者说她们比男性作家更靠近真实的女性这种观念,女性批评者已经毋庸置疑地落入了"自我东方主义"的圈套之中。这种观念不仅夸大了性别的绝对差异,而且更致力于营造女性对其身体和思想拥有绝对自主权的幻象。从积极的方面来说,这种东方化可以帮助女性主体的快速确立,并辅助其参与到对"作为社会文本的女性"这一观点的批判和反思中去;消极的方面却是,这种绝对的自主也导致了女性对其身体和隐私的滥用,造成了所谓用下半身思考的恶劣倾向。从表面上看,它适足以宣告女性的身体自主和肉身独立,可其实质却是对商业文化的低级谄媚,它使身体完全沦为一个比"符号"更为恶劣、廉价的玩物。在这种层面上,批评根本无从谈起。

真正的批评,一定是把"性别"当作一种问题意识(problematic)去探索。恰如邓腾克(Kirk Denton)把现代文学中的"自我"(self)视为

---

① 刘剑梅:《革命与情爱》,第 125 页。

一个满是争议的领域一样①,性别也不是一个能不证自明的存在。对文棣(Wendy Larson)来讲,从传统的阴阳美学到伦理体系中的德才观,以至现代意义上的国家政治,都对性别观念及其写作施加压力②。"新女性"要形成,就必须跟这些重重包裹的社会文本和传统做长久的周旋。也因此,其是否具有批评立场就成了她能否成立的首要条件,因为臣服于任何一种话语,"新女性"所要诉求的"新"和现代就无从获取。尽管文棣对20世纪二三十年代女性作家能否真正走出传统和政治的困扰充满忧虑,但是,她也同时相信这些女性作家的声音并不会被完全埋没。因为她们的持续努力已经使得两个曾经彼此抗拒的概念——"女性"和"写作"(男性特权)可以并列起来。尽管这种并列有时候并不完美,甚至在1940年代以后一度中止。可是在我看来,恰恰是这种中止,暴露了文棣忧虑的实质是想强调性别的批判立场。因为她并不相信"新女性"和"女性写作"会随着概念的出现就一劳永逸地存在下去,缺少了批判的实质,这些概念不过浪得虚名。正是在这个层面上,我们理解胡缨关于"新女性"观念形成的探讨和黄兴涛关于"她"字历史的概念演绎③,都不可能会是历史当下主义或者线性时间中心主义的。这两种观念,前者倒果为因,而后者则坚守有因必有果的信念,却都不幸落入了粗暴剔除历史杂音的怪圈之中。与此不同,胡缨和黄兴涛的讨论都力图恢复围绕着概念产生的众声喧哗语境,并强调由此发生的话语交互和观念协商。胡缨说:"要了解中国现代女性,我们需要知道的不仅是她'自己',还有她那些重要的'他者',无论他们是本土的,还是国外的;是男性,还是女性。"④易言之,作为批评立场的性别,在第一个层面上的含义是通过梳理、调试纷繁的话语资源来促成概念的成立。

---

① Kirk A. Denton. *The Problematic of Self in Modern Chinese Literature*: *Hu Feng and Lu Ling*. Stanford: Stanford University Press, 1998.
② Wendy Larson. *Women and Writing in Modern China*. Stanford: Stanford University Press, 1998.
③ 胡缨:《翻译的传说:中国新女性的形成(1898—1918)》,龙瑜宬、彭姗姗译,南京:江苏人民出版社,2009;黄兴涛:《"她"字的文化史:女性新代词的发明与认同研究》,福州:福建教育出版社,2009。
④ 胡缨:《翻译的传说》,第8页。

比这一层面稍加激进的表现，则是把批评的矛头直接指向构成概念并对它施压的那些资源，其姿态从周旋变为要求对方做出一定程度的修正。尽管就目前的研究结果来看，这一类的批评立场多数是以一种比较消极的方式展开，其中最突出的例子就是新女性的自杀行为[①]。在研究者看来，这种极端行为，实际上是在变相地敦促时人重新调整有关女性解放或者发展女性权益的已有思路和立场，以求得更好的性别现代化方案。诚如许多研究者都注意到的，在这个过程中，大众参与成了批评能否直接生效的关键。也因此，现代传媒，特别是报纸、杂志，成了重塑女性主体的关键载体。这一点多少回应了李欧梵关于近代报刊可以视为"批评空间"的观念[②]。

不过，回顾已有的讨论，大家多数不谈女性自杀行为如何有效地调动公众参与这一点，反而比较强调公众参与的效果问题。这种思路无疑淡化了自杀的批评价值。与这种对性别批评的轻描淡写不同，林郁沁关于施剑翘复仇案的分析，有力地彰显了这位时代女性如何有效地动员了包括新媒体在内的各色资源来为自己的复仇行为争取合法性，并最终免遭法律制裁。林郁沁将整个复仇事件视为一场充满预谋和设计的女性表演，她说："不管怎样，这位复仇女最终为我们展示了一场技艺高超的表演。事实证明，她有能力巧妙地将以下两个方面加以平衡，一方面她充分地利用了媒体的能量和影响力，另一方面又把这一点掩饰得毫不露痕迹。她表现出了令人惊异的泰然自若，她能够抓住情感这一极具说服力的力量，并且极其高明地精心部署了她的行动，编织了一个有关真诚的道德英雄主义的强有力的、令人动容的

---

① 国内的讨论可见夏晓虹:《晚清女性与近代中国》，北京:北京大学出版社，2004；海青:《"自杀时代"的来临?:二十世纪早期中国知识群体的激烈行为和价值选择》，北京:中国人民大学出版社，2010；国外部分主要见顾德曼(Bryna Goodman), "The New Woman Commits Suicide: the Press, Cultural Memory, and the New Republic", *Journal of Asian Studies*, 2005, Vol. 64, No. 1, pp. 67-101 以及《向公众呼吁:1920年代中国报纸对情感的展示和评判》，姜进主编《都市文化中的现代中国》，第195—223页；林郁沁:《30年代北平的大众文化与媒体炒作——关于刘景桂情杀案》，陈平原、王德威编:《北京:都市想象与文化记忆》，北京:北京大学出版社，2005:269—284。

② 李欧梵:《"批评空间"的开创——从〈申报〉"自由谈"谈起》，《现代性的追求》，第3—22页。

神话。"①

尽管林郁沁的观点显示,像施剑翘这样的妇女于性别主体建设——这项庞大的社会和思想工程中带有明显的自主性,也完全有能力把握和调度自己的身体与命运,并在一定程度上干预和修正男性话语;但在更为激进的批评者,特别是像周蕾这样的左翼看来,施剑翘的成功不过是她与男性世界做了一场良性的"道德交易"(virtuous transaction)②。她成功的关键在于她所动用的那些带有传统印记和男性嗜好的元素,孝道、侠女、柔情,等等。换句话说,复仇女的成功并没有使她从男性的游戏规则中彻底突围,相反,她仅仅显示了这种游戏规则多么具有弹性和张力。因此,正是在这样一个男性审视挥之不去的层面上,周蕾主张要全面改写和修订整个文化和社会的阐释机制与运转动力,把一切男性的思维和目光放到女性的视线下来重新审视。她的大著《妇女与中国现代性》(Woman and Chinese Modernity)正是由此而发。通过对视觉影像、文学历史、叙事结构以及感情接受四大方面的女性重读,她提出观影中永远有一位缺席的女性观者,而文学的历史又被太多的传统和主流所控制,与此相连,叙事则往往陷溺在宏大之中毫无细节可言。此外,在情感的接受上,人们总是对完整的女性形象充满排斥,并以"去粗取精"的方式生产那种扁平的"理想人物"。正视整个现代中国文学与文化的女性匮乏及其后果,周蕾雄辩地提出观看(seeing)、分离(dispersing)、细节(detailing)以及哭泣(crying)这一系列与女性气质相关的身体动作的批判价值和解释力度,有力地凸显了男性文化及其历史中的俯视姿态、连贯意念、崇高形象以及理想价值的虚妄。

尽管我承认,周蕾所代表的批判立场有其过激之处,其典型表现就是将两性话语针锋相对,且把男性话语视为绝对的压抑者,但这多少显示冷战模式及其效应并没有完全冷却。与其不温不火地寻求所谓的文化多元和政治正确,我以为,反不如周蕾这样将女性立场作为

---

① 林郁沁:《施剑翘复仇案:民国时期公众同情的兴起与影响》,陈湘静译,南京:江苏人民出版社,2011:53。

② Rey Chow(周蕾),"Virtuous Transaction: A Reading of Three Stories by Ling Shuhua", *Modern Chinese Literature*, 1988, Vol. 4, No. 1-2, pp. 71-86.

一种文化批判策略,尽管会剑走偏锋,却能从中逼出问题,引发争论。也因此,我愿意再次强调"去冷战"绝对不是去根除二元对立,而是从二元之中发现众声喧哗,彼此对话。

  此外我也要指出,周蕾的论述同时提醒我们,谈论女性问题必须在本土视野之外,引入全球视角。性别问题的进行不应停留在夏志清所谓的"感时忧国"的层面上,同胡缨谈论的"她的异国他者"①、史书美所说的"性别化了的跨国现代性"②一样,确立现代意义上的性别立场,必须强调它所处的国际语境,以及周蕾在副题中所说的"西方与东方之间的阅读政治"(the politics of reading between East and West)。没有这种语境的文学与政治对话或性别中介批评,基本上是一个"去历史"的抽象存在。为此,在下一章中我将彻查这种语境的具体风貌及其问题。

---

① 胡缨:《翻译的传说》,第 11 页。
② 史书美:《现代的诱惑》,第 232 页。

第二章
去殖民：清理等级观念

对现代中国而言，在过去一个多世纪的时间里（1840—1949），其面临的最大全球语境是：在一种相当被动的情势之下，日益卷入了资本主义在世界范围内的殖民扩张，并不幸遭受了来自英、美、法、德、俄、日诸国的直接军事侵占和资源掠夺。尽管对这一苦难历程的描述，充满了命名（naming）的争议，从"殖民"到"次殖民"意见不一，但是官方的最后定论是"半殖民"。同"半封建"这个限定语一道，它们共同框定了近代中国的社会形态。

应该看到，在这个层面上的"半殖民"，关切的并不是殖民者所施加的那种或正式或非完全的殖民形态，而是通过指认革命对象的方式来界定社会的总体形态，并连带出其变革的方向和目标。换句话说，这种定义并非局限在对社会现实本身做定性，而是重点思考了中国革命的方向和形式。正是遵循着这样的思路，一种普遍的史观认为，20世纪中期第三世界的独立建国运动，特别是尔后亚非拉各国的结盟标志着全球殖民体系的土崩瓦解和一去不返。仅从直接的军事占领来说，这样的评断当然毫厘不爽，但是同冷战效应一样，殖民记忆及其遗毒是否真的能够就此一次出清，我想答案依然是否定的。

举最简单的例子来说，我们今天研究晚清以降的中国文学言必称"现代性"，探讨中国社会的近代变迁也同样求索于"传统—现代"的模式，可如果要清算这种"现代性的修辞"（the rhetorics of modernity），殖民主义及其话语秩序恐怕难辞其咎。戴沙迪（Alexander Des Forges）说，对"现代性"的持续投入，实际上是根源于"恋物逻辑"（the logics of fetish）的作祟。"恋物"或曰"拜物"的起源，可以一直上溯到

15、16世纪欧洲商人在非洲西海岸的贸易活动,他们用"fetisso"(fetish 的拉丁词源所在)这个洋泾浜术语(a pidgin term)来指称那些对他们而言难以理解的文化现象及贸易行为。这个概念,在以后几个世纪的发展中,渐为殖民势力张目,西方人把这种"难以理解"直接处理成了野蛮与落后,对立于自身的文明与先进。正是通过设立这样一个具有等级次序的文化发展脉络,西方殖民者为自己的殖民掠夺找到了最好的说辞。他们把自己装扮成正义的、解救落后种族于水火的文明使者和启蒙人,在全球范围内进行着血腥的资本积累和军事侵略[①]。

可以看出,"恋物逻辑"究其实质,是所谓的文明等级论和西方启蒙论。回顾中国文学的现代性研究,可以说,无论我们对这个概念附加多少但书或者追加多少曲折的内涵,如"迟到的现代性""翻译的现代性""另类的现代性"等,却总也逃脱不了如下一种宿命,即它永远是在追着西方所示范的那种普世文化形态——现代性——前进,并同时接受它的启蒙。易言之,"现代性研究"之中总有一抹摆脱不了的殖民色彩,即使我们在更多的时候是出于论述方便而启动这个观念。但是我们依然可以盘诘,难道除此之外,就没有其他可供替换的表述吗?无关答案的正反,应该承认,在文化领域,谈论殖民记忆的消散和退潮仍然为时尚早。由此,一项可以被命名为"去殖民"的社会工程,正等待着各路学者和思想家的通力合作。

如果说,"冷战效应"在文学研究领域内造就的恶果是"二元对立",那么,"殖民话语"所模塑的则是"西方及其他"(West and the Rest)[②]这个等级结构。在这个结构中,西方人根本无心与他者平起平坐,分享一个彼此对等的二元位置。在西方人眼中,这些他者永远低人一等,根本不足以同它相提并论。所以,与其说"殖民话语"是在探讨殖民者与被殖民者之间复杂的权力关系,毋宁说它是在西方这个单一架构(oneness)内进行一种绝对西方中心主义(centrism)的文化裁

---

① Alexander Des Forges, "The Rhetorics of Modernity and the Logics of the Fetish", in Charles A. Laughlin ed., *Contested Modernities in Chinese Literature*. New York: Palgrave Macmillan, 2005, pp. 18-19.

② Stuart Hall, "West and the Rest: Discourse and Power", in Stuart Hall & Bram Gieben, eds., *Formations of Modernity*. Cambridge: Polity Press, 1992.

决。易言之,它是一元论的。

　　造就这种局面的原因,一方面跟西方世界在军事、政治、经济各领域的强大休戚相关,另一方面也同殖民地人民,尤其是精英知识分子对待它的态度有涉。在积极探索近代中国的富强之路上,一种普遍的认识是:只有将那个强大的西方侵略者当成自我的镜鉴,通过反复地比较、寻找差异,我们才能够快速地获取富强的法门,成为像西方一样的强国。其典型表现是"师夷长技以制夷"。尽管这种"知己知彼,百战不殆"的想法,最初的动机是为了解除危机,但是通过一再地挪用西方,它也在无形之中强化了那个由西方自行设计出来的高高在上的形象。正像法农(Frantz Fanon)在他的名著《黑皮肤,白面具》中所说的:"这是个事实:一些白人认为自己比黑人优越。这仍然是个事实:一些黑人想不惜一切代价向白人证明自己思想丰富,自己有同样的智力。"①

　　不光是人类学,回到现代文学的论域,我们同样可以发现,这个无法摆脱的悖论始终如影相随。尽管刘禾非常乐观地认为,鲁迅有关国民性问题的讨论,因为在叙述中注入了一种"主体意识"——"不仅创造了阿Q,也创造了一个有能力分析批评阿Q的中国叙事人",所以"作品深刻地超越了斯密斯的支那人气质理论,在中国现代文学史中大幅改写了传教士话语"②。可是,我仍想质诘,鲁迅对国民性理论的援引本身,是不是已经使他无可避免地进入到一种带有种族歧视的殖民秩序之中。也因此,无论其如何大幅改写传教士话语,最终还是陷进了将中国视为负面的或不足(lack)之存在的西方假定里面,反向证成斯密斯(Arthur Smith)理论的合理性。而与此相类,盛行在20世纪二三十年代的种族话语和优生学理论③,表面上诉诸的是科学话语和客观知识,殊不知在其皮囊之下,依旧是对自我不足的重重焦虑,又一次落入了西方关于他者更次一等的先验评定之中。

　　这种基于生物学层面上的种族歧视,在讲求文化多元的今天,无

---

①　法农:《黑皮肤,白面具》,万冰译,南京:译林出版社,2005:3—4。
②　刘禾:《跨语际实践》,第103页。
③　有关近代中国种族话语及优生学论述发展的讨论见冯客(Frank Dikötter):《近代中国之种族观念》,杨立华译,南京:江苏人民出版社,1999。

疑会遭受最严厉的批判。可问题是，批判并不意味着殖民意念的就此失效。它甚至有可能吊诡地转换成一种更为积极、正面的形象。例子之一正是，我们关于百年殖民史的经验总结——"落后就要挨打"。表面上，这个观念当然是为了彰显落后的可怖及其代价，突出的乃是自强意识的重要性，可字句之下，它同样暗含了这样一种危险，即通过把国家与国家之间的关系压缩到一种优胜劣汰的生物进化层面上，勾勒了一种强权政治和种族歧视观，为殖民侵占和暴力掠夺辟谣、说项。当我们尝试着去解答到底是谁赋予了强权者以打人的权力之时，我们会发现，霸权至上论的逻辑之所以能够有序运转，同弱者的依赖情结（dependency complex）脱不了干系。一个巴掌拍不响，正好比我们一次一次地批评北岛、张艺谋等人以兜售"东方风情"和"政治美德"的方式向西方谄媚，但同时又在一次一次地期待西方三大国际电影节（柏林、戛纳、威尼斯）和诺贝尔文学奖能对中国文学及电影投来青眼，并为其能揽获各类国际大奖而额手称庆。中国文学的自我认可之路，最终还是要借由西方认同的方式来获得。所以与其说中国文学及电影试图引起国际关注，加入世界文学的行列，毋宁说它是为了引起西方的关注，加入西方文学的行列和架设之中。而且尤为重要的是，这种欲拒还迎的态度，不仅再一次重蹈了西方的殖民话语，而且也同时模仿了它，并将之延伸到了有关"中国及其他"关系的思考之上，其表现正是：有了西方，特别是美国的评价，那么中国文学和电影就可以无视蒙古、智利、巴西、委内瑞拉等国对它的看法，因为在潜意识中，这些国家总是较我们略逊一筹。与此相应，在文学研究上，美国汉学总是更容易吸引国内学者的目光，并造就效仿的风潮。

　　正是基于以上的方方面面，我要提出"去殖民"的势在必行。而且同"去冷战"一样，它不仅要对殖民话语本身发出正面的批判，也要注意到这种批判所能引起的反挫效应——就如同"落后就要挨打"这个结论的吊诡性表现一样。在我看来，"去殖民"所要检讨的不光是殖民者的意识结构，同时也包含被殖民者的回应方式，当然更涉及殖民的具体形态和历史差异。例如，我们不能把军事殖民和由此连带、派生的意识形态殖民混为一谈。"落后就要挨打"的观点，之所以会引起不必要的误会，跟它是对军事殖民的总结有关。这个领域的"去殖民"运动,必须诉之以持续的反抗行为,也因此它格外强调暴力和强权的意义,但是,将这种"以暴易暴"的抵抗转移到文学研究领域,则势必造成文化上的排外主义和本质论。尽管我对"现代性"研究一窝蜂的现象颇不赞同,但这绝不意味着要就此推翻这种观察路径。恰恰相反,我们不仅要从现代性的讨论中受益,而且,也要借此来反思、探索新的批评视域,特别是在当西方不仅外在于我,同时也内在于我时,"现代性"这个观念到底为我们提供了又遮蔽了哪些重要的思想资源。

有鉴于此,我欣然接受陈光兴关于"去殖民"的方案设计和理论假定。他说:"作为去殖民方案的延续,瞄准'文化想象'的场域,'殖民—地理—历史的唯物论'的预设是:资本全球化是殖民主义的延伸,要理解/解构当代文化形构及主体性的构成,必须回到殖民史在特定时/空中的操作所带来的长期效果,而效果的内容与形成是特定地理空间在既有的历史形构与殖民史相互碰撞的结果,因此它所指涉的地理空间不仅是前殖民地,也是帝国基地。要能够掌握特定地理空间经殖民史的重构所形成的文化造形,或许只有透过对照及比较各地差异,当代文化想象的地形图才可以被更精准地画出。"①

在接下去的部分,我将紧紧围绕三部就殖民话语及其历史做出深入思考的著作来展开讨论,当然也旁及其他。它们是史书美的《现代的诱惑》(The Lure Of the Modern)、周蕾的《写在家国以外》(Writing Diaspora),以及石静远的《失败、民族主义与文学》(Failure, Nationalism and Literature)。我试图通过对这些作品的仔细审读来发展、提炼海外世界对"殖民"的不同看法及其相关的应对方案。她们或者通过重返历史的当场(re-contextualization)的方式,来辨析殖民的不同形态,以及由此生发的文学表现和文化政治;或者通过建立更为超脱的理论立场,对殖民者和被殖民者的文化心态做出深刻的剖析;或者通过省思殖民后果的方法,来重新看待文化的新生及其特性。此外,我要特别指明的是,这三部著作均由女性学者执笔。我这样说,绝无性别歧视之意,相反是想强调,在"去殖民"已经深入到种族、性别、阶级、少数话语等层面之时(即把殖民的主体细化到那些

---

① 陈光兴,《去帝国:亚洲作为方法》,第158—159页。

来自第一世界的、资产阶级的、白人、男性、异性恋者),她们的示范更具象征意味和批评寓意。下面,就让我们从史书美的专书开始。

第一节 "半殖民"的观念引入

一、重新界定

在现代文学研究领域,一个不争的事实是,无论过去我们如何频繁地使用"殖民"或者"半殖民"的概念,它们都被平面化地处理成了现代文学发生的语境。与此相关,优异的文学作品被看成是对这种现实的强有力回应。这种典型的文学反映论观点,一方面同现实主义在中国的广泛流行密切关联,另一方面也在于它内化了源远流长的"文以载道"观,把文艺创作当成了介入生活和担当道义的利器。尽管安敏成(Marston Anderson)坦言,现实主义并不会完全流于对事实真相的铺陈、罗列,并谨守其所承诺的社会使命,但是他并没有指出,除了现实主义自身的美学诉求和前提,这种超越反映论的动力同样可能来自"殖民"或者"半殖民"这一历史现实。因为从来没有一种行为和现象可以被禁锢起来看待,除非出于某种偏见,例如传统汉学的所作所为。一旦我们承认现实并非静止不动,那么就必须看到,这种变化的形态同时也对表现它或者受其限制的文艺技巧、再现途径提出了新的要求。面对"千年未有之变局"(李鸿章),梁启超等人祭出了"新小说"这个法宝,而时间延至1930年代,革命潮流愈演愈烈之际,茅盾、丁玲诸位又纷纷求索于"长篇小说"来完成与现实的接轨①。对此李欧梵说:"我认为中国长篇小说的兴起与Joyce的长篇小说完全不一样,它所代表的是一种新的历史叙述的象征。如果说新的历史潮流是往前走的话,走向乌托邦的话,那么,所谓30年代略带'左翼'味道的现实主义小说,基本上是印证了历史宏观、历史的大叙述模式"②。"史观"与"文体"之间的这种密切关联,使得李欧梵一度断言:"某一种文体写出某

---

① 史景迁(Jonathan Spence):《天安门:知识分子与中国革命》,尹庆军等译,北京:中央编译出版社,1998:243—244。
② 李欧梵、季进:《李欧梵季进对话录》,苏州:苏州大学出版社,2003:98—99。

一种历史、创出某一种史观"①。

踵武这种带有"新历史"印记的表述和理解,我愿意追加反之亦然的论断,即一种历史同样造就一种文体、一种艺术潮流。这个意见帮助我们说明"作为实存的历史"(文学的语境)和"作为书写的历史"(文学的表述)并不是简单的母本与模本的关系,也即把前者完全当作一个被动的模仿对象,恰恰相反,我要强调的是,前者对后者的干涉与介入,以及后者如何在这种干预中调停周旋。在某种意义上说,这无异于提出了一个关于叙事限度的问题。海登·怀特(Hayden White)等人力主历史的叙事特性,关注其与文学的双生关联②,可是,我们也不妨追问,这种叙事到底能至于何种程度,并终究使它不能与文学彻底合流、混同。

带着这样的问题意识,我们可以说,启用"殖民"或"半殖民"的界定,并不纯粹是为了重建现代文学降生的语境及其观察内容,而是想见证这种语境本身对文学提出了哪些新的形式和技巧上的要求,以及两者的互动又如何催生了其下独特的文艺现象和艺术思潮。正如黄心村有关女性写作与战争关系的研讨所示,无论表面上女性叙事如何疏离于战争语境,可其终究还是对战争牵制的一种变相回应。那些着力于细小的、私密的、缱绻的技巧和视点,模塑的实际上是另一种能够获得历史认同的战争叙事③。参考这个理解,我们来领会史书美关于"现代主义"(modernism)在中国的讨论,就会发现提出"半殖民地中国"(semicolonial China)的概念,目的并不是要强调其观察有多么切中实际或曰有历史的现场感,而是对"半殖民"理念的探讨已经不可避免地成为"现代主义"要处理的一部分。换句话说,"现代主义"并不是单纯的艺术实践和文艺操演,而是对一种特殊历史情境的美学回应以及据此而发的本土改造。对此,史书美说:"帝国主义及其在殖民地的实践形式,从根本上影响了现代中国的文化生产。"④

不过在说清楚"现代主义"与"半殖民"的互动关系之前,我们先要

---

① 李欧梵:《狐狸洞话语》,北京:人民文学出版社,2010:10。
② 参阅张京媛主编:《新历史主义与文学批评》,北京:北京大学出版社,1993。
③ 黄心村:《乱世书写》,第44—47页。
④ 史书美:《现代的诱惑》,第37页。

回过头来解释"半殖民"(semicolony)这个观念的合法性及其具体所指,毕竟同它展开竞争的表述还有"殖民""次殖民"(subcolony 或 hypo-colony)和"超殖民"(hypercolony)。首先就"殖民"而言,这个概念表达了其他所有范畴都不具备的形态上的正式性和体系上的完整度。这也就是说,其他概念不过是它的变体,也因此,它们可能是次一等的。孙中山先生从化学中借用了"次"(hypo-)这个前缀来表明,"比起像韩国和越南这些真正的殖民地国家,中国是个更难发展出认同及统一感的弱国"①。言外之意,如果中国只是被一国殖民,那么其情况就会好很多。尽管这个结论充满讽刺意味,但确实也道破了实情。一方面,就数量而言,为一国压迫,当然好过受多国的同时侵略。而另一方面,由多国欺压所造成的"三个和尚没水喝"的现象,又是单一殖民所不会遇见的。孙中山指出,尽管单一殖民更多地援引暴力,但是作为帝国的能源基地,一旦其发生问题,如自然灾害,那么它的宗主国就不能坐视不管,而这一点对次殖民国家来说则是奢望,因为它的占领者们往往出于节约殖民资本的考虑而相互推诿。②

另外一点,就是所谓的认同迟滞。这一点最好借由"半殖民"的观念来做说明。在史书美之前,马克思、毛泽东等早已指明,"半殖民"不仅暗含殖民势力的多样化表现,同时也牵涉帝国势力之间的明争暗斗。通过发展这种理解,史书美提出,她定义下的"半殖民"乃是要表明"为了争取更多的权力和利益而展开互相竞争的外国列强对中国进行了多元和多层次的占领"③这一事实,同时也用它来描述,这种占领所直接导致的后果是,造就了一个多重(multiple)、分层(layered)、强烈(intensified)、不完全(incomplete)及碎片化的(fragmentary)的殖民结构④。在这种结构中,由于并不存在一个完整的、可供清晰辨认的"敌人",再加上殖民隙缝所赋予的那种相对的行动"自由",使得公众和知识分子放缓了政治领域内的"去殖民"步伐。与此相关,这些殖民

---

① 罗芙芸(Ruth Rogaski):《卫生的现代性:中国通商口岸卫生与疾病的含义》,向磊译,南京:江苏人民出版社,2007:13。
② 针对这两点的讨论见史书美:《现代的诱惑》,第 38—40 页。
③ 同上书,第 39 页。
④ 同上书,第 41 页。

者在扮演暴力形象(colonial west)的同时,也提供着自己作为文明使者的一面(metropolitan west),这两个混合的形象部分地搅扰了公众的判断,使得民族认同的进程一再拖延。而且更为不幸的是,作为民族认同根基的传统,已经被知识分子们用援引西方的办法打得七零八落。换句话说,那个本来可以挪为"情感符号"(emotional signifier)来激起大众认同的"中华文明和传统"已经被证伪,也因此,大家失去了那种本可以让彼此联结的统一感。此外,帝国主义之间那种既竞争又合作的关系,也相应耽误了认同政治的生产。因为中国人首先是被帝国主义国家在中国扮演的不同形象所吸引。例如,日本的军国主义暴行,使得相当一部分人表现出来的不是对民族国家的认同,而是对殖民政策相对和缓的其他国家的亲近,例如亲英美派。这一现实显然阻断了以回到中国自身为起点的国族认同。

不过,我们也应该看到,"半殖民"的政治文化空间,虽然致使寻找文化共同体的任务一再受挫,但是,它也同时"允诺"了从其他方面获取"民族主义"建设资源的可能。石静远提示我们,尽管公众和精英对帝国主义各有好恶、态度暧昧,但有一点却是彼此相通的,那就是他们一致认为近代中国处于一种持续失败的状态之中。文学中关于"病""苦闷"等的意象层出不穷,正是这种认知的写照。通过重审"失败"的价值,中华民族最终得以浴火重生①。相比殖民主义所造就的"压迫—反抗"模式,这种对"失败"的认识,显然退出了比较研究中习见的中/西二元结构,转而强调自我主体的生成,而非被动回应。换句话说,"半殖民"的概念释放了更多关于"自我"的想象,赋予了被殖民者相当比重的思想自主性,而不是陷溺在殖民的刺激之中以强调绝对差异的方式做直接对抗。

就文学领域的例子而言,李欧梵念念不忘哈鲁图尼恩(Harry Harootunian)在《历史的不安》(*History's Disquiet: Modernity, Cultural Practice, and the Question of Everyday Life*)一书中所发表的看法。他说,针对日本的现代文化实践,哈鲁图尼恩有这样一个总结,即"现代性是一种西方的东西,西方的东西引到日本、亚洲的文

---

① Jing Yuen Tsu. *Failure, Nationalism, and Literature*, pp.195-196.

化境遇中,我们要采取对抗的方法。对抗的方法不是说把中国的传统或日本的传统拿出来对抗,而是在西方的论述里面找出它的缺点,然后在中国或日本文化特别是当代的文化中找到对抗的办法。这些就构成了日本的所谓日常生活或日常性这一套思想的论述,而这种日常性基本上就是着重于时间瞬间即逝的感觉。他说,现在!这个现在不能说现在,这个现在是在我面前可以展现出来的,我们出去看到的就是一个现在的奇观,我们现在走来走去,看到到处熙熙攘攘,一切都捉摸不定、移动不定"①。把这个观点结合到对"新感觉"的讨论上,我们会发现,其对声光化电、五色目迷的城市生活的持续投入,也并不是在表达一种单一的对西方或日本现代主义的俯首帖耳,相反,里面有一种微妙的抗议。特别是当我们把目光聚焦到施蛰存的"故事新编",如《石秀》《鸠摩罗什》等篇目,以及刘呐鸥、穆时英两位的政治表现上之时,这一点就显得特别清晰。那些被重新演绎的古人,一方面当然可以被看作现代艺术的试验对象,可是另一方面,难道他们不也向这种所谓的现代性提出了从技巧到观念的全新要求吗?换句话说,检验永远是双向的,正好比理论在阐述文本的同时,它自身的适切性也同时接受拷问。尽管"新感觉"历来都是以颓废、浮纵的艺术形象示人,可是其表象之下仍有无法摆脱的政治情结,这就不得不令我们发出疑问:在半殖民地中国,艺术表现有没有可能完全摆脱政治的羁绊?也许答案将出人意料,因为越是美学化的东西,反而越有可能带有政治气息。两个典型的个案是周作人和胡兰成②。他们各自以美学或文明的方式来回应现代性,提出建国设想,可是这些"礼乐方案"却吊诡地变成了其叛国的主导因素。关键的原因依然在于,"半殖民"所造成的那种西方形象的分叉(bifurcation),再一次干扰了他们的判断,"都会西方/日本"再一次掩盖了"殖民西方/日本"的恶行。借助这个结论可以判断,"半殖民"理念的核心价值在于,它提示了殖民话语的多层特性,以及这种特性之间的相互遮掩。但是,这种多层性既可能成为洞

---

① 李欧梵:《未完成的现代性》,北京:北京大学出版社,2005:120。
② 针对这两人叛国行径与其美学思想之关系的讨论分别见 Susan Daruvala. *Zhou Zuoren and an Alternative Chinese Response to Modernity*. Cambridge: Harvad University Press, 2000;王德威:《现代抒情传统四论》,台北:台大出版中心,2011。

察,也一样会带出盲视。一个显而易见的走势是,对多面的关注将会自然而然地分散或减弱我们对原先那一面的批判,并转而去强调这些新面目有着更为突出的价值。具体地说,就是去强化殖民地的收益,而非其代价和损失;突出中国在"半殖民"语境中的自主和自由,而非苦难和限制。与此相关,另一种错误的走势则是,陷入了"此消彼长"的认识误区。这个观念认为,充分的自由保障了充分的受益,而反之亦然。

对这两种误区更为详尽的阐释来自罗芙芸(Ruth Rogaski)。她发展出了更为后起和周密的"超殖民"观念。这个观念系从"次殖民"的理念延伸而来,所不同者在于,"次殖民"更强调一种比较观(hypo-),而"超殖民"则更注重发展超越(hyper-)纯粹殖民的那一部分内容,即"多种殖民主义分割一个城市空间时所产生的潜在内涵"[1]。在罗芙芸看来,主要是两个方面,她以天津为例做出了说明:"作为一个超殖民地,天津的地位将中国的城市居民置于不同帝国主义列强的凝视——有时是控制之下。与此同时,这一语境带给中国人一个观察多种不同的城市现代性模式及殖民地意识形态的视角。多种帝国主义的存在也影响了帝国主义者本身。在一个城市中,如此众多的殖民租界密切相连,在地方层面上影响了外国列强的行为和自我表述。……每个租界都必须针对其他列强在地域上表述并确定其身份。它们通过建筑、创造地方行政的特殊性,以及针对每一租界中占人口大多数的中国人的不同政策,来达到这一点。"[2]简单地讲,在罗芙芸的定义中,"超殖民"实际上更像是一个多话语竞争、合作的文化空间,在那里,殖民者与被殖民者、殖民者与殖民者之间形成了一个权力互为掣肘的扭结的关系网络,而孙中山意义上的"次殖民",则更强调来自政治领域的多样化控制和重重暴力,换言之,其重心在殖民者与被殖民者之间。

在对"超殖民"与"半殖民"进行概念辨析之时,罗芙芸指出,两者在内涵上并无殊异之处,强调的都是文化政治空间的多样性和分层

---

[1] 罗芙芸:《卫生的现代性》,第13页。
[2] 同上。

化,可是有两个要素是"半殖民主义"所不具备的。一、它"无法充分抓住在中国长达一百多年的帝国主义历史的复杂性"①,不能具体地解释外国力量"何时、何地、如何以及在何种程度上冲击了中国人的生活"②。罗芙芸的这个批评及时而到位,尽管史书美有力地分析了半殖民在形态上的多变性,可是这种操作却是在一个相当笼统的"中国"概念上进行的,即她分析的是"半殖民地中国",而非"半殖民地上海"或"半殖民地北平/北京"。这多少给人造成京派、海派是在同一种政治环境之中试炼出了各有千秋的"现代主义"的错觉。二、取消了那种将"殖民"和"抵抗"一概做成正比关系的合法性,罗芙芸写道:"天津最显著的地方在于,在帝国主义暴力和高压最为鼎盛的时候,中国的知识精英是如此热衷地拥抱外国定义下的现代性——尤其是关于公共卫生和健康方面,并且在暴行终结之后仍延续了这种接受的态度。"③与此呼应,李欧梵关于《上海摩登》的研究也表明,在一种新都市文化臻至繁荣的20世纪三四十年代④,恰恰正是帝国主义加紧侵略步伐之时。这就意味着,那两个分叉的西方形象,并不是各自单轴式地负责激起反抗或引来拥护。换句话说,半殖民主义所赋予的那个具有弹性的文化政治空间,并不能用来完全解释为什么中国作家们会对西方/日本的现代主义充满好感,并挪为己用。在这个层面上,殖民主义依然生效。换句话说,越是强硬的镇压,越是要激起以学习西方来反抗西方的意念。而这正是过分强调多元就极易造成偏乎原先一面的关键原因所在。

二、相互定义

在解释了"半殖民主义"及其存在的缺陷之后,我们进而探讨这种多样化的政治构造和文化形态到底与"现代主义"产生了怎样的交汇,又带出了哪些在地化的特质和表现。我试图通过时间、空间、性别、自

---

① 罗芙芸:《卫生的现代性》,第15页。
② 同上。
③ 同上。
④ 李欧梵:《上海摩登:一种新都市文化在中国1930—1945》,毛尖译,北京:北京大学出版社,2005。

我四个方面来做说明。这个思路得益于张英进对城市构形（configurations）及其形象隐喻的讨论。他指出，文学与电影中的城市，不仅仅是作为书写的"形象"（figures）和结果而存在，更不是作为历史真实的倒影而呈现，它的浮现历经一连串感官、认知及意念的调试，因而更接近于一种"想象的风貌"，即把那些原本无以名状、不可解读的城市印象和情感，落实到更为具体的时间、空间或性别的维度来把握和体验，"让我们更好地理解'在不同的时间和地方，一种特有的社会现实是如何被建构起来的，以及人们如何看待它，如何向别人解释它'"①。承袭这样的思路，我追加了关于"自我"的讨论，应该承认，"现代主义在中国"这个课题，不仅仅关乎传播，同样也涉及过滤、改造及应用。在这个层面上，现代中国作家们不仅是在运用"主体性"，同时也是在运用中塑造它。

此外，借助张英进的示范，我们也发现，"半殖民"的观念更多的是针对城市语境，而在广大的农村，传统伦理虽然遭受冲击，却依然有效，殖民势力虽有渗入，却没有大到能够重组其时空及性别观念的程度。也因此，在现代文学之中乡村和城市总是被置于隐喻的两极，表征着相互不同的话语体系。概言之，如果上海、北京代表的是"半殖民地中国"，那么乌镇、边城则象征着"半封建中国"。领会了这一点，就可以帮助我们理解，当一个作家在半殖民的城市中以"望乡"姿态孜孜不倦地书写着其乡土记忆之时，里面所能带出来的对话意识就不仅仅局限在如何于多国殖民的裂缝中寻求表述的可能，而应该发展成如何戴着老大帝国所赋予的"镣铐"在新的帝国夹缝中寻求书写的新出路。当然必须说明，我所谓的"乡土记忆"不过是个比喻，它既可以是指凌叔华式的闺秀体验，也可能是施蛰存式的古典阅读积淀，更可以是沈从文式的民间"有情"，诸如此类。

下面回到构形的话题上。首先就时间维度而言②，我并不完全同

---

① 张英进：《中国现代文学与电影中的城市：空间、时间与性别构形》，秦立彦译，南京：江苏人民出版社，2007：6。
② 关于20世纪初期中国的时间意识与现代性问题的讨论可参见 Leo Ou-fan Lee, "Time and Modernity in 20th-Century China: Some Preliminary Explorations", paper presented in the Tamkang International Conference on Comparative Literature, 1999, pp. 1-16。

意史书美把"五四"的时间意识笼统地处理成"跃入现代"的渴望。尽管五四的许多知识分子,对现代主义的诸多理念,包括尼采、柏格森等人的观念进行了实利主义的解读,以期来隐射或改造中国的现实问题,完成与西方同步的梦想。但是,以一种后见之明,或者直接借用杜赞奇(Prasenjit Duara)关于"复线历史"(bifurcated history)的理念①来说,这种对线性时间(linear history)的强调,实际上不过是众多声音中的一种。尽管它是叙述的主流,可并不敷以解释张灏等人在五四思想中观察到的那种始终处于摇摆状态的"两歧性"②。

以鲁迅的《故事新编》为例。在史书美看来,叙事中经常出现的怪诞意象,如砍头之类,"可以被解释为以古怪意象的方式来释放潜意识中的恐惧和欲望,并暗示出中国社会的潜在语境"。言外,"鲁迅的小说创作也同样基于进化的和面向未来的观念"③。与史书美的看法截然相反,黄子平通过比对《故事新编》中各篇的执笔顺序和题材的编年顺序,发现两者并不一致。在这种不一致中,黄子平觉察到,"重写"和"重排"意味着如下一些时间观的交错——"叙述时间""所叙时间"、生命性的个体时间与文献性的历史时间④,而非史书美所论定的单一的递进时间。由此,我愿意附和黄金麟所谓的现代时间中"深深隐含一个空间化(spatialization)的发展性格"的观点。他说:"时间并不是以一种整全的、普遍或合一的形式流动于我们的日常生活之中。"⑤就现代文学领域内的时间观而言,半殖民的空间起码带出了迟到的(相对于西方的)、同步的(机械意义上的)、压缩的(既指从古典主义到现代主义,各种西方思潮一次性地进入中国,也指那种没有过去和未来,只有现在的观念)、传统的(古典文化的传承以线性时间为主并夹杂循环式观念)时间观念。

---

① 杜赞奇:《从民族国家拯救历史:民族主义话语与中国现代史研究》,王宪明等译,南京:江苏人民出版社,2009。
② 张灏:《重访五四:论五四思想的两歧性》,《幽暗意识与民主传统》,北京:新星出版社,2006:200—226。
③ 史书美:《现代的诱惑》,第101页。
④ 黄子平:《"灰阑"中的叙述》,第113—116页。
⑤ 黄金麟:《历史·身体·国家:近代中国的身体形成(1895—1937)》,北京:新星出版社,2006:152。

而且，与其说各种时间意识是处于一种"悬置"(aporia)的束手无策或者以某种观念为主导的状况之下，不如说它"意味着失控或无序状态的停滞来得更确切"。在解释明清易代之际各种政权的鼎足局面时，司徒琳(Lynn A. Struve)说：这"就像当交通规则暂时不存在时，出现了交通堵塞。这并不仅仅是个权力的真空状态，而是人们利用没有交通规则之机而乱拥乱挤"①。抽换这个评论的时空语境，不妨说，同"半殖民"本身象征的多层对话结构一样，现代文学的时间观也充满了如是一种无序而多变的个性。也因此，在进化论之外，我们还见证了人类学意义上的回转(involution)、德里达的魂在(hauntology)以及传统的志人志怪、魂兮归来如何扭结为一，一再潜返于从晚清到鲁迅直至张爱玲、施蛰存，乃至世纪末朱天文等人的文字之中，浩浩荡荡，相较"进化论"的主流表述亦不遑多让②。

其次是空间层面。就这一点而言，半殖民带来的最大变化，尤其在列强林立的上海，是所谓的"万国建筑博览群"。那些风格各异的外洋建筑，如此密集、高大、坚硬，不仅冲击着时人的视觉，更带出了强烈的世界意识，此外也直接重塑了文学表达的视点：它们如此切近地提供着关于俯视、仰视、压迫和鸟瞰全局的视角，以至于叙事者们再也无法像从前那样以一种赏玩的心态来移步换景了。如果说，传统的田园诗总是意味着个人的外化与自知(self-awareness)，山水赋予写作者的是充分的心灵满足与精神抚慰③，那么，现代建筑则再一次将这个孤独的自我逼回内心；也因此，那些都市漫游者们是如此贴近和投入他们所在的城市，却又永远与之隔离着、疏远着④。造成这一点的主因，在半殖民地中国，与这些洋建筑所携带的政治和文化话语有涉。孙绍谊解释说："外滩建筑所展示的纪念碑特质从某种程度上说是对支配权

---

① 司徒琳：《世界时间与东亚时间中的明清变迁(上卷)：从明到清时间的重塑》引论，司徒琳主编，北京：生活·读书·新知三联书店，2009：5。
② 王德威：《魂兮归来》，《现代中国小说十讲》，第350—393页；《落地的麦子不死——张爱玲与"张派"传人》，济南：山东画报出版社，2004。
③ 孙康宜：《抒情与描写：六朝诗歌概论》，钟振振译，上海：上海三联书店，2006。
④ 关于都市漫游者，特别是上海地区的讨论可见李欧梵：《上海摩登》，第43—52页，以及对此作出质疑和修正的张英进：《批评的漫游性：上海现代派的空间实践和视觉追寻》，陈子善、罗岗主编：《丽娃河畔论文学》，上海：华东师范大学出版社，2006：219—228。

的竞夺。在摩天楼光鲜雄伟的表象背后,我们能够感受到资本主义的傲慢以及半遮掩的殖民主义威权。但另一方面,重绘的上海都市景观又构成了现代性震惊体验的重要部分。作为具体可感的符号,外滩'异质'的建筑群无疑具有强化殖民权力和秩序的功能,但它们同时又以僭越传统景观的逻辑刺激着遭遇者的想象,赋予其震惊、称羡、新奇、惑疑的繁复体验。因此,垂直错落的上海城际线蕴含着复杂、有时甚至是矛盾的意义。"① 正如1934年第85期《良友》杂志的封面所示②,"都会的刺激"在于那种凌乱的、毫无章法的意象拼贴,它不再是古典意义上的有序组合和融洽无间。换句话说,在半殖民的上海,风景是强行挤入,而非徐徐展开的。这种观念落实到艺术表现上,就如同现代电影的蒙太奇技法,是片段、片段的并置,有其矛盾和不谐,也有内在的逻辑,可绝不会是传统京剧电影那种架起摄像机一拍到底的长镜头叙事。人们无法再在半殖民的空间中得到那种连贯的、一致的观看经验。即使在更少接受半殖民建筑群刺激的北京,史书美也发现了这一点,她指出在废名和林徽因等人身上也有着一种不连续的、片段叙事的技巧③。

此外,半殖民的空间轮廓也无疑强化了"乡村—城市—世界"的认知路线,带出了关于中国落后、迟到的焦虑。诚如李欧梵所见,走出乡村去往城市几乎是每一个五四作家的必经旅程,可不管他们如何热烈地拥抱、进入,并且接纳新的时间意识,还是无法摆脱因时空转变带来的不适之感。他说:"这个问题不但涉及城乡分离,而且也在于人们极大地意识到,中国到了二十世纪,已经成为'众多国家中的成员了'。就这个角度而言,达尔文提出的'物竞天择,适者生存'的通俗说法,便袭上他们的心头,使他们的精神面貌为之一振,不管是蒙昧丛林中的

---

① 孙绍谊:《想象的城市:文学、电影和视觉上海(1927—1937)》,上海:复旦大学出版社,2009:18。
② 可参阅李欧梵:《上海摩登》,第8页。
③ 史书美已经指出这与《儒林外史》中的"缀段性"叙事技巧有关。此外,也可能和"连载"的形式有关,讨论可见 Alexander Des Forges, "A New Mode of Literary Production in the Late Qing: The Invention of the Installment Plan", in David Der-wei Wang & Shang Wei, eds., *Dynastic Crisis and Cultural Innovation: From the Late Ming to the Late Qing and Beyond*. Cambridge: Harvard University Asia Center, 2005, pp.388-419。

野蛮竞争,还是帝国主义的意识形态体系,都对国人造成了直接的外部威胁。"①李欧梵把这种威胁,看成是民族主义情绪的核心推动力,对此我持保留意见,原因是当我们重返晚清小说,并以那些在上海欢场逗留的外乡人形象来审视这个问题时,可以看到,内中批评有之、嘲弄有之,但不能只化约成民族主义情绪。

再有,就性别而言,史书美提出了一个相当尖锐的问题,即一个第三世界的女性作家和她第一世界的女性读者之间到底存在一种怎样的关系。尽管伍尔芙以强烈的女性意识著称于世,可是当她指导凌叔华开始写作英文小说之时,她所要求的那种以表现个人私密及切身体验为要义的描述,是不是又一次不幸地落入了男性/帝国凝视和东方主义之中。换句话说,这种女性特质在经历跨国的变化之后,是不是带来了一种背反。凌叔华的本意在于寻求世界范围内的女性理解和情感知音,可是却无妄地变成了取悦和谄媚。据此我们可以追问,当女性主义理论以一种普世化的姿态旅行到中国或其他第三世界国家之时,它所宣扬的那种平等、独立、自主,是不是一种对在地性差异的变相剥削或者殖民? 尽管斯皮瓦克这样的女性学者早已明言,"亚洲妇女的女性主义表述总是不自觉地与占支配地位的第一世界的所谓自由女性主义达成了某种共谋关系,进而造成了诸多困扰"②,但是,我仍想探问,到底在什么层面上来,全世界的女性能够分享那种共同的情感和价值经验,而不是互为利用和凝视? 如果这种可能性为零,那么我们今天如此津津乐道地谈论女性主义,并且号召世界范围内的合作和沟通,其本质又是什么? 结果又是什么? 史书美说,林徽因和费慰梅(Wilma Fairbank)的姐妹情谊、凌叔华和伍尔芙的不平等关系,显示了"西方"在介入中国主体性方面的多变形式,以及那个同质的、连贯的"西方"并不存在。借助于这两个案例的并置,史书美雄辩地得出了以抽象或简化的占领/反抗模式来揭示西方介入的方式并不奏效的结论,可问题是,这种并置本身也泄露了某种观点,似乎只有改善与

---

① 李欧梵:《李欧梵论中国现代文学》,上海:上海三联书店,2008:19。
② 史书美:《现代的诱惑》,第248页。

西方的关系,如与西方人建立友谊,才能真正有效地改善中国人的主体性。可情况果真如此吗?林徽因和凌叔华有差异的主体性,真的是因为她们不同程度的国际交谊造成的吗?离开了西方这个他者,建立现代中国(性别)还有没有可能?

对这个问题的回应,无疑将我们引到了第四个层面,即主体构造。我已经指出,主体性永远是在行动中建成的,而不是一般见解所认为的那样:它已然内在于我,只是有待发现。只有认识到这一点,我们才能正视主体构造过程中出现的失败、中止,甚至一无所成。换言之,主体性并不总是以完整的、成功的、连续的姿态和面目出现。也因此,我并不以为林徽因在处理性别跨国的问题上就一定比凌叔华表现得优异、出色,且两者可以被视为彼此独立、无涉的事件。恰恰相反,当我们以"作者群"或者"事件群"的视角来重新看待林、凌,甚至更多女性的写作时会发现,这些并不连续且无直接交涉关系的女性实践,事实上见证了,也构成了一个大写意义上的性别主体的生成。这个意见当然是在说聚沙成塔的道理,重复的是不以成败论英雄的观念,但它更是在强调,在半殖民的语境下,中国的作家们完全有能力来应对西方多重的介入,而不仅仅是史书美所说的"西方的介入促生了女性的主体性以及她们对地区性的挑战"。检测永远是双向的,我们可以尝试追问当中国的作家们反复试炼着西方所给出的现代主义示范之时,他们的改造、翻新,甚至失败不正是对这种理论凌驾和文明启蒙最好的回应吗?在这个层面上,我们可以补充史书美关于"半殖民"是帝国主义多层的、分叉的、碎片化的统御结构的定义,加上它同时也是中国人在建立现代主体过程中对西方势力和文化的多层的、分叉的、碎片化的回应及协商。换句话说,永远都不要把"半殖民主义"看成是帝国主义的恩赐和疏漏,在某种意义上,半殖民主义比殖民主义来得更为恐怖。明乎此,半殖民主义的批评价值和阐释功能才得以真正彰显。

第二节 "后殖民"的理论洞见

一、帝国之间

要想对"后殖民"(post-colony)下个精准的定义实属难事[①]，不过一种普泛的看法是：它试图清理和反思殖民主义完结之后残存于世界范围内，特别是殖民地的殖民主义印记。然而，正如大家都注意到的，这种清理和反思不一定要等到殖民主义宣告终止的那一天才大张旗鼓地开始。在殖民统治的浪尖风口，这种反思早已广泛展开，只是其表现往往被视为急务的军事或政治领域内的反殖民话语所遮蔽。可随着独立建国运动的持续开展，以及民族国家的相继建立，这种反思开始被作为重点提上文化议程，只是在内容上，这一次更偏重于文化、知识、语言，而非政治、经济和军事。就着这个理解，不妨说，"后"殖民之"后"，既是时间之后(after)，也是指对殖民和殖民主义有了一种更为全面、审慎的后见式洞察。此外，"后殖民主义"也更多地诉诸文化史的观察，而非外交史的研究。恰如何伟亚(James Hevia)在针对英国殖民主义所做的检讨中指出的，除了军事和外交手段，英国人还动用了包括法律、礼节等在内的一系列西方文化来对中国人进行心理征服，给他们上了一堂持久而深入的"英国文明课"(English Lessons)[②]。何伟亚的这个意见明白无误地显示，即使中国所经受的是更为宽松的半殖民统治，可是殖民主义的印记并不因之而变淡。由此，我们说，在这个貌似更为开放的半殖民空间内来检讨殖民主义的效应及其遗毒，就显得尤为必要和关键。

而在众多的后殖民话语中，有一个观点最为评者津津乐道，同时

[①] 有关后殖民的讨论著述为数众多，我主要参考了如下一些作品：王岳川：《后殖民主义与新历史主义文论》，济南：山东教育出版社，2001；张京媛主编：《后殖民理论与文化批评》，北京：北京大学出版社，1999；罗钢、刘象愚主编：《后殖民主义文化理论》，北京：中国社会科学出版社，1999；赵稀方：《后殖民理论》，北京：北京大学出版社，2009。

[②] 何伟亚：《英国的课业：19世纪中国的帝国主义教程》，刘天路、邓红风译，北京：社会科学文献出版社，2007。

也被视为殖民和半殖民语境下的一种文化常态①,那就是"通过本雅明的翻译理论所提出的'殖民番易'(colonial mimicry)的观点"②,或者称为"殖民戏仿"。霍米·巴巴(Homi Bhabha)用它来解释那种建立在殖民者和被殖民者之间令人不安的模仿关系③。在中国,这种戏仿的典型个案是五四的"启蒙"话语。这种建立在大众和精英之间的知识凌驾和等级结构,对应的正是西方对中国的开蒙与俯视姿态。不过,同西方借启蒙之名行宰制之实不同,这种被嫁接和移植到自我内部的"殖民"关系,事实上是为了唤起公众的统一认同,进而去松动它与殖民者之间那种不对等的权力关系。也因此,巴巴说它是令人不安的。

尽管说巴巴的理论不乏洞见,但我还是想补充,这种将被殖民者的行动力完全归结为模仿的认识仍有其不妥和虚妄之处。就中国而言,知识精英和人民大众之间的等级关系始终都存在,未必要等到殖民者的介入才真正建立。恰如卜正民(Timothy Brook)在研讨明朝商业文化时所说,文人士大夫们频频地变更他们的审美对象和时尚品味,目的不为其他,只为了拉开与富贾巨商、贩夫走卒们的距离,使得附庸风雅者永远落后一步,社会等级永远不被轻易僭越④。由这个总结可以推知,殖民主义最多只是强化而非直接促成了被殖民者的某些模仿行为。而另外的一个补充则是,这个观点用来检测殖民当时的历史犹有可行,可问题是,当殖民告罄,这种殖民模仿及其意识残留是否依然奏效,又是巴巴的讨论付之阙如的。

带着这样的疑问来阅读,我们发现,周蕾有关香港的论述多多少少是对这个问题做了一个肯定式的回答。她把香港处理成是帝国或殖民者之间(between colonizers)的存在。不管周蕾的这个表述当中有多少言过其实甚至危言耸听的成分,有一点是可以肯定的,那就是她提醒我们注意大中原观念(the Central Plains syndrome)或曰大中

---

① 史书美:《现代的诱惑》,第29页。
② 廖炳惠编著:《关键词200:文学与批评研究的通用词汇编》,第190页。
③ Homi Bhabha. *The Location of Culture*. New York: Routledge, 1994, pp. 85-92.
④ 卜正民:《纵乐的困惑:明代的商业与文化》,方骏等译,北京:生活·读书·新知三联书店,2004:251—252。

国想象有可能带来的抹平效应,也即将所有的地区性差异都统一收编进那个均质、平面的"中国性"(Chineseness)之中①。尽管既往的研究一再披露,所谓的"中国性"也有其多变的本性,不是铁板一块。

二、主体省思

上面的讨论显示,周蕾所设计的"边缘化"策略,实际上是提出了一个关于如何应对"殖民"内部化的问题。她提醒我们注意,在有效防堵各种外部势力所造成的殖民伤害之外,我们也应当避免落入那种对作为终极所指的民族、国家、"中华性"等的绝对服从之中,并积极地营造出一个建基于本土历史和现实之上的主体性。当然除此之外,她更希望把香港当作一个隐喻,以此来折射在全球化和后现代愈演愈烈的今天,当各种意识形态和殖民势力已经无分内外地交织于我们的生存空间之际,我们又当如何应对、思考,并建立起属于自己的独立认知框架。

周蕾的发言,令人直觉地联想到李欧梵有关上海与香港的"双城记"论述。他说:"现在上海终于在一个世纪的战争与革命的灰烬里重生了",但是,"经历了这样难以想象的逆转……新上海的城市景观看上去就像是镜像的镜像——对香港的现代或后现代复制,而香港长期以来一直是以老上海为蓝本"②。尽管表面上,李欧梵的论调像是直接佐证了周蕾有关香港文化具有世界性的论点,但实质上,两者的认知起点明显不同,李欧梵的"上海"定位之中仍不乏"世界主义"的维度,而周蕾的思考仍然局限在国族、国家的政治框架之内。这种"一刀切"的做法首先就需要检讨,此外,她也有意无意地暗示"香港"在城市现代化的道路上总是着人先鞭,因而不可回避地带有"香港中心意识",以及那种先进与后进的时间观念。换句话说,打破"国族"迷思,在当代社会固然有其"去殖民"的价值——这不仅是说"民族—国家"的观念本来就是一个舶来品,里面暗藏一套西方解释历史的宰制性结构;

---

① Wang Gungwu(王赓武),"Among Non-Chinese", in Tu Wei-ming(杜维明) ed., *The Living Tree: The Changing Meaning of Being Chinese Today*. Stanford: Stanford University Press, 1994, p.130.

② 李欧梵:《上海摩登》,第352—353页。

同时也是说"民族—国家"很容易被塑造成一种"优先利益",从而带来对内部个体、地方的价值遮蔽;更是说,在国际关系上,"民族—国家"本位容易造就新的帝国形象,形成孤立主义,而非与世界的对话。但是我们仍然可以提问,这种绝对的"去政治化"方案,是不是中国内地城市发展的最佳方向?除了"香港模式",我们还能不能创化出更多的可能,像"上海模式""北京模式""成都模式",等等?

在这些问题面前,周蕾论述中所包含的香港中心观念显露无遗。尽管她对殖民和后殖民的种种表现提出了犀利的批评,但是唯独没有检讨的就是她本人的立场。正如王岳川所指出的,她的讨论只注重谈"民族—国家"的"南下",却对香港文化和经济的"北上殖民"①不置一词。他引卢思骋的观点做了详细说明,卢认为,自20世纪80年代中起,资本家在工业再结构(restructuring)的口号下便开始将工厂和资金大量北移,利用微薄的工资、恶劣的工作与居住环境,剥削珠江三角洲(以及南来的民工)的廉价劳动力,榨取巨大的剩余价值;随着资本家、中层管理技术人员及至货柜车司机的频繁北上,以金钱优势压迫女性的活动日益蓬勃;此外,香港文化工业不单成为了东亚和东南亚地区普及文化的霸权,在北进的洪流下亦乘势攻占大陆市场。②

也许正如张隆溪所指出的,周蕾的根本问题在于以"西方理论"替换"中国现实"③,可我的补充则是,周蕾的论述之中并不乏现实,只是这种现实均是过去的现实,也即我上面指出的香港曾经遭受过双重边缘化的历史。由此我们可知,周蕾的香港中心立场,与其说是一种理论膨胀的结果,毋宁更像是她本人所批评的"补偿性观念",甚至连她自己也坦言在"不懂中文"这个问题上遭受过拉康(Jacques Lacan)所谓的象征式阉割④。一方面,香港既不具备像台湾一样可供反复陈述、演绎的苦痛殖民史,比起民不聊生,香港是经济腾飞;而另一方面,香港也没有内地那样一种可供援引和依赖的民族文化之"根",这两个方

---

① 有关这个话题的讨论详见陈清侨编:《文化想象与意识形态——当代香港文化政治论评》,香港:牛津大学出版社,1997。
② 王岳川:《后殖民语境与侨居者身份意识》,《广东社会科学》,2000(2):154。
③ Zhang Longxi, "Western Theory and Chinese Reality", *Critical Inquiry* 19, Autumn 1992, pp. 105-130.
④ 周蕾:《写在家国以外》,香港:牛津大学出版社,1995:ix。

面的匮乏,注定了以香港为话题的论者,必须另寻出路来解释香港的城市形态和文化记忆。也因此,当周蕾在无意识中放大香港的"主体性"时,即使不是发展出一种妒恨政治,也必然诉诸补偿式的理解,也即"你有我无,但我有你亦无"的思路,这正是周蕾讲的香港在处理现代、后现代和后殖民意义上的前沿示范价值。易言之,百年殖民史,虽然没能使香港确立起以民族国家为核心的反殖民文化,但却赋予了它一种更具当代意义的后殖民批判思路。一个典型的例证来自周蕾本人对海峡两岸及香港不同"怀旧"意念的解读。她讲:"怀旧潮把颇为歧义的大陆、台湾及香港的文化艺术,联系起来。在中国大陆,文学与电影自八十年代初,早以怀旧的探讨形式,去思考中国乡土神秘的源头……在台湾,怀旧表现了对台湾本土历史那些被压抑的沉痛伤口的广大关注。在香港,怀旧潮除了在丰富的商品文化中以多姿多彩的形象出现外,也往往像电影《胭脂扣》般,变成一种把旧日时光理想化的美学情绪,更同时与机缘、命运、风水及其他'术数'等混在一起。"①

最后要指出的是,周蕾有关香港文化认同的讨论,仍不乏西方中心主义的观念。尽管我承认经历了漫长的代际更迭,特别是全球化浪潮所带来的移民、杂居和(网络)跨国等问题,使得香港人的中国认同变得模糊不清,可是这并不意味着就可以完全无视或者将其平面化为"缺乏认同"。如果,周蕾所举的例子不是"中文"——一种典型的西方语音中心的看法,而是"汉字",那么我们会发现,即使中文语音旁落了,不再被表述了,但是"汉字"仍然遍布在人们生活的周遭,从店招、路牌直至报纸书刊。这些细节性的存在是不容回避的文化纽带。

第三节 "被殖民"的认知能量

一、诗可以怨

20世纪的中国文学,自来是眼泪多,笑声少,即使是笑,也多是带

---

① 周蕾:《写在家国以外》,第58—59页。

血带泪①。当瞿秋白身陷囹圄总结一生的所学所为之时,竟以病和"多余"自况②,在在吐露了现代中国总有一股挥之不去的负面情绪。无怪乎多年之后,夏志清信誓旦旦地直陈,现代文学的品格恐怕难逃"自虐虐人"四字③。曾经是天朝上国的骄傲,转瞬之间成了事事不如人的自卑。郁达夫在《沉沦》中振臂控诉,点破题旨,托出了"国弱"才致"民病"的关键④,再一次见证了"感时忧国"的情结何其浓厚。

不过,读者切莫以为,这种种表现不过是对政事蜩螗、民不聊生的文字写真,因为这不仅低估了现实的价值,也轻看了小说的虚造能力。借威廉斯的"情感结构"来审视,恐怕这种对受挫情绪的一再投入,已经不再是要写什么的问题,而总有点要写出什么的况味和意图了。换句话说,这种受挫主题的重述,不唯是见证式的,更是征召、制造式的。借着文字无远弗届的播散魅力,这种最初是私人的、小范围内的情绪反应,被夸大成了时代、民族的共感。无论读者有没有敏锐地感知到它、体验到它,他们都被告知自己正生活在这样一种普遍低迷的情绪氛围之中,也只有这种情绪才是正当的、适宜的。就是在这个意义上,重述成了制造公共关联的策略,它凝聚出了一个"想象的情感共同体"。如果说,文学经典的诞生总是包含着一套以"重复"为体征的"经典化"方案,那么,同理以推,并不事先存在一种民族情绪或民族情结,其出现无可避免地跟某一种情感的"重述结构"互为表里。

当然,应该马上指出,正好比经典不完全是人为操作的结果一样(它也同时跟作品自身的美学品质紧密挂钩),"民族情绪"的显现,也必然首先依托于一种被广泛认可的根基。否则任你如何缕述,一个残暴的日本殖民者也不会就此放下屠刀。而在我看来,这种根基也许正是"中国"或"中华"二字。之所以不说"中华文明"或者其他,抛开日后"五四"一代学人对它的大加挞伐不说,实在是因为唯有"国"与"家"才

---

① 喜剧中也不乏"狂笑"和"涕泪"的张力,讨论可见王德威:《从老舍到王祯和:现代中国小说的笑谑倾向》,《想象中国的方法:历史・小说・叙事》,第 187—212 页;吴文思(John B. Weinstein):《中国现代喜剧的"感时忧国"》,王德威主编:《中国现代小说的史与学》,第 229—239 页。
② 瞿秋白:《多余的话》,南昌:江西教育出版社,2009。
③ 夏志清:《中国现代小说史》(香港),第 8 页。
④ 郁达夫:《沉沦》,《郁达夫全集》(第一卷),杭州:浙江大学出版社,2007:75。

能真真正正、切切实实地召唤起普通民众。由此我们要说,"中国的失败"这种情绪,在某种意义上成了近代国人身份认同的推动力,是"民族主义"赖以形成的助力。

这个观念,乍看起来总有一种要与"常识"脱轨的印记。因为照一般所见,无论是政治史还是文学史,总是要以节节的胜利和收获来铺设、填充时间表,吐露的也是民族国家的成立、文学的丰富总是在步步为营中渐积所致。而且话说回来,如果历史铭刻的全是失败,那么我们今天的民族、国家又缘何而成?这个提问当然不错,但是,石静远在她的大著《失败,民族主义和文学》之中亦明白无误地表示:所谓胜利,不总是伴随一份对失败的记忆吗?胜利之为胜利,是因为其对失败的克服。尽管"失败是成功之母"的表述,听起来那么普通,却也是不折不扣的大实话。因为有了直面失败的勇气,我们才能迎难而上,迎接胜利的曙光。中国的老话哀兵必胜,此之谓也。

石静远的讨论起讫设定在1895—1937年,可这绝不意味着,"失败"到了晚清才要发挥它兴邦建国的能量。中国自古就有"诗怨"的传统,文人借写负面现实,以达"怨刺上政"的目的。钱锺书先生的名文《诗可以怨》更是通过旁征博引,说明蚌病成珠,艰难困苦、玉汝于成的观念,不仅是东方传统,也有西方同行[①]。不过可惜的是,先生专讲文学范围内这种借失败、用失败、造失败来汲取写作灵感和动力的事例,对社会领域内的情形倒是所言甚少。不过,以明清易代之际的"遗民"表现来看,他们固然抓住了失败的情绪,可是应对的法门多半是逃避式的。他们不是借诗酒流连、闺房记趣来分散苦痛,就是用风水宗教、狎妓行旅来超越创伤[②],均没有像石静远所讨论的晚清、五四两代文人那样发展出一种巨大的启蒙效应。换句话说,明末文人所意识到的"失败"终究是小团体意义上的失败,而1895—1937年间所形成的失败潮流则已经渗透到普通大众之中。

---

① 钱锺书:《诗可以怨》,《七缀集》,北京:生活·读书·新知三联书店,2002:115—132。

② 相关讨论可见 Wilt Idema, Wai-yee Li, Ellen Widmer, eds., *Trauma and Transcendence in Early Qing Literature*. Cambridge: Harvard University Asia Center, 2006 以及李孝悌:《恋恋红尘:中国的城市、欲望和生活》,上海:上海人民出版社,2007。

尽管石静远的讨论对象，多是康有为、梁启超、林纾、鲁迅、郭沫若、郁达夫、潘光旦、张竞生等社会名流，可仔细辨析其人其作的影响，我们又可知这些作家、思想家、改革家或科学家恰恰又是彼时颇能在读者中引发轰动和关注的代表。虽然王一川批评目前的现代性研究中存在"一个根本性缺失，就是仅仅关注精英言论而忽略民众生活，更重要的是，为着思想而遗忘体验"①，可我要补充的是，一般民众的生活实难捕捉，更遑论其切身体验。我们今人所能倚靠的多半是官方或文人代为书写、记录的材料。所以，贺萧（Gail Hershatter）在研究上海妓女时就坦言，妓女无论等级次第，终究不能完全自由地发声，即使有，也是经过了现代氛围的烘托和制造而来②。尽管这个观念当中有值得商榷的地方，例如完全踩着新历史主义的路数把现实符号化、虚构化③，但是也确实说出了历史取材之难。另外就是，这种把精英和大众截然分开的做法本身也值得检讨。殊不知像林纾这样的雅士，能以一卷《茶花女》"断尽支那浪子肠"，就足证其与大众的体验、思考和伦理取向是何其紧密，并非完全脱节、无涉的存在。

有了这个认识的起点，我们就可以明白康、梁诸位的言论、著述、实践是如何逐步参与到近代民族主义话语制造的庞大社会工程之中，并发挥作用的。不过，正如我在一开始就指出的，石静远的独特之处，并不在于她探讨了民族主义话语的历史沿革，或多样内涵，而是尝试着去指导我们理解——民族主义话语的修辞策略和方案设计有可能是从一种"失败"情绪中斩获的。她本人将这种理解的依据上溯到了法农。在《全世界受苦的人》（The Wretched of the Earth）一书中，法农提出，与其憧憬白人统治者的位置，自哀自怜也许更易唤起那个相异的、未被规定的理想自我（a different, unprescribed ideality of the self）④。

这见解至少将我们带离了三种误区。第一，是击破了"正面"形态

---

① 王一川：《中国现代性体验的发生》，北京：北京师范大学出版社，2001：2。
② 贺萧：《危险的愉悦：20世纪上海的娼妓问题与现代性》，韩敏中、盛宁译，南京：江苏人民出版社，2003。
③ 周锡瑞：《把社会、经济、政治放回20世纪中国史》，《中国学术》（第一辑），北京：商务印书馆，2000：201—215。
④ Jing Tsu. *Failure, Nationalism and Literature*, p. 225.

一定比"负面"存在更有价值的看法。这种看法通过将"正""负"做绝然的对立,取消了两者之间可能存在的辩证关联。在殖民语境下,正面的反抗固然重要,可是缺乏一种自我批评式的否定,英勇亦会变为鲁莽。第二,是改写了那种非要在殖民结构中才能进行自我命名和认证的思路。无论是反抗的、合作的,还是消极的,这些形态基本上都陷在了"与殖民者关系"的理解之中。换句话说,没有了"殖民"他者,被殖民者的性质和形象最终将难以定义。如果说这种理解的本意并不是要为殖民主义辟谣,那么它也至少困在了"冲击——回应"的二元模式之中不能自拔。第三,是被击破的殖民结构向我们泄露了自我建设的可能在于把向外的矛头转回自身。被动的反抗,对殖民者而言,永远都不可怕,因为在殖民掠夺之初,他们就应该预想到这一点。而真正令其感到不安的是,一个敢于思考的被殖民主体,也因此殖民者需要一而再、再而三地开展像"英国课业"这样的"愚民"工程,从思想上根本瓦解其反思的可能。但是,恰恰是顺着这个"敌强我弱"的思路,而非逆向强调中国也有骄傲传统的办法,近代知识精英们也开始了其以"失败"为核心的"情感教育"。由此,一个有趣的局面形成了,西方和日本的殖民者想千方百计地建立起自己威权和文明形象,而中国的知识分子则顺水推舟,自处弱势地将这种威权和文明变成了自我颓败和耻辱的衬托与证词,不过结果却不可思议地逗引出国人强烈的补偿愿望,以对"不知廉耻"的挞伐开始,探索着自我与民族的认同之路。在这个意义上,石静远说,"失败"提供了转圜的可能和辩证的空间,由此,与其说它是一种客观物(object)或者纯情绪(an absolute sense),毋宁说更是一种模式或疗法(modality)[①]。

说得更具体一点就是,在一个无可逃避的被殖民情境之中,也同时是在西方或日本给定的失败修辞之中,中国的知识分子从中找到了唤醒民族认同的可能,并最终将之用于抵抗殖民主义和帝国主义。之所以说这种有关失败的修辞是被给定的,从石静远所讨论的"黄祸"例子中就可以明显看出。"黄祸"这个概念,最初是西方人用来描述蒙元对欧洲进行军事征服的用语,其背后的潜台词正是中华民族是野蛮的

---

① Jing Tsu. *Failure*, *Nationalism and Literature*, p. 225.

民族,也即她是一个文明上的失败者。不过饶是如此,晚清的小说家们还是有效地利用了这种指摘,将它做成了虚造世界里中华民族能最终获胜的现实依据与想象动力,成全了个人乃至国家的正义诗学和胜利愿景。晚清的小说家,也包括后来的五四学人们,其将计就计的表现,颇令人想起上文提及的哈里·哈鲁图尼恩。他关于日常生活抵抗逻辑的表述,在石静远这里,被失败的情绪结构所替换。虽然"失败"最初是殖民者对被殖民者的指责,但这种指责同时也成了殖民话语最大的破绽,它被殖民者利用,并给予殖民者以反戈一击。

正是在这样一个层面上,我们来理解石静远对"失败"的定义,会发现其与高友工对"抒情"的见解颇有相似之处,也即两者都愿意从其狭义的所指,扩而广之为一种文化史观、价值体系,甚至政教意识形态。高友工还特别指明,这种抒情的架构往往表现出强烈的内化(internalization)特质①。而套用到失败的表述中来,这正是身份认同中最为关键的所在——主体性。

二、历史创伤

承接这种对"抒情"与"失败"相似构造的理解,我也要强调,两者也有根本性的分歧。在高友工的定义中,"内化"实际上代表了一种自得圆满,譬如律诗所表现出来的那种节奏上的整饬、语义上的对仗,以及音调上的和谐等。可是,在石静远的眼中,"失败"无异于"阉割",无论这种对失败修辞的操作空间有多宽广,它都不过是在某些半殖民的权力真空地带或殖民话语所暴露的裂隙中寻求出路。一个典型的表现是,晚清之后,那种直接借失败来反转中西关系的书写变得越来越少,文学作品中的洋人形象也开始逐渐淡出,留下来的基本上是一种内倾化的批判和审视,比如鲁迅的《阿Q正传》、潘光旦的优生学知识、郁达夫"自残式"的写作模式。在这种意义上,"失败"首先是,而且也永远都是一种创伤(trauma),它使得"自我"而非"他者"的概念变得相当突出。也正是在这个理解上,我不同意白睿文(Michael Berry)把殖

---

① 高友工:《美典:中国文学研究论集》,北京:生活·读书·新知三联书店,2008。

民统治之下的暴力记忆和表述主要处理成一种向心动力（centripetal force）①。尽管他也强调这种"向心"创痛的价值在于，策动了对现代意义上的"中国国家"的集中想象，可是一个显然的假设是，没有外部的动力，这个议程将会被无限拖延。也因此，这个见解对自我的反思能力多少有所偏废。换句话说，他的讨论只注意到20世纪的中国文学和电影如何来再现和表述历史的创伤，并没有进一步探问这种表述的动力机制和修辞策略是什么。

应当指出，白睿文这种以内外结构——离心与向心——来梳理中国文学和电影中创伤表述的做法，实非个人行为或偶发事件，这与整个西方学界对创伤在不同语境下的形态区隔和阐释机制密切相关。基本上，国外是从个体心理的角度来阐发创伤的，所以弗洛伊德在这个方面依然具有市场。他的解释说明，个人的社会化恰恰是一个制造创伤的过程。而社会又是由个人组成的，那么，个人的社会化出现了问题，成因一定可以在他的童年记忆中捕获。也由此，西方意义上的"创伤"是一个相当个人化的结果，他们把自我视为问题的根源所在。而与此不同，中国人的创伤表现，在他们看来，往往是集体化和国族性的，例如"日据"和"文革"等。在这个层面上，个人的创伤仅仅是集体创伤的结果和表现，而非问题的实质和根源。所以杰姆逊说这是第三世界的寓言，没有任何一种表述是纯粹个人的。而这种将创伤寓言化的做法，也相应地导出一种在外部寻求成因的解释思路，其逻辑基本上是归罪式的：既然个体不是创伤的成因，那么一定可以在个体的外部找到一个社会因素，或一个可以被推向反面的符号，例如情节剧和通俗文艺中的恶人或者与此相关的社会制度。这种理解自然是正确的，但是也要注意到，它对个人的反思是缺席的。所以伤痕文学、反思文学基本上还是控诉文学，是被害者的文学，而不是施害者的文学。它更注重事实的逻辑拆解，而不是人的内心审视②。而且应当承认，这

---

① Michael Berry. *A History of Pain: Trauma in Modern Chinese Literature and Film*. New York: Columbia University Press, 2008, p.5.
② 李凤亮：《美学·记忆·现代性：质疑与思考——王斑教授访谈》，《南方文坛》，2011(5)：71—72。

种外化创伤的做法,或曰"伤痕类型学"(a typology of scars)①的国有化,即使是到了以后现代风格著称的先锋作家和诗人那里,色彩依然浓厚②。正如王斑所见,"文革"后的反崇高行为本身就是崇高的表现。精神分裂也好,隐晦梦境也罢,肉欲兽性亦然,都不会是纯审美的检视,都"需从它们与主导意识形态话语和政治话语之关系入手"③分析。

这种中西有别的创伤定位,自然言之成理,可是我也要提醒这样一种可能,即当我们抽换了参考的对象,不是以西方,而是从内部来处理创伤的不同形象之时,会看到一种"内心审视"的开启。我的例子是鸳鸯蝴蝶派和鲁迅。应当承认,前者所提供的抚慰性(psychological comfort)诗学④,在某种意义上确实"耽误"了自我反思的现代议程⑤。通过在想象的世界里完满地处理现代性和殖民迫害所带来的种种焦虑与苦痛,鸳鸯蝴蝶派的作品几乎是在"戏剧性"和"理想化"地提出问题、解决问题,而非直面问题本身的沉重和无法摆脱。也因此,它们常常被讥讽为娱乐的、消闲与讨巧的。换句话说,它们的价值在于平复恐惧,而不是从中激起斗志。与此相反,鲁迅则主张直面历史现实,每每诉之以创伤景观和暴力叙述来激起对自我和民族的内心审视与剖析。著名的"幻灯片事件"所表现出来的那种强烈的后设性,即整个故事是被追溯出来证明"弃医从文"的合法性,并把它作为叙事之"头"的⑥。正像许多学者指出的,那张影响了鲁迅乃至整个中国文学命运的幻灯片并不存在⑦,可是,在我看来,恰恰是这种不存在,说明了自我

---

① 王德威:《一九四九:伤痕书写与国家文学》,香港:三联书店(香港)有限公司,2008:1。
② 杨小滨:《中国后现代:先锋小说中的精神创伤与反讽》,愚人译,上海:上海三联书店,2013。
③ 王斑:《历史的崇高形象》,第 194 页。
④ Perry Link. *Mandarin Ducks and Butterflies: Popular Fiction in Early Twentieth-Century Chinese Cities*. Berkeley & Los Angeles: University of California Press, 1981, Chapter 6.
⑤ 尽管陈建华认为周瘦鹃的《九华帐里》型塑了一个现代文学的主体,可是他并未指明这种主体的反思性。参见陈建华:《现代文学的主体形成——以周瘦鹃〈九华帐里〉为中心》,《从革命到共和:清末至民国时期文学、电影与文化转型》,桂林:广西师范大学出版社,2009:317—342。
⑥ 王德威:《从"头"谈起:鲁迅、沈从文与砍头》,《想象中国的方法》,第 135—140 页。
⑦ 李欧梵:《铁屋中的呐喊》,尹慧珉译,石家庄:河北教育出版社,2002:15。

审视的空间是如何借叙事勾画和圈定出来的。这个故事中弥漫的暴力性,成了一种反思的推动力,它敦促鲁迅,也敦促国人来重新省思殖民统治之下的现实和自我处境,并要求做出一种相应的转变和调整。

正是在这样一种新的比较体系下,我们说,有关"失败"的讨论事实上是打开了一个关于现代主体的自我反思空间。尽管其鹄的仍不离民族、国家,但无可否认,借助于叙述暴力和叙事的暴力,从康有为、梁启超到鲁迅、郁达夫和潘光旦,两代人共同规划了一个如何在给定的修辞话语中寻求自我以及民族出路的思想空间。而这个空间之所以异于鸳鸯蝴蝶派等所提出的现代性方案和设想,关键正在于其所动用的"否定辩证法"或曰"暴力美学"。

也正是在这样一个带有反思意味的层面上,我们注意到,所谓的"西方主义"(Occidentalism)和"东方主义"(Orientalism)并不能等量齐观,或做针锋相对的理解。尽管它们都同时动用了萨义德所指出的那些话语操控手段,如陈述说明(making statements)、建立权威观念(authorizing views)、描述(describing)、教学(teaching),使其沉淀(settling),等等[①],但是,"西方主义"却从来都没有为了"自我巩固"(self-consolidate)的目的去征服西方;相反,它行事的冲动和能量来自于对中国"自我"的否定。换句话说,西方主义所要真正确立的并不是其与"他者"的关系,而是与自我的关联。由此,我们说,所谓的理论旅行或者跨语际实践的真意,不该是建立威权,而是分享价值。也正是在这个层面上,史书美说运用西方批评术语来分析非西方著作可以极为轻捷地动摇文化话语中的欧洲中心主义范式[②];周蕾说,香港可以有它的国际性;石静远说,尽管"失败"在当下的国史表述中常常缺席,可是一旦遭遇问题,它依然会浮出地表,成为最好的鞭策机制。"中国性"中已经牢牢地铭刻了这种记忆。

---

① 萨义德:《东方主义》,第4页。
② 史书美:《现代的诱惑》,第2页。

第三章
去帝国：颠覆一元构造

"帝国主义"(imperialism)与"殖民主义"相伴相生，概念差异更是微乎其微，以至于研究者们只能勉强地以时间或形式上的落差来做区分①。萨义德说："在我这里，'帝国主义'一词指的是统治遥远土地的宗主中心的实践、理论和态度。……'殖民主义'意味着向边远土地上移民。"他进而补充道："帝国主义和殖民主义都不是简单的积累和获得的行为。它们都为强烈的意识形态所支持和驱使。这些意识形态的观念包括：某些领土和人民要求和需要被统治；还需要有与统治相关的知识形式：传统的19世纪帝国主义文化中存在着大量的诸如'劣等'或'臣属种族'、'臣民'、'依赖'、'扩张'和'权威'之类的字词和概念。"萨义德强调："在我们这个时代"，尽管直接的统治已经结束，但是，"帝国主义像过去一样，在具体的政治、意识形态、经济和社会活动中，也在一般的文化领域中继续存在"。②

与此意见唱反调的是哈特（Michael Hardt）和奈格里（Antonio Negri）两位学者在其大著《帝国》之中的观点：非但"帝国主义"已成过往，而且一种新型的权力形态业已诞生，那就是"帝国"（empire）。在他们的定义之中，"帝国主义是欧洲民族—国家的主权超出它们自身疆域的扩张"。其框架依然是一个权力或控制由"中心"渗透到"边缘"的有限等级结构，因而依旧具有明显的疆界意识和版图概念。而"与帝国主义相比，帝国不建立权力的中心，不依赖固定的疆界和界限。

---

① 文艺复兴是这两个概念使用的分水岭，参见廖炳惠：《关键词200》，第36—37页。
② 萨义德：《文化与帝国主义》，李琨译，北京：生活・读书・新知三联书店，2003：9—10。

它是一个无中心、无疆界的统治机器,在其开放的、扩展的边界当中,这一统治机器不断加强对整个全球领域的统合。"① 在某种意义上,"帝国"和"全球化"已经变得相当接近,或者干脆就是一体两面。它们均抛弃了旧有的"殖民"或"后殖民"的"征服"手段,以一种经济、生活和文化的单一模式,甚至根本就是美国模式,在全球范围内推广、延伸,不仅抹平了地区差异,也擦除了国家历史,造就了一种"同化景观"。可以肯定地说,这个维度上的"帝国"不仅外在于我,同时也内在于我。

但平心而论,无论"帝国"和"帝国主义"的差距有多大、形式有多不同,有一点是相通的,那就是它们都试图对第三世界的国家和文化进行收编与改造。如果说,上一章所讨论的"殖民",侧重的是它的历史故实及其连锁效应,观察的是其如何通过建立等级阶序来为殖民的合法性说项,那么在这一章中,我则试图努力辨识"帝国"的运转机制,以及其如何借助于全球同步和整一的幻景与神话,来勾引第三世界国家和人民加入国际市场的欲望,并成功地将其文化产品和知识体系接合到在地历史文化之中。与此相应,我所谓的"去帝国"则意味着,我们不仅要历史性地探讨和重构这种接合的内在逻辑和运转方式,而且也要通过重建历史差异的方法去有效抵御现代性的程式化叙事和扁平面目。还有更重要的是,积极探索超克这种仍不乏意识形态色彩的全球秩序,去建设新的文化阐释模式和理解框架。

这三个方面合力导出了一个"再中国化"的议题,而其核心观念正是"自我的再发现"(self-rediscovery)。尽管我已经批评过那种将"主体性"和"能动性"当作"万应丹"来使用的研究行为,可是仍不得不承认,这两个概念迄今为止依旧具有强大的解释效力,但前提是,必须带有充分的自省能力。即它不是从"主/客""施/受"等二元结构中析出的对抗性产物。在这个层面上,"他者"不仅继续界定着我们的认同身份,同时也还是我们文化想象的主要参考对象。因此,造就一个"反思的主体"就意味着,超越二元对抗论,去盘诘深植于两者之间更为复杂的关联。

---

① 哈特、奈格里:《帝国:全球化的政治秩序》,杨建国、范一亭译,南京:江苏人民出版社,2003:2。

表现之一,正是上一章所讨论的那种浮现于"失败"话语中的合作效应。套用查特吉(Partha Chatterjee)的理念,近代中国的"失败史"乃是由殖民者和被殖民者共同创造的①。"失败"既是西方殖民者的话语,如"黄祸""野蛮"和"臣属"等概念,同时也是殖民地人民用来抵抗殖民者的话语。这两者的奇妙吻合,所要证明的并不是文化话语那种能够逃脱政治摆布,且对世人一概平等的自主性和普适性,恰恰相反,它要表现的是概念的不稳定性,以及被殖民者自身强烈的参与意识。而且正是这种意识导出了话语的不稳定性。一个突出例子正是翻译。这种跨越语言的文化实践行为,即使它本身并不完全是叛逆的,但至少证明:语言与语言的关系并不是绝对透明的,能够被等值地关联起来。虽然我们不必将这个理解绝对上升到斯皮瓦克所谓的"翻译的政治"(the politics of translation)②之上,但是,必须肯定"翻译"具有其历史性。这个历史不仅是译者所在的历史,同时也有译者所面对的两种语言的历史,更有这两种语言被关联起来的历史。简单地说,"翻译"是个思想史工程。而由这个理解出发,我们很容易发现那种认为(西方)理论剪裁(东方)文本的观点,并不完全切实。原因之一,正是误以为西方理论能够毫发无损地进入到东方语境。其他的原因还包括,忽略了理论其实对任何文本都具有剪裁性,这种统御结构,不只发生在东西之间;另外,文本自身的能动效应,以及使用者的反思精神也被无情地屏蔽了。

表现之二,是他者的话语、知识,乃至思维模式都已经内在于我(inside-ness)。这一点不仅意味着根本不存在一个纯粹的、本体论意义上的文明自足体,更是暴露了后殖民理念中那个出镜率颇高的词汇——"混杂"(hybridity)在认识论上有其缺陷。尽管这个范畴帮助说明了(后)殖民语境下多文化交错和多声道盘结的复杂现象,但是,它却预设了一个多种文化在殖民碰撞之前毫无牵涉的理想状态。在某种程度上,这多少有点为殖民主义强作解人的意思,因为它暗示如

---

① 查特吉:《民族主义思想与殖民地世界:一种衍生的话语?》,范慕尤、杨曦译,南京:译林出版社,2007。
② Gayatri Chakravorty Spivak. *Outside in the Teaching Machine*. New York: Routledge. 1993,pp. 179-200.

果没有殖民统治,那么第三世界的文化将有可能持续、单一地发展下去。我想,只有理解了他者已然内在于我的特性,我们才能更好地解释:为什么当我们在时时提防"糖衣炮弹"的洗脑效能之时,帝国审美依然能够长驱直入,且快速成功地与在地文化结合、衍生。王斑一针见血地指出,这同"资本形象"的深入人心大有关联①。表面上,"资本"提供了进入全球市场的对话机制,可实质上却无情地抹杀了在地历史的特殊性,造就了一种全球普世主义。"资本"之所以能在全球化的今天大行其道,关键和它所承诺的那种以自由、民主、均富且不受政治侵扰的幻象相关,而这些现代性的质素自晚清以降,早已被广泛散播。以"文学"为例,甚至包括这个概念本身,以及与此相关的文学分类,如小说、诗歌、戏剧、散文,等等,更包括其表述用的技巧和语言风格,都一定程度上源自西方,受其影响,并成为我们今天如何理解什么是文学什么不是文学的重要指标。因为这种内在性,我们即使不是时时援引西方,却也未必就能与之划清界限。也正因此,一部西方作品能够快速地在中国读者中引发关注,而与之相反,西方人可能对一部中国著作充满陌生感。因为中国永远外在于他们。

表现之三,是当这种内在性已经成为自我不可切分的一部分时,它有可能逆转成一种周蕾所提醒的以"民族—国家"为内核的帝国与殖民形态。尽管我们不能遗忘一个多世纪以来惨遭外侮的悲痛记忆,但是,也不能就此停止反思以"民族主义"和"中华传统"进行广泛社会动员和文化传播之时,有可能对内部及周边地区所造成的庞大的政治、经济及文化压力,从而取消"中国性"这个概念应当负载的多维结构和多样关联。换句话说,对"中国性"的提炼不应该只局限在政治疆域之内,而应该开放为一种既包含本土之内的文化传承与新变,也包括广布海内外的中外对话的文化进程。特别是后一维度的加入,将能够有效遏制"中国性"蜕变成一种单一的民族中心主义或国家主义。而且必须承认,在某种意义上,"中国性"必须有它的不纯粹性、它的混杂,甚至于枝蔓旁出,乃至变种变性。唯其如此,我们才可以领会所谓的"中州正韵"不必只是原地打转或心无旁骛地一以贯之,也可以追

---

① 王斑:《全球化阴影下的历史与记忆》,第 199 页。

踪、定位所谓的华裔文学、离散文学、流亡文学、华文文学、华人文学，并将其视为对"中国性"的当代增益与充实。

正是紧紧围绕以上的三种表现，我将在下文集中处理海外学界是如何以现代文学及文化为例来勘察"帝国"的基本形态及其超克之法，并进而检讨其更为深层的运作机制。他们或者通过寻回其生成历史的方式，或者通过架设其可能走向的办法，或者借由直面现实语境的思路，形塑了自己的"去帝国"叙事。在这个过程中，我们可以看到，语言的功能变得相当突出，无论是它所泄露的帝国利益，还是指示的发展方向，都证明其并非单纯的文化交流工具，而是负载着相当复杂的政治语码，同时也提供批评功能的一种文化空间与构造。

第一节　跨越"语言界限"

一、翻译的拆解

翻译研究发展到今天，当然早就突破了"原著—译者—译本"的单线流动模式，从早期对翻译技巧、效果和功能的关注，转而去探讨翻译行为本身作为一种特别的跨文化行为以及知识建构的特殊形态所具有的重大意涵。易言之，翻译绝不仅仅只是一种个人行为或单纯的交流手段，而是一个思想史、社会史，乃至文化史事件。这种理解敦促我们对围绕着翻译所展开的各项要素进行综合评估和考察。它们包括翻译行为发生时的社会语境、语言的历史、译者的思想构造、翻译过程中的语词协商和博弈，乃至赞助人（patronage）、出版形式等[①]。这些关联着的要素，组织起了一个相当复杂的文化和社会网络，同时也面对着跨文化过程中的权势凌驾和话语碰撞，也因此，它再无可能是原著中心主义的。但是，这绝不意味着原著就不再重要了。我的意见是，即使原著不再是作为绝对的参照标准，它也不应当从我们的观察视野中消失。一个重要的方面是，它也有可能成为翻译暴露和批判的对象。

---

① 相关讨论可见王宏志：《重释"信、达、雅"：20世纪中国翻译研究》，北京：清华大学出版社，2007：1—86。

无可否认,脱离了原著中心主义的泥淖,我们再一次地沉迷于翻译在译入语环境中的价值评估和表现定型,无形中又走到了抛弃原著的另一极端。可事实上,即使我们无须在原著和译著之间做时时的比勘,也并不意味着这两者的关系就穷尽、解体了。作为一种"新生"(creation),译本同样能够对原著提出它的质询,乃至质疑。在这个层面上,权力的流动方向被倒转,不再是原著对译著无休止的技术要求,而是译本对原著无情地暴露和透视。刘禾曾就《鲁滨逊漂流记》(*Robinson Crusoe*)的中译如何有效地拆穿了蛰伏于原文中的"殖民否认"(colonial disavowal)修辞做出过细致的剖析,这里不妨引来为例。但在此之前,我必须事先铺设我的论述前提,或者说对一个既定的跨文化陈见提出协商。

它关乎"不平等的文化流"(asymmetrical cultural flow)。叶凯蒂(Catherine Yeh)已经明确指出:"'文化流'必然的特性,是不平等流。平等就意味着一潭死水,只有一个高,一个低,文化才能流动。……(而且)文化流也不总是往一个方向流,它是会转变的。"① 表面上,这个发言的依据和出发点是所谓的物理学知识,甚至是基本的生活常识。可是仔细咀嚼内中韵味,我们会发现,叶凯蒂所谓的"高低"之属,实际上是一种心理概念。且不说那种将文化差异绝对解释成文明迟速论的观念如何充斥着殖民与帝国的心理,单说流动就意味着高级向低级的"君临"和福泽,本身就是极为荒唐的。一个显然的事实是,即使中国文学在美国已经被广泛地介绍、翻译和研究,美国人也不会就此改变对中国文学的鄙夷心态。从这个简单的例子我们可以推知,所谓的高低不过是种内心范畴,即认为他者的文化和文学能裨益于我则为"高",反之则反然。再以周氏兄弟的《域外小说集》翻译为例,选目之中并不乏来自"弱小国家"的作品,如果纯以高低流即是文明等级流视之,则恐怕要谬误百出。王宏志说,《域外小说集》的真正价值还在于其所要强调的"悲哀之情":"周作人原来透过《哀弦篇》和《域外小说集》的悲哀之声来唤醒国民,免他们沉醉于死寂,自欺欺人地一味去迎

---

① 季进:《另一种声音:海外汉学访谈录》,上海:复旦大学出版社,2011:162。

接曙光。"①这个结论有力地显示了,在翻译和文化流中,最终决定高低位置的还是原著对译入语社会所能提供的借鉴价值。

而进一步发展、推广这种翻译的心理说,我们大可以讲,在近代历史上,即使中外关系存在着事实上的强烈高低对比,但是用于促进文化交流和翻译的那个高高在上的"西方",仍旧是梁启超等人所拟设的一个近代"神话",而非西方文化霸权直接胁迫的结果。换句话说,一个受挫的自我仍然具有他的价值,他并非是完全被动的。正是在这种理解之下,黄兴涛批评了刘禾单纯从文化和语言不平等的角度来解释中国人发明"她"字活动的做法。在刘禾看来,汉语中缺乏第三人称阴性代词的现象,"与其说是汉语本身的缺陷,不如说是语言之间的不平等。举例来说,在把法语的阴性复数 elles 翻译成英语的没有性别区分的 they 时,人们没有感到什么不便"。黄兴涛说,这个解释自然合情合理,但是它只敷以说明"她"字出现的外缘,而无法点明其真正内因。在他看来,"汉语经过了各种争论与选择而终获成功的'她'字之实质,并不取决于其所因缘的'西方性',它在本质上不是西方文化霸权的压迫之果,而是汉语在新时代被强化的'现代性'诉求之结晶,尽管中西语言之间的'不平等'因素无疑加速了这一进程。说得更明白一点:'她'字在汉语中的合法化,本质上并不是因为它来源于霸道的西方,不是因为西方语言中有,汉语中也就必须有,而是因为它在根本上与汉语在新时代被激发出的现代性诉求,或者说现代化需要发生了关联,从而为汉语所接纳。在这里,'她'字的西方性与现代性只是偶然发生了重合而已"②。

黄兴涛的意见毫无疑问地点出:近代的文化碰撞,中国虽位处边缘,但绝非弱势。可是,我也要补充,这种"西方性"也并非纯粹的外部原因。"她"字的构造史之中,不仅包含着中国人自己的"现代性"诉求,同时也借助于对西方的文化想象。尽管"她"字的创制,在方维规看来只是"有"与"没有"的语言规律③,可是,我们也不妨追问,这种从

---

① 王宏志:《翻译与文学之间》,南京:南京大学出版社,2011:268。
② 黄兴涛:《"她"字的文化史》,第 154 页。
③ 方维规:《"她"字的文化史》序言,第 5 页。

"没有"到"有"的过程,不正是由试图和西方同步、变得与西方一样这种思路和憧憬所支持的吗?在这个层面上,西方永远内在于我,成为自我想象和赶超的目标。明确地讲,这个意义上的"西方"并不是刘禾和黄兴涛所强调的"现实层面上的西方",而是一个人为的构造物。只要明白了这一点,我们就可以知道,自晚清以降,当知识分子和文人士大夫们开始翻译西方之时,其所谓的"西方"已然是被改造和建构过的"西方",它总是以有利于我的面目出现,也因此,它暗示:翻译也必然对那个不利于我的西方有着充分的警惕和排除。正是顺着这样的思路,翻译可以发展出它对原著/西方的透视和批判,而非绝对的接受。

刘禾在《燃烧镜底的真实:笛福、"真瓷"与18世纪以来的跨文化书写》一文中写道,《鲁滨逊漂流记》表面上是在写一个西方白人如何于孤立无援的情势之下荒岛求生,并有效建立起生活与文化秩序——其中包括对一个黑人的命名以及瓦罐的发明等细节——的故事。而恰恰是这些微小的细节,在刘禾看来,暴露出了欧洲人无可逃遁的殖民心态:他们将别国的发明和文化据为己有,以此来巩固欧洲是文明发源地的意象。例如,故事中鲁滨逊用来驯服、教导"星期五"的两项技术:烧烤(barbecue)和独木舟(canoe),事实上都是欧洲人从美洲加勒比人那里学来的,可是这一点在故事中被全面否认了。"瓦罐"的案例也是如此,笛福(Daniel Defoe)在文中故意含糊其词,用 earthen ware、earthen pots、earthen-ware vessels 之类的词汇,笼统地称呼鲁滨逊所制作的各类器皿。可是这种遮掩,在林纾与曾宗巩合译的《鲁滨逊漂流记》中却被暴露无遗。两位译者对这些模糊的术语做了一一修正,"精确"地找到了"瓦""陶""瓷"等概念予以对应。这种对应的结果,自是毫无疑问地暴露了笛福那种试图渲染欧洲人才是陶瓷独创者的帝国心态和殖民意识。刘禾总结道:"显然,鲁滨逊试制的'陶器'与车恩豪斯、伯特哥、莱奥姆尔以及其他欧洲人制作的瓷器仿制品并不是什么'普普通通的瓦罐'。恰恰相反,这些器物都是同一个时代的产物,是欧洲人在艺术、科学和物质文化领域将自身'现代化'的努力——这一努力离不开欧洲人同时对其他文明的挪用、殖民,和将其在认识论上野蛮化的做法。"[1]"林纾和曾宗巩大约没有意识到中国与欧洲之间曾经有过瓷器制造的历史纠葛,但几个世纪的汉语与欧洲文字之间的来往,无疑规定了译者修辞的选择范围,使他们的译文在客观上透视了笛福小说修辞的字面意义。"[2]

尽管这种翻译拆解原著的案例实属少数,却实非孤证,更无放大翻译价值的嫌疑。另一个例子出现在刘禾所谈论的"夷/barbarian"这个衍指符号(The Super-sign)之中。西方人通过强行限定"夷"字的对译词汇是"barbarian"(野蛮人),不仅瓦解了早期满文对"夷"字的多重解释,即它泛指一切中原文化之外的国土和地区,而且也结束了"夷"字在汉语中的生命,取而代之的是 barbarian 的至高无上。试想,如果翻译对于原文一点干涉力度都没有,英国人何必郑重其事地将之列入《天津条约》,规定该怎么翻呢?如果没有译文对原文的暴露,又何来刘禾所谓的"帝国利益冲撞"(the clash of empires)呢?[3]

当然,我还要补充的是,这种拆解与暴露,并不必以针尖对麦芒的方式来处理。以林纾的翻译为例,他翻译最多的作家是名不见经传的英人哈葛德(Sir Henry Rider Haggard)。此人正是殖民主义的忠实拥趸,服膺"白人的天职"(White Man's Burden,即启蒙开化的文明使者),孜孜矻矻地在文字世界里开疆辟土、穷兵黩武,渲染一种"少年英国"的理念。对于这一切,林纾自然了然于心,可是,他的翻译恰恰不是对其暴力书写的大加挞伐,而是"离奇"地认同。关诗珮说:时局使然。"林纾像同时代的士大夫一样,认同中国要生存下去,唯一服膺的是社会进化观达尔文主义(Social Darwinism):弱肉强食,优胜劣败,这是自然演化的铁律。因此,能够帮助中国脱离劣势颓败的时代思想,并不是同情弱小、悲天悯人的情怀,而是更快认同强者。因此,在林纾的序言及跋言中,展现西方暴力的目的是用以煽动国民情绪,用以警惕四万万同胞,千万不能甘于沦为马狗,束手静待亡国灭种之日,

---

[1] 刘禾:《燃烧镜底的真实:笛福、"真瓷"与 18 世纪以来的跨文化书写》,孟悦、罗钢主编:《物质文化读本》,北京:北京大学出版社,2008:374
[2] 同上书,第 373 页。
[3] 刘禾:《帝国的话语政治》,第 98—145 页。

而成为亡国奴。"①这个例子明明白白地显示,翻什么和怎么翻,并不是纯粹的技巧问题,里面有对原著的暴露,更有对自我的激励。一言以蔽之,自我和他者在某种层面上可以是合辙的。

二、翻译的建构

虽说翻译在近代文化史上的价值已经被广泛认可,但是仍有一种误区存在,那就是认为翻译究其实质是一项"以西化中"的跨文化资源借调工作,在这个过程中有所谓的"以中化西"的技巧和表现。这种认识基本上同世纪之初改良派所谓的"中体西用"观念十分接近,无论谁为体、谁为用,反正中国和西方始终都不处于一个层面之上。如果说,这里面并没有一种强烈的中心意识的话,至少有一种主次关系。而事实上,回转到中西文化碰撞之初,恐怕这种条理清晰、结构明确的现实并不存在,相反,这简直可以称得上是一种混战:西方话语、被转述的西方话语、中国话语、被转述的中国话语之间彼此制衡、借鉴、协商,且都试图对中国的发展前景做出预测和左右。而"翻译"作为沟通中西之间的桥梁,则毫无疑问地成为这些争斗的场所所在。也由此,翻译在某种层面上,与其说是充满预谋和设计的文化工程,毋宁说是一个无法预知其结果的文化观念的建制空间,一个普拉特(Mary Louise Pratt)所谓的充满张力的"接触地带"(contact zone)②。

借助这个理解往回看我们过去的大部分研究,则不得不说,其都过于局限在探讨翻译对某些文化观念的弹赞或表现之上,好像这些理念都已经事先存在,翻译只是将之有机地表露出来,从而抹平了其如何参与到话语创制之中的复杂面貌,以及话语本身充盈着的变动不安的层次。在这方面,尽管刘禾的《跨语际实践》屡遭批判③,但是,依然

---

① 关诗珮:《哈葛德少男文学与林纾少年文学:殖民主义与晚清中国国族观念的建立》,王宏志编:《翻译史研究》(第一辑),上海:复旦大学出版社,2011:150—151。
② Mary Pratt. *Imperial Eyes: Travel Writing and Transculturation*. London: Routledge,1992.另外,对这个概念简要的介绍可见胡缨:《翻译的传说》,第 14 页;张英进:《影像中国:当代中国电影的批评重构及跨国想象》,第 130 页。
③ 王彬彬:《花拳绣腿的实践——评刘禾〈跨语际实践:文学、民族与被译介的现代性(中国,1900—1937)〉的语言问题》,《文艺研究》,2006(10);《以伪乱真和化真为伪——刘禾〈语际书写〉、〈跨语际实践〉中的问题意识》,《文艺研究》,2007(4)等。

具有不可替代的学科史价值和学术洞察力。

刘禾指出,语言之间的"互译关系",并不是绝对透明的,从"文化"到"culture",从"individualism"到"个人主义",翻译的所做所为,并不仅仅是将不同世界的两个近似概念关联起来,建立一种语言的等值关系(hypothetical equivalences)。这种理解多少带有点真空色彩,说得直白一点就是,认为翻译可以只在两本字典之间快速进行。这种想法显然忽略了翻译总是为那些具体的历史条件和话语实践所规定。如何译、怎样译,不仅关系到选词的问题,也涉及语词自身的历史和译入国的思想、文化环境,以及受众的接受情况。这种种限制,阻碍了概念与概念之间的快速结合,从而带出了一种时间跨度。换句话说,翻译作为认识论意义上穿越不同界限的喻说(trope),并不是一蹴而就的,而是一个内蕴着文化与思想斗争、淘洗、直至确立合法性的历史过程。简而言之,"互译性"是一个历史性的人为建构。有鉴于此,如果我们想要对"翻译"做出准确的探讨,那么,一个基本的前提是:它必须被当作一种"社会实践"和"历史现象"来处理、分析。也即,"翻译"应当被显示为一种过程,而非一系列结果。

刘禾的观察,自然言之成理,不过,当我们进一步深究:是否所有的语词互译性都必然经历这样一个思想史的过程之时,其实会发现,这种结论对具象概念的翻译毫无解释力度①。试想从"apple"到"苹果","table"到"桌子",除了表述上会稍有不同之外,如 table 也可讲成"几"或"案",未必要经过文化和思想上的重重淘洗、斟酌。换句话说,刘禾的讨论只适宜解释那些在指涉(indexical)和象征(symbolic)意义上充满歧义的抽象概念,而对于那些着力展示语言模拟功能(mimesis)的概念,则未必合适。由这个观察出发可以看到,刘禾在书中重点讨论的"国民性理论""个人主义话语""现代叙事模式",以及"民族国家文学",本身均不是能一言以蔽之的概念,其丰满的内核和质地,天然地为论争的展开提供了可能。由此,我们不妨说,刘禾所要真正研讨的并不是语言学意义上的语词对译,而是人类学与民族志意

---

① 黄兴涛的讨论更为具体,可参见黄兴涛:《文化史的追寻:以近世中国为视域》,北京:中国人民大学出版社,2011:41—52。

义上的"文化翻译"①。

　　这个过程,不可避免地缠绕在权力的部署之中。正如萨义德所见,这些所谓的民族志,深深地介入了帝国主义建设本身,同时也介入了将他者东方化的文化殖民进程之中,也因此,里面充满着一种强烈的对比结构。不过,正如我在上面引述过的,这种将中西语言置于绝对不平等关系中的看法,显然忽略了中国人自己的现代性诉求,从而把翻译变成了一种被动的应答。在黄兴涛看来,"她"字的出现,是所谓"西方性"与"现代性"的耦合,因此可以对这种霸权统御论提出有效的质疑。可是在我看来,尤其是就近代史而言,未必真能有这样两种互不侵扰的概念,恰恰相反,现代性在很大程度上是以西方性为指标和方向的。也因此,许多人断言,所谓的现代性就是西方性。尽管我们不必如此极端,但是承认两者之间的必然重叠则是必须的。这里不妨以《中国新文学大系》的编撰为例来说明问题。

　　在刘禾看来,《大系》的编撰工作,恰如其分地体现了"跨语际实践"的具体开展形态和现实功用。通过借用包括日语词汇"大系"、西方经典的文类切分准则——小说、诗歌、戏剧、散文,特别是"理论"这一西方理念,新文学作家们在新文化运动落幕后十年,且几近为世人遗忘之际,成功地实现了自我的经典化和合法化,同时也有力地打击了其敌手,当中包括风头正劲的鸳鸯蝴蝶派。如果我们注意到,其中的"小说"一项,实际上早在晚清经梁启超的大力推倡,已经有了一个相当高的地位,特别是他为小说寻求合法性的方式是搬用或模仿西方世界的小说功能和地位而来,那么,则可以明确地讲,所谓的"现代性"不必离开"西方性",尽管这个"西方性"未必是真实的"西方性"。

　　说句实话,黄兴涛和刘禾的论述并没有实际性的分歧。如果说存在着一个类似于直线式的中国现代化时间表的话,那么,黄兴涛的观念应在前,而刘禾的观察则居后。这也就是说,在时间轴上,先是有了西方冲击这个外因和中国寻求改革这个内因,中国才开始了其现代化的进程。而在这个进程之中,中国主体又开始尝试借助外部资源和话

----

① 对这个概念的精彩发挥可见周蕾:《原初的激情:视觉,性欲,民族志与中国当代电影》,孙绍谊译,台湾:远流出版事业股份有限公司,1990:263—293。

语来推进改革的方案,从而有了"跨语际实践"之实。可事实上,因为并不存在这样一个段落清晰的时间表,所以作为外因的西方,和作为内在动力的西方时常是混淆的,这就决定了西方性和现代性并不能被简单切割。不过话说回来,两位虽然都对中国现代性的展开提出了其有力的思考,但是有一点是他们都忽视了的,那就是,中国对西方的这种借用,反过来也是对西方的强化。例如,"诗歌""戏剧""理论""大系"等,一方面虽积极促成了新文学的合法性,在读者中有力界划了什么是诗歌、什么是戏剧的观念和标准,另一方面,这种经典化本身又反向巩固了"大系""理论"等的合法性。这是一个相互的过程。"理论"之所以在今天的文学研究界享有盛誉,同这种巩固显然脱不了干系。换句话说,"跨语际"永远不是单向的。

最后,我要指出的是,"跨语际实践"虽然有力地开启了一个思想史的空间,供我们仔细辨识西方话语如何在新的文化场合中游走,并在历史的起落之中得到重新创造;可是,一个不容回避的问题是,这个空间仅仅只针对围绕着概念进行界定、发挥的行为和话题开放,对于那些跟它竞争的话语以及反对它的话语则是相对封闭的。例如,刘禾在文中大谈间接引语、第一人称、女性叙事等现代表述的建制过程,却一再回避这种建制本身是否完全是一帆风顺、毫无阻力的。与此相似,胡缨在《翻译的传说》①之中,尽管细剖"新女性"想象如何在西方他者以及本土才女的资源辉映之下磨合、再生,步步营构出来,却绝口不提这些新女性想象如何遭到了来自各方的挤压,以及这些挤压最终致使"新女性"以今天的面目而不是另外的面貌出现。再以"小说"的跨语际实践为例。试问当年梁启超登高一呼,是不是有关"新小说"的种种争议、质疑就彻底完结了?摆在他面前的时代难题,也是不是因为有了"新小说"这个法宝就此迎刃而解了呢?而这些难题以及反对之声,是不是也从根本上对"小说"提出了它们自己的要求呢?尽管学术界对梁启超倡导小说界革命之时的种种困境从来都避而不谈,专讲在他之后,大家如何云集景从,热衷于小说写作。可事实上,即使在小说

---

① 要特别指明的是,原书名中的时间为1899—1918,译本误作1898—1918。1899年正是林纾和王寿昌合译出《巴黎茶花女遗事》并大获成功的时间,从这一年开始"茶花女"的形象开始成为中国"新女性"叙事的重要资源。

有了一个数量上的增长和广泛的普及之后,恐怕情形还是没有那么乐观,包括梁启超本人,当他在新小说口号提出十年之后再来看待彼时的小说创作,仍感到与他最初的设想谬之千里。换句话说,"跨语际实践"不能无视围绕着这种实践的各类相关甚至不相关的阻力,而专谈此实践如何聚沙成塔、步步为营。也由此,一个要求超越语词自身建制史的文化环境被询唤出来,它尝试着解决或展示更为驳杂的思想风貌和问题。这一点引导我们进入到下一节的讨论之中。

第二节 直面"全球历史"

一、世界主义

所谓"世界主义"(cosmopolitanism),李欧梵说,"也是殖民主义的副产品"①。这个观念明白无误地显示,帝国主义的全球扩张,带出了第三世界国家对于全球性空间(global space)②的政治—文化想象和自我定位:它既敦促着像中国这样的民族去确认其在环球空间里的地理位置,也刺激着其以平等参与者的角色加入到以"国族—国家"(nation-state)为成员的现代世界体系之中,更催生了其在文化层面上的世界诉求,特别是对西方文化的热烈拥抱。也因此,"世界主义就意味着'向外看'的永久好奇心"③。

不过,也有另外的学者指出,这种所谓的"向外看"不见得就是扩大思路,反而有可能是自我设限。以列文森(Joseph Levenson)为例,他就将近世中国的思想转变处理成从"天下"到"国家"的缩变(contracting)进程④。而"天下"在中文里本有广狭二义,分别对应着今日的"世界"和"中国"⑤,也因此,从天下到国家,不仅是眼界变小,更

---

① 李欧梵:《上海摩登》,第 327 页。
② Tang Xiaobing. *Global Space and the Nationalist Discourse of Modernity: The Historical Thinking of Liang Qichao*. Stanford: Stanford University Press, 1996.
③ 李欧梵:《上海摩登》,第 328 页。
④ Joseph Levenson. *Confucian China and Its Modern Fate: A Trilogy*, Vol. 1. Berkeley: University of California Press, 1968, p. 103.
⑤ 罗志田:《天下与世界:清末士人关于人类社会认知的转变——侧重梁启超的观念》,《中国社会科学》,2007(5):191。

有可能引发狭隘的地方主义(provincialism)和民族主义。瑞贝卡(Rebecca Karl)就直言不讳地指出:"事实上,到1907—1908年,早年广泛的全球主义在中国民族主义者的话语形成中起的团结一体的作用几乎已经是强弩之末,一个构想上更狭隘的民族主义的时代(它的概念形成很大程度上归功于此时被遗忘的全球的广泛性)已经到来了。"① 此外,就文化层面上的世界主义而言,列文森更发展出"共产主义的世界主义"和"资产阶级的世界主义"两种不同的分类。他提请我们注意,"资产阶级的世界主义"究其实质,是一种西方化行为,如果任其发展,则有可能蜕化成一种与中国语境完全脱节的"无根"的世界主义②。

列文森的意见,充分展示了其敏锐的洞察力和预见性,可是一个显然的偏颇是,他过分低估了中国文化自身的斡旋能力和转化效率,用他自己的话说,他完完全全是把它们处理成了博物馆中的遗迹和死物,也即"博物馆化"(museumization)③。李欧梵的研究已经证明,即使当列文森所谓的那种"资本主义的世界主义"在20世纪三四十年代发展到极致之时,上海也没有就此失去其特殊的文化风格和历史血脉,变成一座扁平的世界之城。由此我们可以说,"世界主义也是殖民主义的副产品"的言外之意是,中国并不完全是被殖民主义强行纳入世界体系之中的(be bought into world),恰恰相反,它是在"把世界带回家"(bring the world home)——这个观点,是胡志德(Theodore Huters)对清末民初之际社会和文化领域内"西用"(appropriating the West)现象的概要性总结④。

---

① 瑞贝卡:《世界大舞台:十九、二十世纪之交中国的民族主义》,高瑾等译,北京:生活·读书·新知三联书店,2008:246。
② Joseph R. Levenson. *Revolution and Cosmopolitanism: the Western Stage and the Chinese Stages*. Berkeley: University of California press,1971. 对此书更详尽的解释参见何恬:《地方主义与世界主义》,《读书》,2009(1):45—54。
③ 列文森:《儒教中国及其现代命运》,郑大华、任菁译,北京:中国社会科学出版社,2000。
④ Theodore Huters. *Bringing the World Home: Appropriating the West in Late Qing and Early Republican China*. Honolulu: University of Hawai'i Press, 2005.

胡志德的著作承续威廉斯（Raymond Williams）关于"文化与社会"①双线交互的研究思路，重点探讨了1895年以来中国思想界和文学界所表现出来的那种如钟摆般回旋不已的新旧纠结之感。在胡志德看来，清末的思想家和小说家们，虽对西方有一种从器物到制度乃至观念的全情投入，并每每诉之以二元结构来解释中西差异，可实际上，对内中的复杂和混乱，他们并不是没有洞察，而是碍于时势，不得不对西方进行形象上的修缮和改造，从舆论上为改革赢得合法性。而与此相应，基于改革最初的阻力，以及思想家们自身无法摆脱的传统因袭，同时也因为他们对传统价值的珍视和透彻了解，本土文化从来就没有在挪用西方的过程中间断过。也由此，旧学、新说、旧制、新礼在这些人的思想世界和文字想象中展开了一场旷日持久的竞合、折冲。表面上，这个结论不过是重蹈了那个四平八稳到令人生厌的中西交互的故调，可进入到文本研究的纤细纹理之中，我们看到，胡志德有力地揭示出：世变之亟，应对危机的法门，特别是在思想文化领域，不必只是诉诸实际的改革或改良行动，也可以是去表现彼时文化的危机究竟到了何种程度②。这个观念，令我们从惯常的"解决问题"的思路中跳脱出来，由"答案"中心主义转到对问题本身严峻性和复杂度的考量上来。

以胡志德在书中讨论的语言为例。我们今天的思考当然是就着胡适等人的引导，以所谓的"文言"和"白话"来做截然的切分，前者是僵死的文化，而后者则是鲜活的存在。也因此，应对文化转型，就语言层面而言，是要废文言、立白话。可事实上，即使抛开了这种对立关系的臆想性和杜撰性不提，单单说文言和白话有没有其变化的层次这一点，我们就可以发现，过去的讨论不是将其本质化，就是将之单一化。胡志德指出，文言在清末的发展至少包含以下四种类型：一是可以上溯到桐城派的古文体；二是以"文"为核心的文选派；三是梁启超所代表的新文体；四是经世致用主流之外的文字书写，如王国维。这四种

---

① Raymond Williams. *Culture and Society：1780-1950*. New York：Columbia University Press，1983.
② Theodore Huters. *Bringing the World Home*，p.99.

书写理论和形态,在胡志德看来不必只做困兽之斗,它们以各自的方式建立起了思想与实践的关联,并将之应用到对现实危机的处理之上。在这个层面上,古文不仅具有它的多面性,是一个复数化的存在,同时也不必谨守其精致到"无用"的精英风格和表述程式,而可以对现实有一种直接的介入性。

借由这个观察来检视,我们可以说,过去对林纾的翻译研究,总有一种忽视,即我们只在乎林纾翻什么、怎么翻、又翻出了哪些思想,却绝少考虑他用什么来翻。林纾用古文做翻译的事实和举动,其实是想证明,古文在世变之下仍有它的活力和价值,特别是在承载新思想和新观念方面,较之白话、新文体其能力亦不遑多让,当然更不必落入后来为"五四"所指定的僵死格局之中。同理以推,徐枕亚风行一时的《玉梨魂》以四六骈俪的文选语言写就,自然也不是对这种装饰过度语言的缠绵挽歌,甚或其回光返照式的挣扎。配合"小说"这种在彼时冉升的文体,徐枕亚想借骈文来一试身手的心意,其中寓意自然不点亦明。而且尤有可说的是,这种骈文小说,就其构造而言,其实仍透露出传统士人乃至新式知识分子拳拳服膺的社会责任和文明愿景。萧驰说,骈俪文的四六对仗和变化,其实暗含一套中国人的宇宙本体论,即世界的实相应是由平衡、对称且变化的准则所支配①。引申这样的认识,我们则可以说,晚清乱世之中,徐枕亚试写骈文,暗含的乃是重组宇宙秩序的抱负。他以文字的想象来重组失序的符码,召唤的乃是正义的诗学和诗学的正义。这种纸上文章,当然是小说家的无奈,但同时也是他的特权。而且以一种更为后设的眼光来看,徐枕亚所经营的这种"美学化的社会意念",使得其表现"直追"后来走俏欧美的"新批评"及其经典意象:"精致的瓮"②。

而如若我们能放大这种比较的意识,则更可以肯定中国现代文学之中自有一种"世界性因素"③。在这种理论视野之下,所谓的"挪用西

---

① 萧驰:《中国抒情传统》,台北:允晨文化实业股份有限公司,1999:298。
② 克林斯·布鲁克斯(Cleanth Brooks):《精致的瓮:诗歌结构研究》,郭乙瑶等译,上海:上海人民出版社,2008。
③ 陈思和:《20世纪中国文学的世界性因素》,《中国当代文学关键词十讲》,上海:复旦大学出版社,2002:233—272。

方"不必只是事实上的影响与借鉴,而可以是一种唐小兵所谓的"差异性的寰球想象"(global imaginary of difference)①:它突破以欧洲为中心的单线进行时间和现代化方案,转而强调中国可以带着自身的差异参与到世界文学之林,在这个方面,"挪用西方"是对西方有所观照、反思,甚至于抗拒。以《歇浦潮》为例,胡志德说,整个故事所呈现出来的种种乱象,特别是通过应用西洋事物(例如汽车、电灯)以及新式生活(如小家庭等)所造成的各类败德行为,实在令人不忍卒读。这些包含着强烈讽刺与暴露同时还有颓废的表述,一方面可以顺理成章地理解成构建民族主体的进程如何充盈着各种矛盾和挑战;但是另一方面,它也可以被视为对建立主体这一沉重道德任务的无情否认。就更为深远的意义来说,这种对个人放浪生活的反复描摹,甚至显示出一种最终的绝望:"对于那些担负着上海,乃至全中国未来的人们而言,仅仅在轻浮和自我毁灭的消闲中浪掷光阴,并拒绝去规划一个新世界,是他们所能做的最具破坏性的事情。"②胡志德的这个解读,对于那些怀抱进步观点的评论者而言,也许恰恰印证了鸳鸯蝴蝶派是反动逆流的界说。不过,回到中西对话的层次上,这种绝望的否认也有力显示,所谓的"现代化"不必只是一个西方行为或助益,中国的作家们尽可以提出他们千差万别的应对方案,以供读者自行甄选。从这种拒绝也是应对的思路出发,我们会发现,目前对于"中国文学现代化"的解读仍有其武断之处。即无论是"借鉴革新",还是"继承改良"③,其所谈论都还是中国文学的西化程度,而没有降到一个更低的层面上来关注,现代化首先是对西方的拒绝或接受。也因此,这样的现代性可以不是唯西方马首是瞻,或者跳不出由其设定的某类模式。

经由上面的简短介绍,可以说,胡志德的讨论大大丰富了我们关于中国主体性问题的理解,以及这种主体性建设中所遭遇、拒绝,同时也突破、超克的种种复杂表现。不过有趣的是,当我们以这种丰富性

---

① 与这一观念对应的是以启蒙为诉求的"全球一致的想象",即 global imaginary of identity,参 Tang Xiaobing. *Global Space and the Nationalist Discourse of Modernity*,pp. 224-238.
② Theodore Huters. *Bringing the World Home*,p. 249.
③ 范伯群:《中国现代通俗文学史》(插图本),北京:北京大学出版社,2007:1.

来回望他对"西方"的定义和描述之时,又会发现,他的处理不免也落入了平面化西方的误区之中。我们可以追问,作为"西方"的英国和作为"西方"的美国,甚至作为"西方中介"的日本,是不是在中国接受了同样的礼遇,扮演了相同的角色,提供着毫无差距的功能?而且更重要的是,西方是不是真的能够由东方这样予取予求,其表现和渗透的方式是不是只在文字和思想的界面存在?对于这一系列问题的思考,将会很快把我们从"帝制末"带向下一个"世界末"①,在那里,西方的形象得到了更大程度的彰显,但这种彰显,却恰恰是通过其"不在场"的方式完成的,也由此,中国的主体性面临着更为强劲的考验和挑战。

二、全球化

如果说,"世界主义"侧重于强调文化层面上的国际诉求和主体参与意识,那么,"全球化"(globalization)则意味着从经济、政治、文化直到日常生活全方位的寰球关联和跨国趋同。学院人士对此忧心忡忡。一方面,他们担心全球均富、平等参与的幻象有可能导致更大的贫富悬殊。特别是在全球化已经成功地使得某些地区创造出巨额财富的情况之下;另一方面,他们也忧虑,全球同质化,使得地区之间的差异将会被无情地铲平,独特的历史和记忆也将沦为待价而沽的商品与景观。而且更为恐怖的现实是,"全球化"通过强调和建构某些普世情感和价值的正当性,将人类的本质加以收编,构制出一种福柯意义上的"生命政治"(biopolitics)②。其典型的表现正是美国的人权法案以及借"维和"幌子所发动的各类军事占领与战争。"人权法案"也好,"维护世界和平"也罢,其基本的运转逻辑正是将个体的价值放到一种去历史、去政治的语境中加以突出、强化。

另一个与此相似但看上去更为"安全"的表现则是,那些由各色媒体所渲染出来的消费欲望和名牌效应。遍布全球的"麦当劳"和"星巴

---

① 我借用了陈建华的提法,参陈建华:《帝制末与世纪末:中国文学文化考论》,上海:上海教育出版社,2006。

② 这个观念出自福柯《性经验史》。另外,对这个概念在现代文学与文化中表现的阐释见 Sheldon H. Lu(鲁晓鹏), *Chinese Modernity and Global Biopolitics: Studies in Literature and Visual Culture*. Honolulu: University of Hawai'i Press, 2007.

克",以一种全球一致的装修风格,提供给了消费者一个与世界同步的幻影,更造就了一种世界平等的错觉。可殊不知,在其全球一律的表面之下,掩映的恰恰是帝国主义借由资本营销所构造出来的另一种制霸全球的文化新秩序。从某种层面上说,它依然没有逃脱"西方及他者"的对应框架。也因此,我要强调,越是最日常、最安全的东西,在全球化的今天,就越有可能是最危险的存在。以文学为例,如果说,唐小兵在讨论帝制末的《恨海》之时,对吴趼人一再演绎创伤情愫、建立内心叙述的表现,仍可以解读成是作者在节妇传与病案录之间所做的自我决断和主体建设①,那么,到了世纪末的 1990 年,朱天文则干脆宣布:我们对内心欲望的把握和拿捏也有了一种相当程式化的表现,也因此,剧中人只能依赖更为虚无的"嗅觉和颜色的记忆存活"②,并有望以此重建男子用理论和制度营造出来的王国与世界。

  接受朱天文的启示,我们不妨说,"去帝国"的方案必须以建立差异的方式展开:通过寻回自身独特的历史记忆和身份标识,才能真正抵御住全球化所带来的平面化和单向度效应,并进而彻底改写其叙事逻辑和认知框架。不过,在此之前,一个巨大的悖论已经无可回避地摆在我们面前,那就是"建立差异"如何避免成为"自我殖民"或"自我东方化"。一个典型的个案来自第五代导演所摄制的那些具有浓烈"民俗志"色彩的电影。这些电影在国际上所受到的青眼,在某些评论者看来,是基于它们对"中国性"的贩卖而来。通过向他们的国际读者,特别是西方观众兜售所谓的政治美德和东方风情,第五代导演们赢得了他们的世界性声誉。不过,这种声誉与其说是对他们艺术品质的肯定,不如说是一种变相的帝国审美和等级强化,它暗示这些导演应该通过持续地生产此类电影以满足西方人"消费东方/中国"的恒久欲望。尽管这样的批评总是不失其敏锐,甚至言之有据,但是,我的看法则并不是如此悲观,甚至认为:从某种意义而言,这不过是一个伪问题。我所谓的建立差异,不等同于建立绝对差异,而是在一个更为谦卑的层面上去承认,当西方已经无可否认地内在于我们之时,我们该

---

① 唐小兵:《英雄与凡人的时代:解读 20 世纪》,上海:上海文艺出版社,2001:2—48。
② 朱天文:《世纪末的华丽》,《花忆前身》,台北:麦田出版股份有限公司,1996:217。

如何为"现代性的大叙述"增添其必要的曲折和变化。也因此,这样的差异是相对的,而不是绝对的。诚如周蕾所指出的,这些民俗电影的一大体征正是对"原初激情"(primitive passions)的无限入迷①,它们所营造的不过是一个纯粹的、未受污染的、本体论意义上的中国,而这样的中国,事实上根本就不可能存在,正好像它的质素之一是"失去的"。由此我们可以说,某些民俗电影的表现已经有了一种极致化、极端化的因素,因而它是对"差异"的窄化和误解,而不是真正呈现。

建立了这样的认识之后,我们方可进一步追问,如何才能有效地建立起有差异的个体和国家形象,并使其免遭空心人或演算符式的玩偶命运。根据王斑在《全球化阴影下的历史与记忆》一书的讨论,我们至少可以总结出如下几种思路:一是历史的批判,二是创伤记忆,三是抒情气韵,四是商品怀旧,五是现实主义。这里,我并不准备再将王斑的讨论从头演述一遍,而只需指出,这些细腻的剖解正视了同时也有力地揭示了如下一种见解,即全球化尽管可以被视为一个"垄断"性的空间和存在,但是,它并不必然导致一切论述的封闭,而且这些论述也不必以"二元对抗"的格局和面貌出现。或者更简洁地说,在全球语境之下建立地区/个体差异,实际上是意味着去开拓一个"第三空间"②。它在所谓的非此(本土)即彼(西方)的二元思路之外,坦言这两者可以被综合运用或者超越,甚至只是通过分别或同时调整(adjustment)或修改(modification)两者某些方面的做法,来建立起一种游移的、持续转化的表述模式。在此意义上,含混(ambivalence)本身成了一种最好的差异和预防僵化的最佳方式。当然,我必须强调"含混"不是首鼠两端,而是松动和非固定。这里我们不妨举出商品怀旧的例子。

一方面,"商品"(commodity)自马克思以来就被认为是异化的存在——它遮藏本质、抽空价值,以客观化的形象示人,而到了"全球化"的今天,其更是因为被注入了一种"生命政治"的因素——不断将欲望外化、合法化——既促成了所谓的"拜物""拜金"浪潮,带出了全球同一的消费风格和审美趣味,更衍生了一套新的文化等级制度,以所谓

---

① 周蕾:《原初的激情》,第42—43页。
② 这个灵感得自张英进在苏州大学的演讲,演讲题目是《游戏于历史之外:第三空间的理论与金庸武侠小说的意义》,特此致谢。

的商品知名度来进行新的人群切分和社会划分；但是另一方面，商品因为依然具有"劳动创造"这个最基本的构造层，所以，当它进入社会流通之后，它仍旧能带来新的社会物质财富的增长，因而可以成为政治经济变革的良性潜力。王斑说，只有看到商品的这两重性，我们才能"站在一个更好的位置上来解读王安忆的作品。……她将商品形式放到历史中去，在趋向同一的全球化氛围内寻找不同的历史轨迹、迥异的时间体验和维度"①。

即使我们不再进入到王斑更为细腻的分析纹理之中，由这个精炼的总结也可以推知："商品"之所以能够成为抵御趋同的方案，并不是因为它不再是商品，恰恰相反，它只是成为了众多商品中的"一"个，但不是"之一"。一个并不恰当的比喻也许是，真品与赝品之别。即使两者的差异微乎其微，但是因为真品身上所附着的无可取代的记忆和历史，使得这种细微的差异变成了天壤之别。被用于怀旧或记忆的商品形同此理，其使用价值背后的文化意义因为被部分地改写、修饰或者注入了新的可能，从而变成了一种无可替换的存在。一个典型的例子正是情节剧中的爱情信物。对普通人而言，这些东西不过是"客观物"，可对于具体的个人或团体而言，则可以是接头暗号、情感寄托，乃至生命归属。从这一点我们可明白为什么高昂的商品背后总是不脱一个离奇曲折的故事，同时也清楚了建立差异的方式，事实上可以通过非常和缓的，甚至是有样学样的方法进行——画虎不成反类犬本身也可以成为拒绝同一的通道。

总结起来看：在全球化所给定的疆界内，抑制同化，不必等同于毅然决然地对抗。甚至可以说，在某种意义上对抗是绝对失效的，因为个人无法在脱离商品的情况之下长久地生活，尤其是都市中人。而顺着这种"不能摆脱的全球化"观念，周蕾更是倒转了整个理解，她说：恰恰是全球化支撑了我们的怀旧："像任何情感的精巧形式，电影《胭脂扣》及其他近年港产片中所呈现的怀旧，都是一个物质富裕社会的产物。或许，这正是怀旧能够恰当地表现在电影形象中的理由，因为电影科技要依赖大量财富，才可继续生存（电影《胭脂扣》里的男女主角

---

① 王斑：《全球化阴影下的历史与记忆》，第 154 页。

分别由张国荣及梅艳芳饰演,两人都是当时香港演艺事业中身价最高的红人)。"①"全球化"既滋生了它的"敌人",但是也一手扶持了这个"敌人"。正好像石静远所讨论的失败话语一样,"殖民主义"亲手培植了"民族主义"。表面上,这看起来像是全球化不能挣脱的困境和悖论,但是,我也要指明,这样的困境和悖论更多针对的不是它自身,而是它的"敌人",因为同"民族主义"一样,"敌人"永远都不可能是在充分自由的环境中生长的,也因此,它们必须学会戴着镣铐跳舞,无论这种舞姿承袭、改造自它们本身,还是借鉴、学习自他者,甚或源于土洋结合。不过在此之前,一个更为棘手的问题是:到底我们是在以什么样的身份跳舞?

第三节 塑造"华语世界"

一、中国性

诚如我在上一节的末尾所言,全球化重新带出了身份认同的问题。之所以说"重新",至少包含两层含义。第一,身份认同因为时代语境的转换,提出了它自己新的要求。过去的反帝反殖民斗争所模塑出来的集体类型的身份,或曰史诗化的身份,在进到全球化之后,已经不能满足或完全解释时人的认同,特别是当阿帕杜莱(Arjun Appadurai)所谓的跨国景观②,尤其是族群(ethnoscapes)、科技(technoscapes)、金融(finanscapes)、传媒(mediascapes)、理念(ideoscapes)五大图景的寰球迁徙开始蔚然成势之际,具体的个人虽然还保留了他单一的国籍身份,但是从心理上很难再说他只认可或承认某一种身份和文化——而且从根本上也并不存在一种纯粹的身份和文化,其典型特征正是"混杂"(hybridity)。除此之外,当历史遗留的身份和这些新的身份开始叠合之时,问题就变得更为复杂。我们已

---

① 周蕾:《写在家国以外》,第 61 页。
② 参见 Arjun Appadurai, "Disjuncture and Difference in the Global Cultural Economy", in *Public Culture*, Vol. 2, Spring, 1990, pp. 1-17;以及 *Modernity at Large: Cultural Dimensions of Globalization*. Minneapolis: University of Minnesota Press, 1996 等著。

经不能用定时、定点的方式来做简单处理,而必须诉诸更为深厚、广阔的历史意识和国际视野。

第二,在全球化的阴影之下,我们通过重拾和重建原有的历史、记忆来抗拒认同的单一化走势,可是一系列根本的问题是:我们的历史和记忆落足、栖息于何处,我们又从何觅得?教科书和历史档案所记载的内容,是不是我们所需要的,或者能够完全满足和解释我们的需要?更重要的是,这些东西能不能帮助我们正视和建立起转型时期的身份?如果说,鲁迅一代人的困惑,在王斑看来,还是历史参与者(或曰产物)该如何批判、继承,甚至"埋葬"历史的问题,那么,到了先锋作家和新时期作家这里则变成了历史的迟到者又该如何看待、解释历史,并为个人的成立寻求恰当、合理依据的问题。莫言、苏童、王安忆诸位一再沉入家族和地区历史的举动,阿城、李锐、舞鹤等人潜回"民间"寻求灵感的表现,甚至阎连科那种就着历史表演历史,就着语言演绎语言的行止,都在在吐露他们对大历史叙事的不满,并尝试在其加减法之外另觅一个更为个人化的表述,以此来解释"我之为我"的真正可能。

从浮面上看,"我之为我"的身份定位,不过是一种个体行为,但事实上,因为界定总是发生在自我与他者、与社会的关系之中,也因此,"我们到底要做什么样的人"在张旭东看来是一个"大问题"。尤其是在全球化的时代,西方、东方、传统、现代交叠显现于我们的记忆与历史之中,避无可避,所以在某种意义上"自我定位"就等同于"文化定位","文化定位实际上也就是不同文化和价值体系之间的相互竞争"①。换言之,"自我构想"在这样的情势之下,至少包含了三个层次的内容:个体的、民族的、世界的。当然,它们并不能被孤立地看待或切割。

为了更有效地说明问题,我们不妨回到海外世界有关"中国性"(Chineseness)与"世界性"的辩论之中。事件的起因,说得粗糙一点,恰是基于一个诗人的自我认同困境(如果我们同意诗歌在某种意义上

---

① 张旭东:《代序:我们今天怎样做中国人?"全球化"时代的文化反思》,《全球化时代的文化认同:西方普遍主义话语的历史批判》,北京:北京大学出版社,2006:2。

是自我表达的话)。在那篇针对北岛《八月的梦游者》英译本(译者为 Bonnie McDougall[杜博妮])的著名书评之中①,宇文所安毫不客气地指出,北岛的诗作是为取悦他的国际读者——西方读者而写。这样的诗歌,表现出一种从语言到意象直至技巧的强烈"可译性"。宇文所安称之为"世界诗歌"(World Poetry)。尽管他采用了一个同歌德(Johann Wolfgang von Goethe)"世界文学"近似的措辞,但是,其嘲讽性和批判性却溢于言表。因为对他而言,"可译性"不仅意味着没有值得丢失的部分——这个观念显然对应着弗罗斯特(Robert Frost)所说的诗是翻译中丢失的东西,同时,更暗示它不过是西方现代主义文学的翻版和模仿。此外,一个稍具掩饰性的批判则指向,北岛对所谓的"中国性"的误用和偏离。为了谄媚他们的西方观众,北岛们总是偏爱寻找一些可被快速接受的符号或意念来代表他的民族,例如那些具有异域情调的风物,以及有助于保持地区荣耀的传统(像北岛身上强烈的政治反抗性)。这些自我殖民的意象,在宇文所安看来,一方面虽然通过迎合"东方主义"大大提升了现代诗歌的可译性和可读性,但是另一方面,也因为其过分简化"中国"的做法,以及对西方的亦步亦趋,使其大大脱离了古典诗歌所代表的那种纯正的"中国性"。因为宇文所安本人所致力的正好是古典诗歌研究,所以,这个结论看上去多少有点像专家发言的意思。我所谓的专家发言,是指这样一种逻辑,即"我"是专家,所以我了解什么才是真正的"中国性",当然也可以判断什么不是"中国性"。

虽说宇文所安的贡献和洞察,不仅在于他把"世界诗歌"放在第三世界与西方霸权的关系脉络中来探讨,指明中国文学在进入世界体系的过程中遭受着不同形式和程度的帝国审查,而且也准确地点出了现代诗歌有着过分西化和疏离传统的问题;但是,这种锐利并没有就此改变他高高在上的发言姿态,且不说古典诗歌和现代诗歌因为有着不同的传承和资源,不能被拿来强行比较——奚密的一个比喻是拿苹果和橘子比②,单单说到北岛诗歌的可译性是否完全根植于他对西方的

---

① 宇文所安:《环球影响的忧虑:什么是世界诗?》,《中外文化与文论》,1997(2)。
② 奚密:《中国式的后现代?——现代汉诗的文化政治》,《中国研究》,1998(9)。

献媚,就必须打上一个巨大的问号。首先,这种解读是一种脱离历史的考察。回归北岛开始写作的 1970 年代末,"文革"的巨大影响还在,一批青年诗人"妄图"与压抑抗衡,所以在表现形态上总是"大写自我"的呐喊,形诸的也是一种"对抗"美学①。而这种对抗落实到具体的写作策略上,就是从语言到意象,完全启动一种有别于"文革文体"的话语资源,据北岛的夫子自道,他当时所能依赖的只有"翻译文体"。因此,更准确地说,北岛的可译性是一种中国语境的产物,而非逢迎西方的表现。其次,这种所谓的"谄媚说""巴结说"归根结底只是为了维持和巩固宇文所安本人所"幻想"——当然也并不是毫无根据地幻想——出来的高人一等的位置。原因无他,当一方卑躬屈膝之时,另一方自然变得高人一等。为此,周蕾一针见血地指出,宇文所安的批判不过是为了维护其既得的学术利益②。因为"中国性"的丧失,就意味着汉学研究特殊性的丧失,而丧失了这种特殊性,汉学和汉学家再没有存在的必要,所以为了保障权益,宇文所安强行要求中国现代文学静止在古典和传统所圈定的那种特质与疆界之内。

尽管周蕾在此处并没有正面评述"中国性",不过,通过上一章的讨论可知,虽然她和宇文所安用"中国性"来描述的时段(古典/现代)和领域(文学文化/文化政治)各自不同,但是在定义该范畴的核心理念之时却存在一种共同的取向,那就是把"中国性"处理成一种静止的存在或曰绝对的评价标准。奚密称之为"纯粹论神话""本真神话"或"起源崇拜"(cult of origin)③。在时间跨度颇大的两篇文章中④,奚密对包括宇文所安、郑敏、兼乐(William J. F. Jenner)、琼斯(Andrew F. Jones)、周蕾、利大英(Gregory B. Lee)等在内的评论家的观点做出了清晰的描述和回应。她说,这些人中的大部分对"中国性"(奚密作"中华性")抱持一种本质化的态度,把它当作是一种主导的、唯一的价值判断。这种做法使得"中国性"从一个描述概念变成了价值评判。

---

① 柏桦、余夏云:《"今天":俄罗斯式的对抗美学》,《江汉大学学报》,2008(1)。
② 周蕾:《写作家国以外》,第 1—6 页。
③ 奚密:《中国式的后现代?——现代汉诗的文化政治》,《中国研究》,1998(9)。
④ 除了上述一篇文章之外,另一篇是奚密《差异的焦虑:一个回应》,《今天》,1991(1)。

尽管她承认这种做法不失其策略性和有效性,但是,由此而来的一个更大危险是:这种策略——通过设立中国性/西洋性、古典/现代的对立来达到批判的效果——在奏效的同时,它不仅本质化了中国,同时也本质化了西方——一个绝对对立于中国的西方。而且更甚者在于将"中华性"带到了"超原本"(out-original)的层面上。这种观点认为:中国现代文学的出路,要么是回到传统中去坚守"中华性",要么就变得比"西方"还"西方",唯其如此我们方能摆脱那个相对于西方的二等臣服位置。奚密凯切地指出,事实上并没有一个纯粹的"西方"和"中国",以及与此相连的固定传统,它们都是不断变化着的,充满抗衡、协商与修正的过程。而这种二元解读的思路——不是抵抗西方,就是回到传统,也只会令中国现代文学陷入更深的困境,而不是解决其身份认同的难题。

事实上,通过上面的引述,我们可以看出西方学术界并没对"中国性"下过一个清楚的定义。在宇文所安那里,它指代的是古典文学及其风格特征,而在周蕾这里则大致等同于大中原中心主义或血盟神话。如果我们把这两种认识联系起来,其实会发现"中国性"本身就如奚密所说是一个诠释、再诠释的过程。不过,尽管宇文所安和周蕾的所指不同,但是两者的相通在于:他们均把"中国"限制在了国境线之内。而奚密则有力地指正了这一点。通过重新潜返到文学革命之初,她有效地解释了现代诗歌的可译性其实早已行之有年,不必等到全球化之后才来"发明"。由此,假设真的存在一个所谓的"中国性",那么至少在进入五四之际,其内涵已经开始发生迁移:西方传统成为其重要的组成成分。而即使我们可以把这些外来的传统清理出来,使其与原来的那个"中国性"并置,那么,我们也绝不可能离开这两者的对话关系来单纯地谈论"中国性"。在这个意义上,"中国性"又是一个对话着的机体。它依然不是封闭不变的。

此外,我们还可以追问,周蕾所谓的这种"血盟神话"是不是完全出于政治的叙事?当国难当头之际,民族的团结是不是完全得依靠这种血缘的纽带才能建立?我想答案自然是否定的。由此,政治层面上的"中国性"也可以有它变化的层次,既包括周蕾所谓的后殖民,也包括一种自觉的民族凝聚和个人向心。可以说,无论是以上的哪个层面都表明,"中华性"其实是一个被用坏的概念,或者故意被用坏的概念。要说明这一点就必须和另一个时髦的概念发生联系,那就是"流散"(diaspora),或曰"离散",有时候也作"飞散"。

二、华语表述

尽管在一开始"中国性"并不是为了反证"流散"观念的正当性而被创制出来的——这种说法显然是颠倒时序的,但是在一系列的发展之后,"中国性"确实扮演了也承担了类似的角色与职责。"中国性"最初是相对于"西方性"而言的,这是基本的冷战思维使然,但是后殖民的思路起来之后,"中国性"开始调转它向外的箭头,转而回向自身进行反思,这就有了周蕾所讲的"内部殖民"的问题。诚如上一章的分析所示,要破除这种源于内部的帝国形态,就必须有效拆分"中国"这个概念的整一性和平面性,以及其非完全的涵盖性,从内部释放出各种"杂声噪音",也从外部补入各类"荒腔走板"。"杂声噪音"也好,"荒腔走板"也罢,其基本形态都是游移的,超脱单音之外的,所以均可以用"流散"目之。

为了更好地说明"中国性"是如何证成了"流散"的合法性,或者说"中国性"缘何变成一种"被批评的策略",我要回到我所说的"被用坏的中国性"和"故意被用坏的中国性"这两个层面上。首先就前者而言,我想接着奚密对宇文所安和郑敏的批评来引申我的认识。尽管两者在"维护中国传统"这个看法上达到了一致,但是,我要指出,其背后的意识形态却恰恰是冰火两重天的局面。对郑敏而言,维护中国性,目的既在于取消西方性于中国文学中的扩张态势,同时也暗示唯有中国性才能解救中国现代文学,并为其发展指明方向,所以这里面蕴含一个很强烈的"中国中心观"。而与此相反,宇文所安通过并置"北岛的可译性"和他本人所掌握的专业知识,对北岛是否具有"表述中国"和"呈现中国"的能力提出了大大的质疑,其背后的潜台词正是:在一个具有帝国形态的国际格局之中,只有我们西方人才能真正"解释中国",中国作家所能做的只是"肢解/异化中国"来讨好我们。这是典型的西方中心主义。尽管说,郑敏和宇文所安的初衷都在于建设一个作为客观存在的"中国性",可是在不自觉之中都泄露了一种强烈的主观欲念，从而使得"中国性"变成了一个坏词，由此，它必须借由一个更具滑动性的概念来做出修正。

其次，从故意被用坏的层面而言，我相信，周蕾在同时使用她本人定义的"中国性"和批评宇文所安的"中国性"时已经注意到概念的流动性，但是基于以下的几个考量，她并没有指出这个事实，而是继续将错就错。第一，是她本人所批评的那种学术利益。试想如果周蕾不将"中国性"进行本质化处理，而是强调它的兼容并包，那么如何能够证明其研究对象——香港的独特性？没有了这种选本的独特性，她的研究价值又从何而来？第二，是学术立场。诚如她本人所言，作为一个已然西化的批评家，她无法获得一个"纯粹"的或中国或西方的批评位置，为此，她最好的策略就是将自己的身世经验导进去，并从这里出发展开讨论，这也就是她所说的"写在家国以外"的立场，她既不属于英国，也在中国大陆之外。第三，是批评策略。如果对"中国性"进行修复而非否决的工作，那么一个不可避免的后果是，对"中国性"的误用也会继续存在。在此意义上，对中国性进行有意误用，不仅为批评它提供了足够的合法性，同时也为营造更具弹性的话语空间制造可能。

综合上述两个方面，我们可以看出，对"中国性"的定位和讨论，基本上已经从奚密所谓的"单一价值评判"转向了"问题意识"。批评者们希望借助于它来反思现有局面，检讨既有的研究思路和方法，并进而实现某种"认识论上的转变"（epistemic shift）：即不再关注大一统的中国，而是把中国少数民族或少数族群（ethnicity）的问题提上日程，且使得这种新的探讨区别于原来以文献、考古及史地研究为基础的少数民族研究。周蕾指出，要实现这种转变，关键还得依赖于西方当代理论，特别是包括"离散"研究在内的后现代主义和后殖民主义。[1] 针对周蕾这种期许颇高的发言，张隆溪有力地指出，除了周蕾本人那种似有若无的要靠西方理论在学界"获益"的因素，对"中国性"的批评，至少还包含"心怀叵测"和"不得不为"两种倾向。对于出生在印度尼西亚的洪美恩（Ien Ang）而言，"中国性"非但不是一种馈赠，相反，还有

---

[1] Rey Chow, "Introduction: On Chineseness as a Theoretical Problem", in Rey Chow ed., *Modern Chinese Literary and Cultural Studies in the Age of Theory: Reimagining a Field*. Durham: Duke University Press, 2000, pp. 1-25.

可能成为其遭受种族排挤的标记。此外,即使"中国性"不在排华的层面上被利用,也往往会成为日常生活中人们评价她应该怎样的依据,即这样做才像中国人或中国人应该怎样做的"想象"。这种种因素一再干扰她融入在地文化之中,所以,她不得不对所谓的"中国性"说 no。①

尽管"中国性"问题充满着现实、观念的辩驳,但是由此打开的批评空间及其反思力量亦不容小觑。除了周蕾所讲的方法论层面上的理论干预,至少还包含研讨议题上的开拓、新文化身份的整合与创制问题,等等。在王德威看来,离开——既是实存,也是想象——"中国"中心之后,我们至少可以捕获如下四种思考方向:旅行的"中国性"、离散与迁移、翻译与文化生产、世界想象,而综合起来,就是所谓的Sinophone,即"华语语系"或"华语表述"的问题②。

当然,对杜维明而言,他更偏爱"文化中国"(Cultural China)③的提法,可是德里克(Arif Dirlik)已经指出,这个理念当中,至少包含了精英主义立场和霸权主义思维,另外他强行将非华裔的汉学家也包括在内,更是显得不伦不类。德里克说,杜维明所建立的"从外围到中心"的结构,"意味着'文化中国'的创造要通过来自几乎无权或根本无权的边缘地带的知识分子对权力中心进行改造来完成"。这种立场,"揭示出一种类似的、得益于他作为西化了的中国知识分子的优越地位的精英主义(elitism)"。而改造"本身就是确立文化霸权的表现,这种霸权否认作为中国人的多元意义"④。

与"文化中国"的强烈介入意识以及"回返中心"的意念不同,"华语表述"采取一种更低的姿态,虽然它也有对大中原中心主义的尖刻批判,但是它更侧重于强调一种复数化的认同,一种中国性的多样化

---

① Ien Ang, "Can One Say No to Chineseness? Pushing the Limits of the Diasporic Paradigm", in Rey Chow ed., *Modern Chinese Literary and Cultural Studies in the Age of Theory*, pp. 281-300.
② 王德威、季进主编:《文学行旅与世界想象》,南京:江苏教育出版社,2007。
③ Tu Wei-ming, "Cultural China: The Periphery as the Center", in Tu Wei-ming ed., *The Live Tree*, pp. 1-34.
④ 德里克:《中国历史与东方主义问题》,罗钢、刘象愚主编:《后殖民主义文化理论》,北京:中国社会科学出版社,1999:93。

存在。而至于这种多样性是不是能够和平共处,则是一个仁者见仁的问题。

与那种剑拔弩张、竭力强调"离散"的看法相反,王德威主张要更为审慎、细致地处理"去中心"的问题,同时也更加平和、宽容地看待"中国性"的差异和多元。他说:"从实际观点而言,我甚至以为华语语系文学的理念,可以调和不同阵营的洞见和不见。中国至上论的学者有必要对这块领域展现企图心,因为不如此又怎能体现'大'中国主义的包容性?如果还一味以正统中国和海外华人/华侨文学作区分,不正重蹈殖民主义宗主国与领属地的想象方式?另一方面,以'离散'(diaspora)观点出发的学者必须跳脱顾影自怜的'孤儿'或'孽子'情结,或是自我膨胀的阿Q精神。只有在承认华语语系欲理还乱的谱系,以及中国文学播散蔓延的传统后,才能知彼知己,策略性地——套用张爱玲的吊诡——将那个中国'包括在外'。"①

可以说,王德威和史书美的观点,基本上代表了海外学界对"华语表述"的两种主流意见②。就表面而言,两者的分歧似乎只在于:前者指代的是全球意义上的语言表述现象,而后者则强调它在环太平洋地区的表现。但是,深入探问,我们会发现,基本上史书美所架构的还是一个"中心—边缘"的结构,启动的还是后殖民关于"臣属"发言的理论。通过强调其被害者的位置,她发出了对宗主国的异议之声。当然,在史书美这里,"离散"人群的宗主国不仅是指中国,同时也是指西方。例如,在针对李安和刘红(大陆旅美的女画家)的讨论中,她就有力指正了两位是如何被美国的文化、体制(institutions)及流通(circuits)利用、控制与挤兑的,由此她提出了所谓的"少数话语"(minoritization)和"女性跨国"(feminist transnationality)的问题③。

实际上,造就史书美这种对"中心"极力回避态度的原因,除了王德威所说的"离散"本位之外,在我看来,另有两点也值得注意。第一,

---

① 王德威:《中文写作的越界与回归——谈华语语系文学》,《上海文学》,2006(9):93。
② 另外的见解可参阅朱崇科:《华语语系的话语建构及其问题》,《学术研究》,2010(7):148。
③ Shu-Mei Shih. *Visuality and Identity: Sinophone Articulations across the Pacific*. Berkeley: University of California Press, 2007, Chapter 1 & 2.

是"华语表述"这个概念本身所富含的"殖民"色彩。众所周知，sinophone 一词脱胎自一系列与殖民统治大有瓜葛的词汇，如 Anglophone（英语语系）、Francophone（法语语系）、Hispanophone（西班牙语语系）、Lusophone（葡萄牙语语系）等。这些语词主要揭示的正是宗主国对其殖民地的语言和文化控制，所以，史书美用 Sinophone 来做讨论时，自然不免要有一番发挥，只是她用"后殖民"替换了词源中的"殖民"。第二，是其研究对象使然。史书美有关"华语表述"的集大成之作正是 *Visuality and Identity*，题目即已明白无误地表示其"去文字中心"的视觉转向。"去文字中心"的理念，经过周蕾的演绎，早已在海外世界深入人心①。可以说，其人对图像、电影等视觉、视像的全情投入，不仅见证的是文化研究的勃然兴盛，同时，更预示着文字不复垄断对"中国文学"的发言权和代表权。由此，史书美谈视觉文化，自然就另存了一层对"sino-phone"语音中心的批评。

尽管史书美对中国文学和文化内部的权力话语及全球化进程中西方霸权有着过激和敏感的反应，但是，我们也必须回过头来承认，她的处理并没有绝对将这种压制变得完全单一化和本质化——当然我也不排除她对某些方面有着丑化的嫌疑，例如关于普通话是不是一种大陆威权的象征，我们就可以提出质疑。我相信书同文、语同音更多的是基于日常交流的需要——她有力地提出了权力变形的问题，或曰"霸权圈"的问题，即霸权可大可小，要圈在哪里必须根据每个人的论述立场和角度来看。与此相应，针对霸权圈的抵抗角度，也会随着这种大小的变化而不断调整，所以并没有一个放诸四海而皆准的抵抗角度。② 在这个层面上，"去中心"并不是完全盲目的表现，而是各种不同的应对方向和方式。

最后，我要回到王德威的定义中来。我已说过，王德威的处理基本上是要把世界范围内的中文书写看作是一种彼此的唱和和酬答，或者用他最心爱的概念"众声喧哗"（heteroglossia）。这样我们就看到了他在《当代小说二十家》里的讨论，虽然以个案为起点，但总以某种或

---

① 周蕾：《原初的激情》，第 30—38 页。
② 郑文惠、颜健富主编：《革命·启蒙·抒情：中国近现代文学与文化研究学思路》，台北：允晨文化实业股份有限公司，2011：36。

明或暗的应对作收束。而且无论这种应对是出于继承传统的因素,还是肇因于思想的耦合,它们都证明:执着一隅,就永远无法真正开启"去帝国"进程中的自我认同之路。不过,我也要特别指出,不论我们对王德威《当代小说二十家》里的具体表述和理论架构或弹或赞,都不能就着"众声喧哗"这一最表面的意义大做文章。王德威还有重要一问,即"众声喧哗以后"怎么办?①

---

① 王德威:《众声喧哗以后:点评当代中文小说》序,台北:麦田出版股份有限公司,2001。

第四章
去典范：重理学科知识

或许有的人更偏爱"范式转移"的提法，不过在我看来，"范式转移"比"去典范"多出两层含义：第一，是从范式到范式的中心意识；第二，是从旧范式到新范式的改革意念。我已经多次强调，所谓的"去"不是清空拔除，也不是先破后立，而是与之保持距离，既接受其影响，也跳脱其思路，当然更重要的是与之对话，对它进行反思。所以，"去典范"是自立于种种范式之外，取一个更为审慎的立场，观察其洞见，也思辨其盲区，进而发展出一种对既有的认识、思路、方法能有所增益的思考空间。

之所以要强调"典范"仍不可全盘去，是因为其仍不失价值，同时更因为"典范"本身是一种弹性的存在，未必是铁板一块，而且典范的成型同文学经典的养成一样，有其历史的因缘际会和社会整体机制的有序推动，盲目地"去典范"只会带来脱历史、失语境的恶果。首先，从典范的价值来看。在一定层面上，它仍能为我们有效地提供进行文学研究和甄选的参考依据。特别是在讲求多元理念的时代，绝对地"去典范"不仅会带出（无论是研究，还是创作）作品的参差不齐，更可能导致滥竽充数的乱象。"去典范"成了某些绝对多元论者为自己的粗制滥造赢得合法性的最佳通道。在这种意义上，典范是一种良性的遴选机制，是学术操守和职业道德的底线，而不是压抑的存在。

其次，典范本身并不是固定不变的。这既是指，典范可以是一个群体性的存在，通过内部各元素的排列组合达致变动不居的效果，比如就文学而论，鲁迅、茅盾、张爱玲等就构成了一个关于"现代性"的典范；而鲁迅和茅盾又可以组成一个"新文学"的典范；同时，它也是指单个的典范,依据时代、语境的变化而有其波动,不必一律。如鲁迅在大陆的典范意义,同他在台湾、香港的意义是一种差别;此外,就大陆而言,他在文学革命时期和革命文学时期的形象亦不完全重叠。所以说,典范本身有其容量和变化,不能一概而论。

再次,从思想史或文化史的角度而言,"绝对去典范"的关键症结在于,太过强调"典范"和"典范性",也即哪些东西可以被视之为典范,其有哪些特质,又造成何种压抑,从而偏乎了典范的历史生成性——或曰"典范化"的问题。典范是从典范化的过程中形成的。就经典作家而言,宇文所安坦言:"就算是李白、杜甫他们也可能只是千年来各种历史因素选择甚至过滤的产物。"①这中间政教意识、伦理观念、审美风格、个人偏好、教育传媒合力、角逐,长期作用,方才有了今天的结果。田晓菲甚至指出,这个过程还可以有非常物质化的一面。她谈到陶渊明和陶渊明的形象塑造同抄本文化中不断出现的笔误、衍文以及抄写者的主观改造牵连甚密。也由此,今天读到的陶渊明未必就是历史上真实存在的那个陶渊明,或者仅仅只是他的一部分②。基于这样的因素,我们说,如果典范是权力与知识之间复杂关系的具体化,那么,"去典范"的方案要行之有效,就必须不断地同这些关系发生对话,或者拆解它,或者盘诘它,或者重新赋予它历史和社会的维度,从学术史、学科史的角度来重新把握、定位"典范"。

就着这样的思路,我愿意引申"去典范"的具体定义。它既是指在典范之外发掘失落的音响,也是指从典范内部释放出其多面的可能,更是指一种"文学社会学"意义上的知识考古:对今天的文学史缘何如此的成因进行追踪和探问。在某种层面上,它当然是在重蹈"再解读"和"重写文学史"的理念,或者换一种的提法——"重返"③。但是,我也要申辩:我的讨论,既不完全针对某一题材、文类、时段来提炼文化书写的意识形态和权力架构,也不妄图阻击那些整一化的政治表述,大

---

① 石剑峰:《田晓菲夫妇:关注那些被文学史过滤了的诗人》,《东方早报》,2007.11.6。
② 田晓菲:《尘几录:陶渊明与手抄本文化研究》,北京:中华书局,2007。
③ 关于"重返"的讨论主要针对1980年代,如张旭东:《重返80年代》,《批评的踪迹:文化理论与文化批评:1985—2002》,北京:生活·读书·新知三联书店,2003:105—112;程光炜编:《重返八十年代》,北京:北京大学出版社,2009;等等。

做"纯文学"的"翻案"文章——因为这些结论本身就是历史运转的结果,可以而且也应该被视为解释的一种,而非绝对推翻。我的姿态毋宁说是自处弱势,去探究这些主流的表述、官方的定论之外及其内部是否还有新的可能,以及这些可能是否可以引出典范的内爆(implosion)问题,也即其无法自圆其说,甚至自相矛盾的方面。

遵循这样的思考逻辑,我愿意追加三种有助于更好地开发或拓展这些可能的通路。其一是历史的眼光,或曰文学史观。首先,我在常识的层面使用"历史"这个词汇,用它来指代曾经出过的绝大多数事物和现象。有了这种比较全面的视野,我们可以发现,在新文学之外还有鸳鸯蝴蝶派文学的存在;在1940年代的解放区之外,还有沦陷区和国统区。通过不断累积的史料和文献,去关注主流叙事之外的"执拗低音"(王汎森)、"潜在写作"(陈思和)。当然,这个过程中要充分注意董健等人所提出的"制造虚假繁荣"的问题。在《中国当代文学史新稿》中,他们批评了一种"近年来颇为流行的研究倾向,即'历史补缺主义',用流行话语来表述,就是'制造虚假繁荣'。不管出于什么意图,这都是对历史的歪曲。一种情况是'好心的',一厢情愿地要使历史'丰富'起来,'多元'起来。既不想承认那些在'极左'路线下被吹得很'红'的作品的文学价值,又不甘心面对被历史之筛筛过之后文学史的空白、贫乏与单调,便想尽办法,另辟蹊径,多方为历史'补缺'"[①]。由这个洞察入手,我要补充"历史"第二个层面的含义,即它必须包含一种史识。在麦克·罗斯(Michael Roth)的分类中,所谓"史识",既有传统历史学中的"历史的意识"(sense de l'historie),也有系谱学中的"历史性的意识"(historical sense)。前者依然对一种连续的、互有因果联系的历史充满兴趣,而后者则着重历史此一时也彼一时也的特性,愿意将既定的结构打散[②]。而"制造虚假繁荣"的"症结"正在于对后者太过全情地投入,从而遗忘文学史的特性之一,是要对某些思潮、风格、表述的迭代起伏、缘起缘灭有一个清楚的交代,由此,文学史才不会变

---

① 董健、丁帆、王彬彬:《中国当代文学史新稿》,北京:人民文学出版社,2005:5。
② Michael Roth. *The Ironist's Cage: Memory, Trauma, and the Construction of History*. New York: Columbia University Press, 1995, p.76. 更详尽的讨论见王斑:《全球化阴影下的历史与记忆》,第5—6页。

成文学作品的巡展和集结,失掉它的问题意识。

其二是理论干预(theoretical interventions)。尽管理论一词每每令人联想到"文本殖民""西方霸权",甚至"理论买办"等负面意象,再加之其不断地为更具实证性或历史性的议题所替换,从而大有去势(de-theorization)之嫌,但是,杰姆逊依然宣称,由此大谈"理论已死"未免言过其实,因为问题意识(problematic)依然是理论的核心要义所在①。王德威亦坦言:"如果我们能将眼光放大,不再执着'批评'和'理论'所暗含的道德优越性和知识(政治)的权威感,而专注于批评和理论所促动的复杂的理性和感性脉络,以及随之而来的傲慢与偏见,应该可以为一个世纪以来的批评热作出反思。"②举文学重写为例,当中以"告别革命"的意愿最为强烈。论者以为现代文学不必只是党政路线的搬演、国家形象的代言,其对抗姿态俨然召唤出一个纯粹自主的审美世界。可是,刘康和唐小兵诸位则通过理论探察和文化研究的方式,直言要抛弃一个世纪以来的政治传统恐怕实非易事。从主体建设到现代理念,以至于现实主义和文学史观,未必真能撇清与意识形态的瓜葛;其即使不再是对政治的输诚、献礼,也必然要进入与它抗争、对话或协商的议程。唐小兵更是有力地指出,"文革"结束后,作家和批评家对理论的热衷,尤其是对后现代主义的援引,有其历史和文化的隐喻。"理论之用"(the function of new theory)形塑了萨义德所谓的"世俗批评":那个以另类行动和意象前行着的、市民社会内部的潜在空间③。可以说,绝对的"去政治"行为,如果缺乏必要的理论检讨和文化评价,必然引出一种上一章所讲的"平面化"效应:将历史架空,将文学纯化。恰如王斑所言:"全球化"和"去政治"表面上看似互不相干,实则是同声一气:"革命时代物质匮乏的阴影,政治压抑的创伤,仍

---

① Frederic Jameson, "Foreword", in Liu Kang & Xiaobing Tang eds., *Politics, Ideology, and Literary Discourse in Modern China: Theoretical Interventions and Cultural Critique*. Durham & London: Duke University Press, 1993, p. 2.
② 王德威:"海外中国现代文学研究译丛"总序,刘剑梅:《革命与情爱》,第8页。
③ Tang Xiaobing, "The Function of New Theory: What Does It Mean to Talk about Postmodernism in China", in Liu Kang & Xiaobing Tang eds., *Politics, Ideology, and Literary Discourse in Modern China*, pp. 278-299.

然笼罩人心,因而历史的想象就愈来愈被全球资本的光艳华丽所迷惑。"①

其三是诉诸学科史知识。通过重新营建现代文学学科的发生史,来观察典范的合法性是如何一步一步建立起来的,同时也在这个过程之中,发掘那些被屏蔽掉的问题和现象,明了其是怎样被文学史遗忘在外的。例如,我们要彻查现代文学史缘何对"通俗文学"兴趣寥寥,就需要从头梳理"新文学"的典范意义从何而来,雅俗的尊卑定位又缘何生成。与此相应,我们今天再谈"通俗小说"的入史问题,就不能仅仅局限于谈"通俗小说"也有其文学或社会的价值这么简单。而应该从雅俗对峙的观念开始检讨,进而深入到现代文学史写作的新文学传统之中,看其如何左右了对鸳鸯蝴蝶派这类文学作品的评价、接受。陈平原曾经描述过文学史家接纳通俗小说的三条途径:一、在原有小说史框架中容纳个别通俗小说家;二、另编独立的通俗小说史;三、强调雅俗对峙乃是20世纪小说的一个基本品格,并力图将其作为一个整体来把握。这三种路径,除了单独修史,其余二者都面临着定位雅俗关系的根本问题。陈平原特别提醒我们,雅俗只是一种假定性的理论,其关系也只有在对峙中才有意义,但是不能将这种对峙拉锯简单归结为钟摆式的机械运动。在雅俗的两极,有一片无法完全用雅或俗来界定的中间地带,如张恨水、赵树理、张爱玲、金庸,等等②。借助于这个认识,我要说,"重写文学史"要真正启动,不能仅仅只玩弄类似"从鲁迅到张爱玲""由俗入雅"式的进步观念和二元思维,而是要充分注意到概念和概念之间的第三空间,以及其出现的语境和机制,模塑一种张英进所倡导的"鲁迅……张爱玲"式的滑动观察③。藉此我要强调,缺乏了观念史和学科史的视野,"重写"很可能不是另起炉灶,而是陷在原来的思维之中原地踏步。詹姆逊曾经告诫:"克罗齐的伟大格言'所有的历史都是当代史'并不意味着所有的历史都是'我们的'当

---

① 王斑:《全球化阴影下的历史与记忆》,第1页。
② 陈平原:《小说史:理论与实践》,北京:北京大学出版社,1993:113—122。
③ 张英进:《鲁迅……张爱玲:中国现代文学研究的流变》,王尧、季进编:《下江南》,第316—327页。

代史。"①

以下就让我以海外中国现代文学研究的相关成果为例,来仔细解读其如何有效地践行了我所谓的"去典范"理念。按照上述三个方面的讨论,我依次将之命名为释放式、补白式和协商式。它们之间毫无疑问地存在重叠之处,但是,我主要用"释放式"来讲从典范内部泄露出来的各种"不谐"之音,我的例子是鲁迅研究。从讨论中我们可以看到,"去典范"不仅释放了鲁迅自身,同时也释放了鲁迅作为符号所遮蔽的一系列现象。而"补白式"所要描述的则是那些跟典范"相对立"的观念和价值,例如蛰藏在"反映论"和"写实论"背后的"虚构"。最后,我用"协商式"来定义那些已经被关注到的现象如何通过腾挪位置的方式重获新生。我举出的例子是晚清。事实上,在晚清进入现代文学史之前,它或者作为古典文学的尾声,或者作为近代文学的重要部分,已经得到探讨,可是,通过"现代性"理论的重新解释,它最终由挽歌变为了序曲。

第一节　祛魅"鲁迅"

一、鲁迅作为个体

"鲁迅作为个体"的观念,是相对于"鲁迅作为隐喻"或者"符号"的观念而言的。我主要用它来探讨鲁迅自身的思想、行为和书写所包含的那种丰富性与多面性。尽管鲁迅在中国家喻户晓,甚至享有"民族脊梁"和"民族魂"的盛誉,但是对绝大多数人而言,他的形象依然单薄。伟大的文学家、思想家和革命家的判断,因为进入了教育体制而变得深入人心,甚至一度成为学术界鲁迅研究的起点。汪晖宣称:"那以后(鲁迅逝后)鲁迅研究所做的一切,仅仅是完善和丰富这一'新文化'权威的形象,其结果是政治权威对于相应的意识形态权威的要求,

---

① 詹姆逊:《论阐释:文学作为一种社会象征行为》,《快感:文化与政治》,王逢振译,北京:中国社会科学出版社,1998:20。

成为鲁迅研究的最高结论。"①

不过反讽的是,当各种附会、发挥仍在孜孜矻矻地塑造"鲁迅神话"之时,一种针对鲁迅自身的收束也开始全面铺展,王德威目之以"被压抑的现代性"。他说:"鲁迅一向被推崇为现代中国文学的开山祖师。但历来评者赞美他的贡献,多集中于他面对社会不义,呐喊彷徨的反应。……我们多半已忘记晚清时的鲁迅,曾热衷于科幻小说如《月界旅行》(凡尔纳著)的翻译;而那位曾写过散文诗《野草》以及滑稽讽刺小说《故事新编》的鲁迅,也是80年代以来才渐为学者认知。我们不禁要想象,如果当年的鲁迅不孜孜于《呐喊》、《彷徨》,而持续经营他对科幻奇情的兴趣,对阴森魅艳的执念,或他的尖诮戏谑的功夫,那么由他'开创'的'现代'文学,特征将是多么不同。在种种创新门径中,鲁迅选择了写实主义为主轴——这其实是承继欧洲传统遗绪的'保守'风格。鲁迅的抉择,已成往事。但所需注意的是,以其人多样的才华,他的抉择不应是唯一的抉择。后之学者把他的创作之路化繁为简,视为当然,不仅低估其人的潜力,也正泯除了在中国现代文学彼端,众声喧哗的多重可能。"②

光环下的鲁迅,美则美矣,却也无可避免地陷入被架空立论、反复利用的泥淖。谷梅(Merle Goldman)和霍尔姆(David Holm)纷纷指出,鲁迅的名义和遗产,在其死后正逐步地变为实用主义意义上的"政治筹码"和"革命工具"。霍尔姆甚至坦言,这样的鲁迅,不仅是对其形象的窄化,更是背叛。③ 基于如此的评判,我要说,解魅鲁迅不仅必要,而且重要:借助于它我们不单能够重新寻回那个更为立体、多面的鲁迅——既有其"有用",也有其"无用",而且也便利于我们清理、拷问半个世纪以来的革命遗产和政教规训。

尽管夏志清对鲁迅的"低评"被视为政治立场相左的过激反应,但

---

① 汪晖:《鲁迅研究的历史批判》,汪晖、钱理群等:《鲁迅研究的历史批判——论鲁迅(二)》,河北:河北教育出版社,2000;315。
② 王德威:《被压抑的现代性》,第9页。
③ Merle Goldman, "The Political Use of Lu Xun in the Culture Revolution and After", Leo Ou-fan Lee ed., *Lu Xun and His Legacy*. Berkeley: University of California Press, 1985, pp.180-196;大卫·霍尔姆:《一个中国高尔基的形成:1936—1949的鲁迅》,乐黛云主编:《当代英语世界鲁迅研究》,第361—390页。

是，我们也不得不承认，正是由他开始，鲁迅"独领风骚"的局面逐渐转变。而且联系到彼时其胞兄夏济安关于鲁迅"黑暗面目"的研讨①，我们更有理由说，夏志清的结论——鲁迅为其时代所摆布——恰恰揭橥了这位"圣人"的凡俗性，以及其斗争但也妥协的无奈，而绝非简单的定性与否认。所以，就此而言，夏志清的《小说史》不仅对张爱玲、沈从文、钱锺书、张天翼几位有着"提携"之功，同时也对鲁迅研究起了发皇示范的作用。而且恰恰是后者的结论助推了前者出现，当然，前者也反过来强化了后者的见解。

夏志清之后，莱尔（William Lyell）以一册《鲁迅的现实观》②开启了鲁迅的专书专论。只可惜全书直来直往，专注于鲁迅文学技巧和观念的白描式分析，却乏于更深入细致的探察，因而稍嫌平面。待到1980年代后半，李欧梵以《铁屋中的呐喊》（以下简称《铁屋》）彻底改写了海外世界的鲁迅研究格局。当然，在此之前，他已经编辑过一本题为《鲁迅及其遗泽》的作品，内中文字均为一时之选，例如林毓生谈论鲁迅思想史贡献的文字，时至今日仍魅力不减③。而《铁屋》的别致之处，在于它的集众家之长，对这些分门别类的精微论述有了一个整体而周全的观察。通过把它们置回作家的生命历程，看其如何协商、对话，甚至互有冲撞，从而逗引出单独观察所不见的那种繁复、纠缠。例如，李欧梵在一开篇就指明，要谈论鲁迅弃医从文的选择，光用幻灯片事件是不能够完全解释的。这个意外，顶多算是一种契机，更深厚的原因必须回到埃里克森（Erik Erikson）所谈的"早期意识的发展"之中去寻觅。

基于李欧梵的史学科班训练，我愿意强调，他对鲁迅的这种细读或祛魅，大体上不脱一种史学意识的辩证。而且说到底，"鲁迅崇拜"

---

① Hsia Tsi-an, "Aspects of the Power of Darkness in Lu Hsün", in *The Gate of Darkness: Studies on the Leftist Literary Movement in China*. Seattle：University of Washington Press，1968，pp. 146-162. 中译本可见乐黛云编：《国外鲁迅研究论集（1960—1981）》，北京：北京大学出版社，1981：366-382。

② William Lyell. *Lu Hsün's Vision of Reality*. Berkeley：University of California Press，1976。

③ Leo Ou-fan Lee ed., *Lu Xun and His Legacy*. Berkeley：University of California Press，1985。

和"鲁迅神话"其实质不过是由某类叙事方式所促成的,至于其叙事的内容,即使以今天的眼光来看,未必全是无源之水式的放言空论。套用史学界有关"大写历史"(History)与"小写历史"的意见,我们不妨说"鲁迅神话"大抵相当于一个"大写的鲁迅",而"祛魅"的意义则在于提示我们注意"小写鲁迅"的存在。根据王晴佳的分析,所谓"大写历史"必然有如下三种特征。"第一,历史是一个有头有尾的过程,这是一个很重要的、根本的概念,或是一种基本的假设;第二,历史总的方向是进步的,是向上、向前发展的;第三,历史是有意义的,或者说,历史事件或历史人物的行为都是有意义的——每个历史行为都是有意义的,而每一件历史事件的发生都有意义。"① 如果仔细比对过去的鲁迅研究,基本上可以说,鲁迅正是这种"大写"意念的"牺牲品"。一方面,对"大写"的追求,既可以视为"五四"以来所形成的文学和文化史观的余绪与承继,而另一方面,也毫无疑问地渗透了政教实体所绵绵致力的"国是叙述"(nation and narrative)。但是除此之外,我还要反过来谈鲁迅本人也该对这种书写负上一定的责任。

  首先从第一个层面来看,鲁迅的生与死,自然而然地界定了其历史的起讫。也许,在鲁迅本人看来,他这一生很难用成功二字来评价。这一点,从《野草》中不断泄出的沉郁基调和虚无情绪就可见一斑。但是,对于鲁迅的叙述者而言,这种悲观必须被大面积地回避掉。一个简单的推论是,成功者永远都比失败者拥有更多的价值和意义,尤其是在文学研究领域。文学史从来没有为一个二流作家或者大批的艺术学徒花费过多的笔墨,我们的阅读经验总是被无数个"重要""著名"所包裹。另一个外部的动力则在于,革命时期,对悲观情绪的渲染和处理,显然不合时宜,光明和胜利应该是永远的主角。这一点正是1940年代延安整风运动和毛泽东《在延安文艺座谈会上的讲话》的核心议题。丁玲小说在此前后的一百八十度大转向,清楚地印证了这种光明观的威力②。受到这种世界观的影响,鲁迅的生平不可避免地落

---

① 王晴佳:《新史学讲演录》,北京:中国人民大学出版社,2010:15。
② 梅仪慈(Yi-tsi Mei Feuerwerker):《丁玲的小说》,沈昭铿、严锵译,厦门:厦门大学出版社,1992:149—199。也可参阅李陀:《丁玲不简单:革命时期知识分子在话语生产中的复杂角色》,《北京文学》,1998(7)。

入了类似"生得伟大,死得光荣"的定位之中。可是,李欧梵偏偏以一种极平淡的口吻开篇,来叙述他的出生,甚至到最后还有意无意地暗示,鲁迅的逝世在他个人的意义上可能是一种"解脱",他讲:"经过半个世纪的痛苦和苦恼以后,他或许终于已经平静了吧。"①

"大历史"所铺设的第二个层面是进步观。这是"五四"以来知识分子应对国难的一种基本取向,鲁迅本人也是这种史观的拥护者。可是,诚如普实克、夏济安这些老一辈学者所见,鲁迅同传统的关系,总是剪不断理还乱。夏济安讲《说唐》里掮住闸门的好汉不仅为鲁迅所用,更与鲁迅本人形成了隔空照应;普实克说《怀旧》既新且旧,里面有传统记忆,也有现代技法②。套用王德威的表述,这样的鲁迅真是"重复"(repetition)、"回旋"(involution)、"衍生"(derivation)不已③。尽管"大历史"也谈波折与倒退,甚至也肯定这种波折的意义,但归根结底,这样的起伏绝对要被超越,不能用来沉迷。可是,李欧梵却恰恰要强调,传统和"抗传统"的问题不仅缠绕鲁迅一生,令其思之不辍,甚至这种思考的结果本身就成了其最重要的文学收获和成绩。也因此,鲁迅的一生不是单线式的"克服——前进——再克服——再前进"的模式,他陷在某些母题之中——例如传统与现代、文学与政治、庸众与个人——久久不能抽身,直至终老。正是在这样的意义上,李欧梵开门见山地讲:"鲁迅绝不是一位从早年起就毫不动摇地走向既定目标的天生的革命导师,相反,他终于完成自己在文学方面的使命,是经过了一系列的以困惑、挫折、失败,以及一次又一次的灵魂探索为标志的心理危机的过程。"④

最后一个层面是,历史的绝对意义。这个理解基本上是由"存在即合理"的观念所驱动。不过,在落实到具体的叙事进程之中时,人们会发现,总有一些地方不能被严丝合缝地接洽起来,历史也总有无法自圆其说的一面。对这一问题最简单的处理办法是,删去这些不谐之

---

① 李欧梵:《铁屋中的呐喊》,第 190 页。
② 普实克:《鲁迅的〈怀旧〉:中国现代文学的先声》,李欧梵编:《抒情与史诗:现代中国文学论集》,郭建玲译,上海:上海三联书店,2010:101—108。
③ 王德威:《张爱玲,再生缘:重复、回旋与衍生的叙事学》,《落地的麦子不死:张爱玲与"张派"传人》,济南:山东画报出版社,2004:20—32。
④ 李欧梵:《铁屋中的呐喊》,第 1 页。

音。不过,由此而来的问题是,它令人们轻信:一个人的行为总可以解释他今后的结果,或者反过来,对过去的理解一定要建立在今天的结果之上。这两种思路一者遵循绝对的因果律,一者则干脆倒果为因,不是带有强烈的宗教色彩,就是太过直觉先验。针对这种种认识上的偏差和设定,李欧梵在结论中给出了如下评述,他说:"鲁迅并非一位有体系的,甚至也不是前后一贯的思想家;他的思想的发展也并非顺着一条从社会进化论到革命马克思主义决定论的路线。他是一位高度'思想化'(intellectualized)的作家,他把自己的思想和情绪(内心的鬼)转化为艺术的意义结构(structures of meaning),这种意义结构是绝不能肤浅地仅仅理解为抽象的'革命意图'的。"①

当然,我也要补充,这种将历史事件绝对意义化的行为,也有鲁迅本人推波助澜的因素。这一点是李欧梵所忽略的。在著名的"幻灯片事件"上,鲁迅以一种相当后设的视角解释了他弃医从文的根本动机,并得出了那个著名的结论:愚弱的思想比病弱的身体来得更为可怕,因此文艺启蒙比医学救亡更为切实有效。这种追溯式的叙事本身并没有什么问题,但问题是,这种叙事的根本目的在赋予"文艺"以某种特别的价值,并将"弃医从文"的选择变得意义饱满。也许,这不过是鲁迅对自我的一种暗示与激励:通过为过去追加砝码,来证明今天的工作仍不失其价值,且值得继续维持下去。但是,它也可能是孙康宜所讲的:"不仅仅是披露'自我',它还用共性的威力触动读者的心"。在对陶渊明的自传诗歌进行评述时,孙康宜正确地指出,我们今天对陶渊明的了解和界定,正部分地建基于这些似真似幻的描述之上。"然而不管他采用什么形式,他的大多数诗歌自传总是表达了他一以贯之的愿望,即界说他自己在生命中的'自我认知'(self-realization)这一终极目的。"而除此之外,他更是用虚构的口吻,"把自己对诗中主角直接经验的关注放在视焦中心,从而成功地使其诗歌达到了共性的高度,因此能够得到读者的认同。他在'写实'(factuality)与'虚构'(fiction)两端之间走平衡木,把中国文学带进了更为错综和多样化的

---

① 李欧梵:《铁屋中的呐喊》,第 183 页。

境界。"①

把孙康宜的这个结论挪过来考察鲁迅,我们可以看到,鲁迅的叙事要针对的恐怕不仅仅是其自身,而是伴随着小说出版而来的广大读者。通过向他们铺陈这样一次痛彻心扉的经历,鲁迅不仅为自己的写作赢得意义,更为启蒙赢得价值。如果我们再考虑到鲁迅小说本身那种似真非真的表述特性,例如故事的背景多数设定在绍兴,叙事视角通常为第一人称等,那么,我们也可以说,鲁迅同样是在走着写实和虚构的平衡木。可是后世的解读,因为一再执迷于"现实"的律令和"反映"的神话,最终使得鲁迅与鲁迅的"自传"相混淆,更将这种"自传"带向了一种宇文所安所谓的"国有化"②。

二、鲁迅作为隐喻

如果说,"祛魅鲁迅"在个体的意义上,预示着要还原鲁迅的丰富性和多面性,为"大写的鲁迅"找到小写的层次,那么,在隐喻的层面上,祛魅则意味着去面对鲁迅作为一系列意识形态符号所压抑着或遮蔽着的那些面向。笼统地讲,作为隐喻的鲁迅,至少包含了从性别到阶级,乃至文类、空间和立场五个方面的寓意。具体而言,鲁迅是公共领域内一名以写小说而著称的男性革命精英。它们依次针对的是私人领域、小说之外的文体、女性、娱乐和大众这五个方面。为了造成不必要的误会,我必须马上补充道,这些方面在研究界的遇冷,绝不是因为鲁迅或者研究鲁迅造成的。社会的整体运作和历史的有机关联促成了这种局面,也因此,"鲁迅"在这里只是一个代号,他可以被替换为"茅盾"或者"道德"等其他的概念或范畴。这些概念的共通性在于,他们均为某些实利主义的观念和利益所把持、操控,从而出现了针对一系列其他现象和思潮的牵制。在这个层面上,释放那些被压制的面向,同时也是对这些被用于压制的符号自身的释放。例如,当诗歌、散文、戏剧同样被肯定有启蒙和革命的功能之时,那么小说就不必成为

---

① 孙康宜:《抒情与描写》,第15—16页。
② 宇文所安:《把过去国有化:全球主义、国家和传统文化的命运》,《他山的石头记》,第281—293页。

唯一合法的书写方式，进而就有机会从极严苛的写实条令之中挣脱出来去发展其虚构和想象的本职。有了这个基础的预设，下面就让我们一项一项地来清理这五个方面所带出来的启示和洞见。

第一个方面，就"私人领域"的研究而言，《铁屋》中一个明显的纰漏是，对鲁迅私生活考察的付之阙如。尽管这看起来同鲁迅的思想和文学风马牛不相及，但是，用场域的理论来观察，因为鲁迅无论在当时还是如今，都是一个极重要的"象征资本"，所以他的私人交游和情感生活，总是或多或少地影响到文学场域的建设和走向。葛浩文（Howard Goldblatt）已经考察过鲁迅作为文学保护者的形象，并且适切地指出，鲁迅对青年无私地奖掖和大力地扶持，绝对没有使他成为"最愚蠢地浪费了最伟大天才的惊人范例"，相反，在民族文学中留下不可磨灭的印记。[①] 表现之一就是一大批与鲁迅过从甚密的青年，在日后都成了影响中国现代文学发展至深的人物。尽管他们未必都要照搬鲁迅的思想或者继承其衣钵，可是，内中千丝万缕的联系总也摆脱不尽。胡风和他的"主观战斗精神"就是一个明显的例子[②]。

除开私人交谊，鲁迅的恋爱故事，也鲜有人涉足谈论，它们更多的是被当作传奇或秘闻在流通。杜博妮（Bonnie S. McDougall）改写了这种局面，借助翻译《两地书》的切身经验，她发现出版物和原信之间的种种落差，并提出了关于公私互动这个永恒的话题。她在结论中写道：对这两种材料的对照阅读，将大大丰富我们关于鲁迅的知识，"他的生活、他对文学与政治的见解、他的人生观、他的性欲（sexuality）、他的日常习惯、他的易怒、他的烟酒嗜好，甚至他对自己矮个子的敏感。"[③]当然除此之外，我们也可以追问，这种将《两地书》绝对私人化处理的方式是否能够完全揭示出其全面的价值。实际上，环顾《两地书》出版的1930年代，情书写作早已蔚然成风，其中最著名的例子莫过于章衣萍的《情书一束》。鲁迅的介入其中，很大一部分原因就是有意要

[①] 葛浩文：《鲁迅与文学保护者的形象》，乐黛云主编：《当代英语世界鲁迅研究》，第391—409页。

[②] 更详尽的讨论可见舒乃中：《内线号手》，第24—44页。

[③] Bonnie S. McDougall. *Love-Letters and Privacy in Modern China: The Intimate Lives of Lu Xun and Xu Guangping*. New York: Oxford University Press, 2002, p. 207.

和这部"足以令人生厌"的图书抗衡,并试图提醒读者什么才是真正意义上的恋爱。不过,在我看来,这种出版行为本身,与其说是要纠时弊之偏,毋宁更像是自我的合法化。鲁迅和许广平的忘年师生恋,尽管用今人的目光来看充满浪漫色彩,可是回转当年,各种流言、非议和社会阻力可想而知,鲁迅此举当然意在证明两人情感发展的合情合理和自然而然,当然还包括宣传五四的恋爱自由观。冯铁(Raoul David Findeisen)已经指出,情书文类有力地促成了中国文学性爱主题的现代化①。原因无他,书信的著述化起初是为了帮助中国作家和读者来接受外国的书信体小说②。但是,小说又不仅仅只是小说,与此相连的还有西方的风俗与男女自由交往的观念。所以,从这些方面来看,《两地书》尽管充满隐私色彩,却也大有干预时势的功能,其价值未必局限在发掘鲁迅的丰富性之上。

接着情书的观念往下说,我们进入到第二个方面,也即文类等级的问题。众所周知,"小说"在晚清的地位丕变,是源于一系列知识精英的勉力推进所致。不过,大多数人只注意到小说的咸鱼翻身,却很少关注与此相应的"易诗为文"的背景。诗歌、散文等文类在"政治小说"的风潮之中身形渐匿,主要的原因是大家都觉得这些文类的传统累积太深,地位又高,不能被轻易撼动,所以转而求助改写空间更大的小说,目的是为了减少阻力。可是,时间到了"五四",胡适提倡"文学改良",首先要改的也是诗歌,原因与晚清类似,可目的恰好与之相反,他们要推倒最具传统性的文学典范来显示其改革的决心。尽管后来赵家璧筹划《中国新文学大系》之时,听取众编者的意见,将"诗歌""散文""小说""戏剧"并驾齐驱,可是从此后的发展来看,散文更多地代表了一种美学风格,诗歌的成绩也不如小说抢眼,而戏剧又事实上较小说的地位为低。尽管这当中有编者的审美倾向问题,但是,文类间如果不说有等级差异的话,那么至少有不同定位的观念已经很明确。比如,像鲁迅、郁达夫这样的作家,以小说创作来介入现实,却用古典诗

---

① Raoul David Findeisen, "From Literature to Love: Glory and Decline of the Love-Letter Genre", in Michel Hockx ed., *The Literary Field of Twentieth-century China*, pp. 79-112.

② 陈平原:《中国小说叙事模式的转变》,北京:北京大学出版社,2003:201。

歌来纾解更为隐秘的私人情感。所以说，或隐或现，文类之间已经有了一种领属和功能的差异。这些差异表现在文学史写作之中，就是以小说为论述的主体，其他文类材料为辅，或者干脆发展出独立的小说史。

关于小说，海外世界第一本贯通式的研究著作是夏志清的《中国现代小说史》。不过在他之后，其学生耿德华（Edward Gunn）首先就破了这种"分门别类"的成见。在针对沦陷时期京沪两地文学现象的考察之时，他用"反浪漫主义"的标题统摄了吴兴华的诗歌、杨绛的剧作、张爱玲和钱锺书的小说创作[1]。其中，他关于散文的结论——"散文回到温和具有一种新的意义；对于关于侵略者加强的全面战争的全球野心的新花言巧语来说，它是一种抵制；对于那些其梦想在被仇恨烧焦了的社会中化作忧虑黑灰的人来说，它是一种慰藉"[2]——显然影响到了后来黄心村关于张爱玲等人战时文艺创作的讨论。黄心村把这种"回到温和"的观察扩展到了小说，并且还重点谈论了张爱玲的散文，认为她的写作打开了一个充满流动性的过渡阈界（liminal space）——一个介乎两种状态（室内与室外，过去与现在）之间的"第三空间"[3]。

除了这种零星化的处理，目前诗歌、散文，乃至更为小众的报告文学在英语世界都有了专书专论。诗歌方面，奚密的《现代汉诗》颇值一读，她着力探讨了现代诗歌如何折冲在传统与现代之间，并迸发出其革命特性的问题。全书的特色在于把分析的触角伸向台湾地区[4]。但是，其问题在于就诗论诗，没有回应我在上面提到的更为广阔的社会语境，以及文类之间的竞合关系。在散文方面，代表性的作品有罗福林（Charles A. Laughlin）的《消闲文学与中国现代性》，其作直指我们无须执着于所谓的"另类现代性"来反对"五四"的典范压抑，其内部的

---

[1] 耿德华：《被冷落的缪斯》，第221—300页。
[2] 同上书，第309页。
[3] 黄心村：《乱世书写》，第149—192页。
[4] 奚密：《现代汉诗：一九一七年以来的理论与实践》，奚密、宋炳辉译，上海：上海三联书店，2008。

小品文早已泄露革命主流之外的声响①。另一本是瓦格纳(Rudolf G. Wagner)的《当代散文研究》②。这部著作仍就文学与政治的关系做出了深究,特别是考察了外部尤其是苏联的影响如何进入当代中国的文化政治之中。而特别有趣的一点是,当我们比对罗福林所谓的"the prose essay"和瓦格纳所定义的"prose"时会发现,欧美两地的研究者对其有相当不同的界划,例如瓦格纳就把王蒙《组织部来了个年轻人》视为散文,而非小说。由这个观察出发,大体上可以说,我们今天的文学观基本上还是一种美国式的文学观,同欧陆传统大有差异。这也证明,直至目前为止并不存在一种全球均质的文类和文学划分标准。这些后设性的认知范式,在某种意义上,阻碍了我们对文学的跨文类观察。此外,在报告文学方面,张英进就其叙事、意识形态和主体性的问题做过专文探讨,其所欲尝试的乃是文化批评理念对文学解读的介入③。此外,罗福林的专书《中国报告文学》,以历时性的方式探讨了从传统游记开始直至社会主义时期报告文学的美学特征,并认为其有力地形塑了中国文学与政治现代性,同时更追查了到底什么才是中国作家眼中的现实观和再现论④。

第三个方面是女性,或曰性别。我已经在第一章中讨论了这个问题,甚至指出,不仅是女性,包括男性本身都是一种社会建制。在某种意义上他们均受到来自伦理、政治、经济等方面话语的制约。这里我要强调的是,警惕女性研究那种借理论来叠床架屋的走势,不能一谈到女性作家就以所谓的本真、差异来强调其价值;更不能犯那种单线认知的错误,即不分青红皂白地将女作家和女性主义画等号,把男性作家和反女性主义画等号。在理论的协助之下,现代的女性研究自然

---

① Charles A. Laughlin. *The Literature of Leisure and Chinese Modernity*. Honolulu: University of Hawai'i Press, 2008.

② Rudolf G. Wagner. *Inside a Service Trade: Studies in Contemporary Chinese Prose*. Cambridge: Harvard University Asia Center, 1992.

③ Zhang Yingjin, "Narrative, Ideology, Subjectivity: Defining a Subversive Discourse in Chinese Reportage", in Liu Kang & Xiaobing Tang eds., *Politics, Ideology, and Literary Discourse in Modern China*, pp. 211-242.

④ Charles A. Laughlin. *Chinese Reportage: the Aesthetics of Historical Experience*. Durham: Duke University Press, 2002.

可谓花团锦簇,可仔细辨读之后,也很可能会发现,冰心、庐隐、萧红不过是"同一个人"。也因此,在这个意义上,消弭这种刻意的性别论就变得尤为重要。在这方面,梅仪慈的丁玲研究堪称佳例①。她着重探讨丁玲小说自身的美学特征及其与政治的关联,而非表演令人目眩的女性理论,对丁玲小说起伏变化的历程做出了细致的分解和描述,唯一可惜的是,篇幅过短,每有浅尝辄止的遗憾。

第四、第五两个方面可合起来观察。这种思路的灵感来自李孝悌所讲的文化史研究中的一些新转向,如由上而下,由宏观而微观,由严肃而逸乐,等等,都是社会史和文化史不断对话的结果②。换句话说,它们提出了近似层面上的思考议题。事实上,就文学而言,这基本上就是文化研究与文学研究的对话问题。在娱乐和大众的问题上,我们过去的研究,因为强调文学的政治功用,所以对其多有批评,但是文化研究的思路开启了更多元的思考方向,它提示我们注意这类作品在社会其他领域内的价值,例如林培瑞(Perry Link)讲鸳鸯蝴蝶派文学所提供的一种抚慰(remedial)效应③,正是从心理学的视角出发。不过,这类解读容易引发对立,即认为通俗文学有通俗文学的价值,新文学有新文学自己的风格。尽管人们也谈论通俗文学具有拥抱西方、启蒙和爱国的内容,不过究其实质,这仍是在用新文学的话语做检测,并没有注意到这两种美学特质之间的辩证,或至少是陈平原所讲的"中间地带"。例如,纪佩尔(Denise Gimpel)以"失落的现代之声"(*Lost Voices of Modernity*)为题来探讨早期《小说月报》的价值④,但是纵观全书,他所谓的"现代"基本上还是民族、国家、西方、自我这些带有强烈"五四"印记的元素。也因此,正如其标题所示,"现代性"只是一个单称概念,而不是其他研究者所建议的复数形态——modernities。正是基于这样的因素,我并不太同意罗鹏(Carlos Rojas)所谓的以"中

---

① 梅仪慈:《丁玲的小说》,沈昭铿、严锴译,厦门:厦门大学出版社,1992。
② 李孝悌:《序:明清文化史研究的一些新课题》,李孝悌编:《中国的城市生活》,第1—26页。
③ Perry Link. *Mandarin Ducks and Butterflies: Popular Fiction in the 20th Century Chinese Cities*. Berkeley: University of California Press, 1981, pp. 20-21.
④ Denise Gimpel. *Lost Voices of Modernity: A Chinese Popular Fiction Magazine in Context*. Honolulu: University of Hawai'i Press, 2001.

心""边缘"的辩证关系来重思通俗文学①。尽管他有意要破除二元迷思,但是这种辩证性思考却依然是建立在二元话语之上的,不单包含着明确的中心意识,还很可能在论述的过程中就不知不觉地出现了边缘为中心所牵引的现象。

对以上五个方面的讨论显示,那些被事先设定的,或者由外部强加的观念,如何左右了我们今天的文学思考和研究。在这个意义上,压抑我们,致使我们一再追逐主流声音的并不是鲁迅,也不是鲁迅研究,更不是其他任意一个可以与鲁迅对换的称谓,而是操作我们叙述鲁迅的那种意志或意念。也由此,当我们在拆解鲁迅神话之时,要预防再一次为这种欲念所驱动,去设立新的典范,如今的张爱玲热,多少已经有点这个意思。也许,最好的破解办法是一次一次地返回到我们的对象之中,去注目它不能够被收编的部分,疏离意志之外的存在,例如我在下一小节里要谈到的虚构问题。

第二节 见证"虚构"

一、内爆

20世纪中国对写实或曰现实的执念,有目共睹。从现实主义到新写实主义,再到社会主义现实主义、革命现实主义、批判现实主义②,概念轮换频频,魅力经久不衰,无怪乎夏志清要说:"写实的传统——这是现代中国小说唯一具有成果的传统。"③尽管杜博妮耗费了大量的篇幅来谈论"现实主义"作为一种西方文艺理论,其如何借由李长之、胡愈之、茅盾等人的推介而逐步进入到中国,并在此过程之中与"自然主义"的概念混淆不清④,但是,我仍然倾向于从中国传统的内部寻求线

---

① Carlos Rojas, "Introduce: The Disease of Canonicity", in Carlos Rojas & Eileen Cheng-yin Chow eds., *Rethinking Chinese Popular Culture: Cannibalizations of the Canon*. London & New York: Routledge, 2009, p.4.
② 温儒敏:《新文学现实主义的流变》,北京:北京大学出版社,2007。
③ 夏志清:《中国现代小说史》(香港),第50页。
④ Bonnie S. McDougall. *The Introduction of Western Literary Theories into Modern China, 1919-1925*. Tokyo: Centre for East Asian Cultural Studies, 1971, pp.147-189.

索。导致我如此思考的一个原因是,"写实主义"的理念在晚清虽然未必明确,但是"目睹"式的写作已经是家常便饭,而且更为悠久的"史传"传统又一直保持着对"真实"未曾中断的兴趣。这些因素,应该作为中国"现实主义"可能的土壤被接受,否则,我们很难全面解释为什么不是浪漫主义或现代主义,而是写实主义最终成为现代文学写作的主流。

在针对明清奇书文体所做的精彩阐发之中,浦安迪(Andrew H. Plaks)说,作为16世纪新兴的虚构性叙事文体,奇书"与'史'的传统(特别是野史和外史)有着特别深厚而复杂的渊源"。其不仅在形式和技巧上明显师法"史文"笔法,更是在内容和情节的设置上出实入虚,大胆演绎历史。"可见中国旧称小说为'稗史'并非无根之谈,它一语道破了'历史叙述'(historical narrative)和'虚构叙述'(fictional narrative)之间的密切关联。"①浦安迪进而强调:"中国古代的批评家对什么是'真'什么是'假'的看法,与西方的文学理论家不一样。西人重'模仿',等于假定所讲述的一切都是出于虚构。中国人尚'传述'(transmission),等于宣称所述的一切都出于真实。"并且这种真实(truth)"在中国则更带有主观的和相对的色彩,并且因时因事而异,相当难以捉摸。可以说,中国叙事传统的历史分支和虚构分支都是真实的——或是实事意义上的真实或人情意义上的真实"②。这两种真实在相当长的时间内可以并行不悖,但是进入到"五四",所谓"实事意义上的真实"开始遭受来自后者的质疑。鲁迅写《狂人日记》,狂人疯言妄语,讲历史的字里行间埋藏着"吃人"二字,真可谓是一石二鸟:既写历史的虚构,也谈疯狂的真实。而"历史之真"之所以会遭到洗刷,主因是其已经"无法配合时代对主体和形式的需求"③,换句话说,五四时代所呼唤的是另一种现实,一种对"现在"而非"过去"充满关切的现实。当然,我们可以讲,有清一代的各种表现,特别是所谓的谴责小说及其"堕落"的成品黑幕小说,已经有了一种相当谨严的现实观。但

---

① 浦安迪:《中国叙事学》,北京:北京大学出版社,1995:29。
② 同上书,第31—32页。
③ 王德威:《写实主义小说的虚构:茅盾,老舍,沈从文》,上海:复旦大学出版社,2011:5。

是,这些小说,在鲁迅看来关键的问题是:"辞气浮露,笔无藏锋,甚且过甚其辞,以合时人嗜好。"①这个批评当中有两层含义:一是写实无度:不仅文辞成问题,而且技法和内容上也有溢美或溢恶的极端走势,因而少了一种必要的道德关切和美学取舍;二是曲意逢迎,缺少批判意识,忽略文学的净化功能,因而其效果只能令人沉迷,未必能起针砭和启蒙的疗效。正是在这两个意义上,"五四"吁求一种既能强有力介入现实,但又不失其社会意识的书写技法。所以,在此历史关口,推介和引入"现实主义"自然可谓应时当令。

不过,诚如众学者所示,理论的旅行不总是一条道到底毫无波折和变故的。且不说时人对"现实主义"的所本有限,仅仅就着两部著述大肆发挥,中间还要经过日本人的二手加工②,单单说其进入到中国,就难保没有经过一番接受的误读和语境的嫁接。所以发展到最后,"现实主义"基本上维持在一种既相当"保守"又十分"先进"的形象之上。说它先进,是因为其和科学精神相关,同时也被错误地认为是西方最新的文艺形式;说它保守,是因为其价值被单一地固定在模仿、反映,以及激励读者去应对国难问题之上。在这个意义上,安敏成讲,在实际创作之中,"现实主义的实效与其说是对社会问题的积极参与,不如说是一种美学上的回避"③。不过,由此而来一个棘手的问题是:作家们能否真正逃脱写实主义的美学限制?当然,前提是他们都是严肃的作家。

其实,这个问题在某种层面上是不证自明的。尽管我不想格外强调差异,但确实文学与政治不能被混同,或者各有越俎代庖的野心。文学可以表现政治、介入政治讨论,但是绝不应就此变成政治;反之亦然。所以说,早期现实主义者的问题,在于没有意识到他们是"戴着镣铐跳舞"。闻一多用这个意象来说明诗歌写作不能完全逸离平仄音韵、散偶相间的形式诉求,但是,他忘记了舞蹈本身并不是一系列杂乱动作的拼接,其内部亦有起承转合的逻辑和形式律。真正为诗歌上锁的是作家们服膺的社会改革重担。现实主义也是如此。安敏成讲,鲁

---

① 鲁迅,《中国小说史略》,杭州:浙江文艺出版社,2000:223。
② 安敏成,《现实主义的限制》,第27页。
③ 同上书,第27—28页。

迅要真照着他冷峻的观察往下写,那一定是发现现实的积重难返,文字改造的无望。这恰恰是一个大悖论,作家们想用现实主义来改造现实,却最终发现除了带来更大的危机感,它别无所能。这正是鲁迅《写在〈坟〉后面》所自诘的:"是在筑台呢还是在掘坑。"这种清醒的意识,督促作家们去修正他们所谓的现实观,并承认其所谓的"现实"不是"本然"意义上的,而是"应然"维度上的。换句话说,这是一个虚构的现实。可是,这种做法仅仅只是拖延了,而非从根本上解决了美学与政治之间的对话问题,更不幸的是,还同时带来新的吊诡,表现为:

其一,这种虚构的现实,虽然泄露了美学自主的存在,但是终究还是落入了所谓的"历史的必然发展方向"之中。也因此,这种现实与其说是"美学虚构",毋宁说是"政治预设",它取消了"虚构"的多变性,使其成了一种终极的所指。其二,通过承认现实的虚构性,它也有可能大大减缓现实的严峻性带来的冲突,从而使读者有机会从他应当承担的义务和职责中脱身去关注文学本身的美学形式。茅盾所遭遇的正是这一问题。一方面他试图用更广阔的社会视角来捕捉现实,获取更多的细节信息,可是他发现要把这些现实有机地融入小说之中实非易事,因为这些现实根本不可能按照一种预定的方向统一发展,甚至还妨碍了叙事的节奏和进度;另一方面,为了能够使自己观察到的现实作为一个意义的整体融入文本空间,并使之彼此协调,他不得不控制小说的长度,甚至如鲁迅一样用些"曲笔",例如歇斯底里的吴荪甫最终决定到牯岭去看看红军。这个颇有寓意的结尾显示,茅盾仍然坚信,在他所观察和描绘的世界之中,就存在着推动历史前进的动力,而不必假借外部的观念框架,正好像吴荪甫这个突然的"自觉"是发自他的内心,而不是源于某种政治宣传的结果。当然,我所谓的"自觉"实际上是由茅盾急转直下的情节设计所催生的,如果故事继续发展,吴荪甫也许不是毁灭,而是等待革命的救赎。在这个意义上,安敏成说:茅盾"处身于中间地带,既抗拒单纯反映美学的决定论,又反对幼稚地盲从于思想观念"[①]。

平心而论,安敏成的这个结论虽不乏敏锐,提出了一个"第三空

---

① 安敏成:《现实主义的限制》,第183页。

间"的问题;但是,他的前提预设是,存在这样一种既定的美学反映论、一套固化的政治教条。可是正像我在第一章指出的,这样的东西仅仅只在理论上存在。如果"现实主义"在中国本来就极富变数,并不是一套僵化的教条或者一个统一的流派,那么,这就意味着我们没有必要苦苦探究其如何对美学反映论和意识形态结构阳奉阴违、出乖弄丑。果如是,那么我们就可以突破"写实的现实观"而进入王德威所谓的"虚构的现实观"之中。

这种观念认为,我们应当直面文学的虚构本职,承认其既可以有相当谨严的模仿本能,也可有抒情讪笑、插科打诨的机趣,更有演绎历史、举重若轻的能力。它也同时暗示我们,安敏成所谈论的"限制"究其实质不过是一种"自我设限",绝不是由文学与政治单方面的不协调所促成的。换句话说,直面虚构,也就等于是去拆解预设在文学内部的大写之真(the Real),并将写作看成是一次次逼近真实的努力。正是在这个理解上,王德威说,写实不必只有一种风格,每次书写实践的差异天然地带出了写实新的变量和参数,它们共同组成了一个"叙事领域"(narrative domain)。

在《写实主义小说的虚构》一书中,王德威重点考察了鲁迅之后茅盾、老舍、沈从文三位的写实主义实践,并开门见山地指出,三位作家所做出的种种时新试验,不必是对鲁迅的质疑、反叛,甚至逾越,而是在鲁迅所勾勒的中国视景之上再接再厉、踵事增华。其中茅盾延续鲁迅念兹在兹的"历史与政治"议题来扩张其"小说政治学"的意念;老舍则用嬉笑怒骂将鲁迅作品中的激进主义和道德忧虑推向了极致,带写实走出了"涕泪交零"的限局;而沈从文以想象为中心的原乡神话则为鲁迅所示范的乡土记忆赋予了吊诡的"批判的抒情"。

这里,我并不准备再巨细靡遗地叙述下去,而是要回头来谈论这种讨论的意义。尽管王德威的考察有着相当前卫且理论化的表现,但是比起那些因为现实主义不再吃香而就忙不迭地开出现代主义或后现代主义替代品的论者,王德威又可说更为务实。他着力探讨"现实主义"这个概念本身的弹性和活力,并力图恢复同时也容纳"反映"之外的其他可能。此外,他也没有要为"祛魅鲁迅"神话而过分夸大茅盾、沈从文、老舍三位的独创性,而是以相当严谨的思路讨论了其继承与新变。不过,也不能否认这种思考终究还是有着相当的后见之明。当三位孜孜不倦地开拓其写作事业之时,我想,未必意识到或有意要保持与鲁迅的关联。譬如,茅盾与鲁迅虽有着同志情谊,但是两人对"历史与政治"的投入,却是一个时代普遍的趋向,既没有特殊性,更不必过分强调影响与接受。而老舍的闹剧倾向,用王德威自己的见解来看,至少在晚清就有了先例先声①,因而也谈不上必然的接续与发扬关系。如果再细细比对老舍和鲁迅的文字,我们终究可以说,鲁迅式的阴郁和沉痛很难赋之以老舍式的突梯滑稽形式来表现、展出。此外,沈从文的神巫世界,终究要较鲁迅式的乡土多一分恬静,鲁迅绝望、希望的辩证更不是沈从文所要企及或表达的,而且尤为重要的一点是,鲁迅绝不会为政治而搁笔,但沈从文却可以为了维护文学而停止他的写作生涯。我这样说,并不是讲沈从文毫无战斗性,而是想强调"批判的抒情"这样的总结,不是沈从文的本愿或要致力的目标,尽管他的抒情之中并不乏批评。这些例子显示,王德威的讨论尽管有意扩大写实主义的能量,直证文学虚构的本命,但是,终究他还是有一个相当正面的预设,那就是作家们所有的努力终究要与政治的潮流结合、辩证才有意义。或许,这是中国现代作家无可逃遁的宿命。例如,即使是胡兰成《今生今世》那样充满私密与自传特性的写实,也堂而皇之地缔结出一种振振有词的、叛国叛家的"背叛美学",实在可以说,在某种层面上,现实主义绝无超越的可能。但是,这绝不是安敏成意义上的通过"颁布一幅全新的意识形态化的世界图景"②式的超越,而是王德威所讲的现实主义的有容乃大;其不单"思考、铭刻自身所处历史的知识或意识形态的消长",同时"也因为历史环境的变动而不断地被重新定义"③,融会成阐释现实的新参数。"在一九三〇年代发现世纪末,在世纪末中发现一九三〇年代"是这种无法超越的最佳证词,但是,这绝不是在讲影响与接受的问题,而是一种秘响旁通式的对话、一种为免除内爆而一刻不停进行着的自我调整和协商。

---

① 王德威:《被压抑的现代性》,第 213—290 页。
② 安敏成:《现实主义的限制》,第 207 页。
③ 王德威:《写实主义小说的虚构》,第 316 页。

二、反证

如果说"内爆"谈论的是一种认知或写作风格所应具有的独立且充满变化的内部世界,以及这个世界在遭受外来干扰时所表现出来的抗辩特性,那么,"反证"则更多地意味着将这种风格的功能和价值同它所在的历史建立直接关联时所泄露出来的种种不合作声音和现象。也因此,"反证"的全称是"反证历史"(witness against history),它宣称文学绝不是历史的证词。

"反证历史"的概念是柏佑铭(Yomi Braester)在其同名专著之中提出来的。在他看来,我们过去的文学研究普遍轻信一种见解,那就是:从文学作品之中我们可以发掘出证明历史事实所需的各种证据,或者说,文学工作者有能力来为历史作证。这种解读,不仅表现出了强烈的社会学色彩,或者说历史学取材的特性,更危险的是,它还暗示第三世界的文学只有累积材料的价值。抛开后一个方面中帝国主义或者自我殖民主义的认知不谈,仅从前一个方面来追问,我们就可以看出这种"直证"的观念有其相当的虚妄。我的提问是:社会学式的解读能不能完全无视文学的不透明性、虚构性;或者说,历史学和社会学的文学取证能不能真的来去自由、畅通无阻?

在一项针对鸳鸯蝴蝶派研究方法的讨论中,周蕾毫不含糊地指出,尽管林培瑞倡议用社会学的方案来解读通俗小说,把它处理成某种程度上客观中立的知识文献(transparent documents of sociological knowledge),但是,"当林培瑞讨论个别作品与作家时,他退回到传统美学批判的词汇,即使他的讨论明显存有非文学性的倾向"[①]。周蕾说,她之所以要指明这一点,就是想说明,"这种失去批判性的企图(即指客观的社会学观察——引注)无可避免地会遭遇到文学有其不透明性(opacity)或建构性(constructedness)的问题"[②]。这个观察毫无疑问地提示我们,文学绝非只是一扇认识历史的窗户。或者说,文学仅有工具性的一面。

---

① 周蕾:《妇女与中国现代性》,第77页。
② 同上书,第78页。

杜赞奇(Prasenjit Duara)曾经呼吁,要拆散大写历史与民族国家间的合法关联,警惕历史意识沦为国家兴亡的名器①。柏佑铭效仿他的提法,把"从民族国家拯救历史"转化成"从直证历史之中拯救文学"。不过,这里面仍有一层意思不同。杜赞奇讲的"拯救",实际上是解蔽,就是把宏观历史叙事对其他历史线索的压制打破,释放出更多样化的历史表述可能,而不是令启蒙、革命、救亡等话语成为单音(monophonic)。但是,柏佑铭讲"拯救",是去见证"五四"及其遗产自身的丰富多彩,而不是像杜赞奇还有李欧梵、王德威那样从"五四"的话语挤压之中去关注和重拾复线的历史、颓废的可能以及晚清的价值。换句话说,"反证历史"所开展的仍是一种"五四"的重思工作和"再解读"行为。在这个层面,我们可以看到,尽管柏佑铭用了一个极富二元对立色彩的概念("反"),但是,其实质并非要与过去的理解做针锋相对的抗辩,而是还原文学本身的丰富性,为那些既成的理解赋予更多的平行观念,即使它们有所冲撞,也是概念本身的复杂性使然,而不是二元论的思维作怪。

他把文学作品还有电影看成是一种公共话语(public discourse)、一个批评空间,或者一个包含多种层次的寓言。他避开了哈贝马斯(Jürgen Habermas)所谓的"公共空间"(Public Sphere)理论,而使用了一个在他自己看来更宽泛的定义——公共话语。这样的好处是避免去探讨一个暂无共识的话题,即在20世纪中国,是否真的存在一个西方意义上的"市民社会"和"公共空间",而是更务实地去强调通过出版业和大众传媒这些作品确实参与了对一个想象共同体的设计和辩论,并且不是以简单反映的关系介入。他首先举出鲁迅的例子,并说:长久以来,人们习惯于把《狂人日记》解读成一个正面的反封建故事,或者说对封建压迫的有力反映,却忽略了故事本身的吊诡层面以及极具洞察力的预见性——例如鲁迅所刻画的那种"同类相食"的惨剧在其死后的岁月里一再重演,甚至有过之而无不及。他以"日记"一词中所包含的"背叛"逻辑为起点,指出这种私人领域的记述在进入公共流通的过程之中,因为遭受了来自各方面的篡改和编辑——故事中狂人

---

① 杜赞奇:《从民族国家拯救历史》,第14页。

之友充当的正是这一角色——已经使得小说丧失了能完全直面现实的能力,或者质疑了小说作为历史证词的可信度。而且更甚者在于,这种源于文本内部的背叛,同时也被引向文本之外。《狂人日记》在阅读中不断地被挪用、误解,被错当成一个连贯单一的叙事体系,而罔顾了其内部种种的断裂和不协调。比如,王德威就在上文所述的《写实主义小说的虚构》之中明确地指出:鲁迅之所以能为沈从文、茅盾、老舍三位做出优越且多面的"写实"示范,无他,只在于他的叙事之中充满了对声音和视界复杂度的高度自觉,也因此他的写作并不安于最古板、保守的反映论①,从而可以有一种胡志德所讲的"关键的元叙事"(a key meta-narrative)意义②。

承接胡志德的这个论点,柏佑铭继续发掘他关于20世纪中国文学与电影之中那些偏离反映论迷思的可能与面向——包括电影《夜半歌声》《苦恼人的笑》《小街》《巴山夜雨》《天云山传奇》,样板戏《红灯记》,小说《我的菩提树》(张贤亮)、《杜鹃啼血》(刘大任)、《往事与刑罚》(余华)等——并强调这些作家、作品在鲁迅之后,亦在有力地暗示,甚至直接表白其无力作证或无心直证历史的心情和姿态。比如,王朔在《动物凶猛》(作者讨论的是电影《阳光灿烂的日子》)之中通过屡屡打断叙事节奏,借由叙事者的强行介入来质诘表述的真实性和记忆可信度的方式,又一次玩弄"后设叙事"的手法,暗示了文学文本并不完全甘于被功能论——或者更明确地讲——政治功能论所收编、利用。由此,我们可以说王朔的玩世不恭里面并不是所谓的犬儒,而是有其强烈的公共批判意识。当然,我们也可以附会发挥,把各种版本的文革叙事挪置一处,看连贯和碎裂、控诉与投入、惨痛与灿烂之间如何有趣地交织出关于记忆、真实、谎言、历史、功过的辩证书和叙事学。

至此为止,我也要停下转述柏佑铭观点的脚步,开始检讨那些不能被他观点所"直证"的内容。柏佑铭的观点,说得粗略一点,就是要

---

① 王德威:《写实主义小说的虚构》,第6—13页。
② Theodore Hunters, "Lives in Profile: On the Authorial Voice in Modern and Contemporary Chinese Literature", in Ellen Widmer & David Der-wei Wang eds., *From May Fourth to June Fourth: Fiction and Film in Twentieth-Century China*. Cambridge: Harvard University Press, 1993, p.276.

揭橥将文学文本挪作他用的虚妄性,转而强调其变化的层次,以及不动如山的内部关联。虽然我也指出,他的观察不全是二元化的,但是,他确实又只选取了那些否认记忆能够完全被复原的"罗生门"式的文本。换句话说,那种笃定的、连贯的叙事已经不自觉地被排除在他所谓的"五四"及其传统之外了。但是,在我看来,恰恰是这些直接模仿了官方大历史表述的著作,反而泄露出一种较"反证"更有看头,甚至更激越的视景。

我的例子也是鲁迅,不过选本是《阿Q正传》。这同样是一个关于记忆与历史的故事,而且,鲁迅再一次启动了"文类"吊诡的游戏。"正传"本来是硕学大儒的专利,可鲁迅却偏偏用它来为一位市井滑头塑像。不仅如此,他还在开篇直言不讳地承认其对阿Q的身世来历所知甚少,也因此,其记叙难免有强作解人的危险。可是,叙事者完全不以为忤,细枝末节细细铺展,甚至入木三分地写他的精神胜利法和大革命中的投机倒把,直至最后的人头落地。以上的种种表现,在我看来,最为有趣的部分,还是鲁迅对大历史书写的有样学样,特别是比照当下各种商业重构下的"辛亥叙事",鲁迅可以说写出了历史的不义与不公,直接对"大历史"发出了质疑,同时也是预见。也因此,在某种层面上,鲁迅恰恰要加强他"直证历史"的能量,以此抗衡、嘲弄官方的"直证"法,而不是从"直证"中去另辟蹊径。在鲁迅之后,莫言、苏童、王安忆等人,一再架设他们的家族史、地区史,就着大写的路子写小写的人物,实在颇有可观。在他们那里,记忆虽同样断断续续、晦暗不明,但是绝不影响他们叙事的勇气和节奏,尤其是莫言,以"一九三九年古历八月初九"(《红高粱》)这样"直证历史"的方式开篇叙述,在在证实了作家们并非完全都对"反映论"避之不及。恰恰相反,他们从这种异化的表述之中寻得了"内爆"的可能,为"直证"赋予了另类生命。正是在这个意义上,我们可以理解,为什么像瞿秋白这样的革命人士,自认一生失败之时,仍要写《多余的话》。他所自觉到的失败,当然可以被理解成其"反证历史"的意愿,即他已经丧失了为历史作证的合法性,可是我们要追问,他"反证历史"的目的难道真的只是为了说明其作为一个历史证人的不合格吗?多余的话又真的多余吗?

而且,一个更为棘手的问题是,当我们完全把文学处理成一系列符号和语码之时,我们的历史和记忆又往何处落足,我们在上一章提出来的抵御全球平面化的资源又从何而来?这个问题,也正是史家对"新历史主义"提出的质诘:"既然不再相信有客观的、可知的、可以重新找回来的过去,那为什么还要书写历史?如果并不存在什么客观事实,那我们毕生的研究所创造的又是什么?难道历史最终说来不过是我们在现时塑造的表征之集合,而这些表征永远都会受制于我们自己时代的种种关怀之局限,受制于这关怀中的政治?"①

第三节 钩沉"晚清"

一、多重缘起

"晚清"在上个世纪末的重新出发,颇令人想起王德威曾经讨论过的"头"的故事(decapitation syndrome)②。贯穿 20 世纪,从连梦青的《邻女语》,到鲁迅、沈从文的暴力记忆,直至海峡彼岸舞鹤所记录的出草仪式,"断头""砍头"的意象历历在目。虽然其能指各不相同,却别有一层相通的意思,那就是寓言性地从头来过。他们或者要寻觅写作的动力,或者要反叛既有的定见,或者要敷衍一种新的手法、凝练一段脱节的历史,其抱负不必画地为牢、局限为一,其意念也不在拔得头筹、占尽先机,而是奋力开出一片表述的空间,令时人有进退自如的想象可能。

参考这样的思路,自不妨说,重拾晚清记忆,实际上也大有来"头"。一方面,这自然触动了"现代文学"的源头想象;而另一方面,则毫无疑问地质疑"五四"的领头意义。不过,应该马上补充的是,"晚清"与"五四"不必就此兵戎相见,或是建立所谓的主次差别。这种做法,不光是在玩弄正反易位的权力游戏,更是再一次落入了所谓"五四"对"晚清"存心打压的谬论之中。尽管"五四"一代学人为求进步,

---

① 贺萧:《危险的愉悦》,第 10 页。
② David Der-wei Wang, "Invitation to a Beheading", in *The Monster That Is History: History, Violence, and Fictional Writing in Twentieth-Century China*. Berkeley: University of California Press, 2004, pp. 15-40.

对包括晚清在内的传统大有激进的态度和处理,可是也得看到,真正要把"五四"定为一尊,凭借"五四"自身的努力恐怕未必能够功德圆满。它必须依赖一代又一代的文学史家,通过他们的反复叙述来巩固地位,来获取"典范"意义。在这个层面上,我们拥有的只是被后来者塑造出来的"五四",而非历史当中的"五四"。宇文所安说,这明确显示了:"不存在什么固定的'源头'——一个历史时期的画像是被后来的一个历史时期描绘出来的。"①明乎此,我们就必须有效辨别"五四"和被叙述的"五四"的差别,谨防张冠李戴。当然,更要清楚,我们在这样一种观念交杂的语境下来讨论晚清及其意义,就不单是拷问"现代文学"缘起的可能何在,更是在文学史与学科史的视野之下,来拆解这些可能之间的对话关系,看其如何相激相荡,并堂堂推出一副复杂的中国现代文学图景。

探讨现代文学的起源,一方面要小心二元论治下的夺位战,另一方面也要谨防所谓的定位观。这种观念偏爱分水岭、突破论,总是倾向于假定中国文学在某一个"大写日期"(the Date)之后有了质的变化。"五四"正是这样一个日期。尽管"五四"概念的最初成型,充满了那一代人权宜和机变的因素:他们试图通过拟设一个历史已经断裂的假象,来甩脱传统的包袱,并由此积极构想未来。可事实证明,他们并没有办法截断与传统的关联,甚至像胡适这样的革命导师,还要借重过去的资源来为白话的合法性张目。通过这个简单的例子,我们要承认,一种比较合理地理解"缘起"的看法是,将其视为一个连续的过程,而不是某一个固定的点。即使"五四"那一天真的能够解释白话文的突然成功,却未必能说明其他所有的因素,例如文学技巧等,也都在这一天内瓜熟蒂落。这个假设不仅击破了定位论的幻想,同时更提醒我们:现代文学并不是一个均质的概念,它包含各种迟速有度、取向不一的界面。理解到这一点,那么我们就必须说,现代文学的缘起不仅是一个长时段的历史实践,同时也是一个散点化的多元存在。王德威把它称为"现代中国文学理念的多重缘起"②。

---

① 宇文所安:《他山的石头记》,第13页。
② 王德威:《现代中国文学理念的多重缘起》,《南京社会科学》,2011(11):107—116。

他这句话里面每个概念,从"现代"到"中国",再到"多重"和"缘起",特别是"文学",都带有它们自身的话语史,不能被平面地看待和处理。例如,"缘起"就不必只是字面意义上的"开始",以及"除此一家,别无分号"的信心或决心。特别是到了大张后现代的今天,我们更应该对"缘起"有一种解构式的认知,即必须放下概念内那种"前无古人"的高傲姿态,去承认它不过是历史当中的一个关节或合页。以"没有晚清,何来'五四'"为例,如果我们只看重语义中的先后顺序,那么不是落入我所谓的"夺位战",就是将之变成一句大白话,因为历史的发展本来就是先晚清后"五四"的。可是,王德威讲,这个表述也可以倒过来,即"没有'五四',何来晚清"。换句话说,"没有……何来……"的结构不是一个历史逻辑的表面呈现,而是文学史的思考和辩难。我们观察今天的文学,所体会到的除了"五四"所讲的"革命"与"启蒙"、"理性"与"模仿",仍有许多因素不能解释,比如绮情幻想、英雄溃散、"谎话"连篇等等。这些因素促使我们到"五四"之外去寻求可能,同时也深入到"五四"内部去叩问新的参量。在这个意义上,"五四"恰恰是一个启蒙、一个鉴照,而不是要被替换的源头。所以,王德威讲:"'缘起'的问题,恰恰是作为文学史的同业们不断去承受它的刺激,但是也要不断去解构它的概念式起源的强烈信念。"①

"缘起"的独一信念被宣判失效之后,那么,紧随而来的就是"多重"可以被视为一种有效的解释机制。王德威仔细讨论了七位知识分子和他们所代表的对文学的不同看法。这七位分别是梁启超、王国维、黄人、章太炎、周氏兄弟(鲁迅和周作人)和陈衍。他们的"多重性",首先表现在他们的各持己见之上,比如梁启超强调审美的功利性,王国维则谈审美的纯粹自足,等等。这些不同的意见,因为相互碰撞,就有了第二层的"多重性",也就是话语的鼎足、对话,以及缝合。梁启超和王国维是明显的例子。第三个层次的"多重",是为师承与突破,周氏兄弟受到老师章太炎的影响应无异议,可是,章太炎谈"文学退化论",他的学生却高彰"摩罗诗力"。一方强调国粹,而另一方则效法欧美,可以说,同亦不同。而"效法欧美"再加上"日本中介"又可以

---

① 王德威:《现代中国文学理念的多重缘起》,《南京社会科学》,2011(11):109。

视为第四种"多重",即中外对话。从梁启超的政治小说理念,到王国维的悲剧美学,以及黄人的文学史观、章太炎的"俱分进化",和周氏兄弟的恶声论述,不问前卫或保守,均不脱中外调和的影子,唯独陈衍这位旧体诗宋诗派代言人,立定维护传统诗话最后一人的位置,一再折返古典世界,主张"真实怀抱、真实道理、真实本领"。这是第五层的"多重",即传统的阐发。尽管以今人眼光来看,陈衍有其胶柱鼓瑟、不合时宜的一面,但是这种思考也不见得就是一无是处。在若干年后,陈衍的认识被钱锺书拾起重弹并加以改造,这就有了第六层的"多重",也即文学理念的隔空对话。最后一个方面的"多重",则来自梁启超式的前后分期,自我否定、解构或增益。王德威说,我们今天的讨论多数集中在梁启超前期的成绩,特别是新小说的阐发之上,从而偏废了其后期带有转折性的思考,例如"趣味"。

这七个方面的交错与重叠,当然可以目为"晚清"的琳琅满目、众声喧哗。可是,我也要质疑,王德威对所谓的"多"与"一"的辩证是否也有其短见。在我看来,多与一的对话,至少包含两个层次。一方面既是指那么多的声音皆发生在一个时代之内,因而有"多重缘起"的表现;另一个方面是,这么多的声音终究不会是整齐划一的,时代也不可能对其一视同仁,投以等量的关注,那么,这就意味着在这些声音之间不仅存在着王德威所讲的竞合、鼎足关系,更有一个轻重缓急的差异性结果。如果我们忽略掉这一点,就会毫无疑问地陷入我在开头批评过的那种"绝对多元主义"的陷阱之中。而且更为重要的一点是,这种理解并不能帮助我们真正认识何以"现代文学"缘起处的洋洋大观最终会变成某些理念的独领风骚。且更为糟糕的是,就着这种由多到一的思路,必定只能得出一个"压抑"的结论。这种理解,显然只关注到文学史有建制性的因素,却淡忘了它自身也有独立发展的脉络。由这一点来检测我们今天的"重写"和"重返"文学史,则可见,大家的努力都放在了"文本"之上,而没有触及历史本身。大抵这是太受福柯影响的原因。

而回到第一个层次的对话上,我则要说,我们对时代这个"一"恐怕还有着大而化之的处理痕迹,其后果是带来了文学之"多"的趋同效应。具体而言,王德威一概把各种文学观念都视为对世变的应对。这个见解自然合情合理,可是,我也要强调,"世变"对个人而言总是千差万别、层次不一。一部分人的反应可能针对政治层面上的国破家亡,而另一部分人的反应则可能逗留在日常生活的食不果腹之上,诸如此类的情感态度有力地映衬出"时代"这个"一"不完全是抽象的存在,同孕育其中的文学意见一样变化不居。也因此必须时刻警惕,我们的晚清研究是否有和历史脱节的嫌疑,要预防那种把"国难"当成恩赐,由此来表演文学之丰富多彩的恶劣做法。王德威《被压抑的现代性》之所以遭来各种非议,原因之一恐怕就在于此。他的讨论,太过注重揭发、点染由文学文本本身所揭示出来的那种活泼生动的符号虚构游戏,由此把整个"现代化"过程表现得太过平滑、缤纷,以致失掉了历史的沉重感。与此颇为相似的还有叶凯蒂的研究。她关于晚清妓女的精彩讨论,虽然有力地打破了道德的"业障",直指这些长三书寓中的女优在推倡公共关系和私人狂想方面,乃是一等一的好手①,但是,这也多少泄露了其对"商女不知亡国恨"的美化想象,颇有点不痛不痒的学院色彩。

正是基于这样的考虑,我对曾佩琳(Paola Zamperini)所讲的"现代性"的疼痛和挣扎颇为倾心。她说,在新旧之间,晚清的中国,身体上正承受着一种"成长的苦痛":"变成'文明'绝非容易、无痛的过程:它确实引起了文化、生理、感情上的疏离,这时期的作家非常有趣地描写了这个困境。他们与他们的读者每日在一个非常复杂的现实中过活,这个生活包含了西方技术、全球贸易、外国的存在、毒品、性,以及道德、性及社会的界线持续不断地重整。然后我们也许可以讨论现代性跟晚清小说的关联,因为大部分的人似乎在上海经历了这个混乱与痛苦的情况。"②

二、文化拼凑

承接曾佩琳所给出的提示,我们不妨继续追问,她所谓的那个"非

---

① Catherine Vance Yeh, *Shanghai Love: Courtesans, Intellectuals, and Entertainment Culture*, 1850-1910. Seattle & London: University of Washington Press, 2006.

② 曾佩琳:《完美图像——晚清小说中的摄影、欲望与都市现代性》,李孝悌编:《中国的城市生活》,第421页。

常复杂的现实"又是如何具体地同晚清的文学与文化发生关联,并为"多重缘起"的理念补入新层次的。其实,继续我刚刚所讲的——晚清研究之中难免预设着一种"文本态度"(textual attitude)的看法,我们可以反推出一种具有修正效能的策略,即为单一的内部研究引入社会学的视角,在文史互动的层面上来重理晚清。

不过,在一开始我就要指明,欲引入社会学的机制,首先就要破除"压迫论"的取径。这种观念,很容易将新兴文化以及一些同国外相关的人、事、物替换成"帝国主义压抑"或者"资产阶级文化"。这种相当政治化的论断,造就的后果是令我们对许多现象不闻不问,从而规避了某些重要的现代化面向。一个明显的表现是,大家对稿费制度所采取的那种道德化的审判立场,仿佛拿稿费就等同于污蔑文学品格。甚至有一部分人还天真地认为,只有通俗文学的作家才汲汲于此,而新文学的作家则能自外俗流。历史上,鸳鸯蝴蝶派的骂名——"文娼""文丐"的来路多少与此存在瓜葛。当然,这里面也有新文学作家为求自我合法化而设计修辞策略的问题,即通过将其敌手陷入不仁不义,来维持自己的高洁形象。可是,抛开这一切附加的价值和评论,我们应当承认稿费制度在近代文化市场的形成,特别是推动文学体制化、作家职业化方面有其不争的价值[①]。如果连这一点都不能接受,那么如何来面对以下这些更大的挑战呢?

第一个挑战来自韩南和瓦格纳等人。他们的见解认为:外国人,尤其是传教士在中国文学现代化的过程之中扮演了举足轻重的角色。这个观念,并不是在一般的施惠或者影响的层面上展开,而是直接宣称了作为能动个体的外国人的价值。换句话说,洋人不再是以传统论述中幕后推手或者思想导师的形象出现,而是进入到中国现代文化建设的"前沿战地"。韩南所给出的例子是傅兰雅(John Fryer)。在他看来,这位传教士的意义在于:着人先鞭地提出了"时新小说"的概念,并借由小说竞赛的形式将"新"的内涵从内容和规则两个方面界定下来,进而"在某种程度上影响了晚清小说的总体方向"[②]——其中最主要的

---

① 栾梅健:《二十世纪中国文学发生论》,桂林:广西师范大学出版社,2006:17—31。
② 韩南:《中国近代小说的兴起》,徐侠译,上海:上海教育出版社,2004:168。

表现,当然是距此七年之后的梁启超的"新小说"杂志和理念。不过,针对这种看法,评者也可以提出,傅兰雅的小说竞赛终究只是昙花一现,他的影响力,或者更准确地说,唯一的影响力更有赖于梁启超这个中介才能显现。这就不得不令人怀疑,韩南所谓的那种独立价值是不是真的存在。由此而来的另一个问题则是,我们又该如何定位这些在文学史和思想史上能量有限的"第一",或者说"缘起"。如果翻用王德威的"没有……何来"的结构,恐怕很可能会再一次引发非议。这里我要补充的是,王德威的表述之所以会倍受责难,一个关键的原因在于他的叙述思路。在《被压抑的现代性》的终篇部分,王德威以"归去来"为题,着力探讨了两个世纪末之间暗通款曲的文学对话关系,虽然言之凿凿,精彩迭现,可是,却也径自回避了更该着墨的晚清与"五四"的关联。换句话说,如果他最后讨论的是"晚清"文学在"五四"内部的种种蛛丝马迹和草蛇灰线,那么,其论点"没有晚清,何来五四"会更有说服力。

再回到"挑战"的内容上,第二个例子是瓦格纳的《点石斋画报》研究。这项研究同样使得他关注到一位外国人的价值,此人正是《申报》的创办者英商美查(Ernest Major)。在《进入全球想象图景:上海的〈点石斋画报〉》一文中,瓦格纳指出,在《申报》创办之前,世界范围内的画报热潮已然促成了一幅全球性的想象图景(global imaginaries),可是在这个画报世界内,中国不仅"没有自己的画报加入这一联盟,并且表现中国人自己对于中国和外国事物的观点",而且,更有甚者,中国已经边缘到"不再被当作中国自身的社会、政治、文化和经济现状的可靠信息来源"[1]。在瓦格纳看来,真正扭转这一颓势的恰是画报创办人美查。因为他的勉力推介,图像不仅在中国流行起来,"开辟了一条观察当下世界及其居民的途径"[2],而且还形塑出一种与全球倾向、城市感受及现代性密切关联的审美风格。经由这个观察,瓦格纳再一次重申了所谓的帝国主义、殖民主义,或者亲英或亲西方的看法根本不能用以解释美查和他的出版系统。

---

[1] 瓦格纳:《进入全球想象图景:上海的〈点石斋画报〉》,《中国学术》(第八辑),北京:商务印书馆,2001:5。

[2] 同上书,第95页。

针对以上的见解，我要提出如下几点思考。第一，用梅嘉乐（Barbara Mittler）的话来说，尽管《申报》（也包括《点石斋画报》）是一种"西洋风格"（the foreign paradigm）的报纸——这自然可见美查的影响力——可是，其从观点到内容以及表述形态都是中国化（the view from China）的[①]，特别是考虑到报纸编辑是一个集体配合的工作，我们能不能就此只谈美查的价值，而罔顾其他？此外，再考虑到美查是否真的有能力（特别是文化和语言上的）和精力来全权处理出版、发行的事宜，或者直接对报纸的内容、观点提出商榷，我们更应该对瓦格纳大力推举美查的行为发出质疑。第二，尽管美查的报纸当中没有所谓的殖民主义倾向，可是瓦格纳自己的评价体系却明显带着文化帝国主义的色彩。他以所谓的"全球化"趋势或图景来强行要求中国也参与其中，并将疏离于潮流之外看成是被动和落后的表征。试问如果中国没有参与其中，是不是就不现代了呢？是不是"现代性"就是同世界保持一致呢？我想这两个问题应不难解答。

总结上面的观点可知，谈论文学现象，特别是晚清的文学，应该充分注意到各种因素之间的夹缠特性，不能过分标举所谓的纯粹性和独立性。正是在此意义上，我拟定了本节的标题"文化拼凑"（acculturation）。这个观念特别强调了文化之间的互嵌性，以及由此而来的变迁和扭转。我借用了冯客的提法，他更为形象的比喻是：进口货嵌入日常生活。[②] 承续这个理解，我再来谈第二种挑战，也即拆解文学文本的独立性，把它看成是一系列制造的结果，或者说各种思考、观念、条例、形式拼凑的结果。

戴沙迪已经详细地讨论了连载——这种新的书写和出版模式——对晚清小说美学以及读者阅读习惯所造成的各种影响以及全新的塑造。他在结论中写道，上海地区的连载小说不仅提供了一个人们想象"上海到底是什么"的框架，而且它也超越上海，为飞速发展的

---

① Barbara Mittler. *A Newspaper for China?: Power, Identity, and Change in Shanghai's News Media*, 1872-1912. Cambridge: Harvard University Asia Center, 2004, pp. 9-23.

② 冯客:《民国时期的摩登玩意、文化拼凑与日常生活》，李孝悌编:《中国的城市生活》，第425页。

印刷媒体空间(print mediasphere)提供美学背景;此外,更是作为一种隐喻,令文化创制者们去憧憬那些"国家媒体"(the national media)的出现,例如收音机、电影和电视①。

　　借着戴沙迪的观察来回顾我们过去的研究,也包括王德威的《被压抑的现代性》,我们可以说,研究者对文本和作者仍然有相当自足的看法,认为可以就着文本来演绎文本。殊不知,我们今天读到的晚清小说,早已因为书籍编辑、排版的原因褪去了它一大部分的魅力,特别是一位作者同时在跟编辑、叙事、读者、时间等因素交战、周旋的紧张关系,也被架空削减,一去不返。也因此,我们的观察总有不周之处。这也就是李欧梵讲的"一切以(抽象的)文本以及文本以内的'作者'为依归"的弊端。而纠偏的办法自然是,将那些只有研究文化史或印刷史的理论家——如法国的罗杰·夏蒂埃(Roger Chartier)——才会关心的文本制作或实际阅读习惯的问题,引介到文学研究之内,形塑一种更全面的内外观照②。惟其如此,关于晚清的探讨,才不会沦为在欲望的地图上从"头"来过,恰恰相反,是要破解这种"头"的神话,把它看成是不断地接受挑战和刺激的契机,从而将研究带向纵深。

---

　　① Alexander Des Forges. *Mediasphere Shanghai: The Aesthetics of Cultural Production*. Honolulu: University of Hawai'i Press, 2007, p. 92.
　　② 李欧梵:《李欧梵论中国现代文学》,第171页。

第五章
去道德：构建批评伦理

去道德的观念假设了这样一个论述的前提，即生活中的道德规范，尽管未必跟文学写作和批评中所持的道德立场完全对立，但至少有相互错位的部分。如此一来，我们用来处理现实行为的道德标准，并不一定在学术研讨的范围内奏效，甚至有可能导生某些刻板的、想当然的印象和结论。为此，建立文学写作和批评自身的伦理秩序，成为作家和批评家的重要工作。这项工作并不以推翻现实道德及其观察立场为职志，而是积极寻求文学处理现实的特别方式，或者说主体意识。在此意义上，文学代表的是一种现实，但显然这种现实不是指一般层面上的实体世界。即使有部分文学仍奉写实为圭臬，但是，在做文学的评价时，我们仍没有必要直接援引现实的准则和道德来对文学定性。写实允许虚构的概念，论者们早有讨论。而且更进一步，这样的写实不仅要脱离现实的掣肘，不必对其亦步亦趋，甚至还能提供某些反向的批评，翻转采用社会道德所得出的某些"常识观念"。这样的例子，自19世纪末以来，便所在多有。波德莱尔所标举的"恶之花"意象，或许是其中最出名的例子。从审美到审丑，由浪漫而颓废，道德的疆界在文学书写的世界里一再被模糊化，甚至重置。借由福柯的观念来看，所谓道德、美丑不过是一个历史化的建构过程，其起落波动实际上牵扯着一种权力的几何学，代表的是一种基于现实处境的规范和惩戒。就如同对疾病的指认，不仅代表了一种科学术语，更是一种对现代身体进行管束和分流的文化方案。

正是在这样的意义上，发展文学内部的批评伦理，对现实道德进行去自然化，其实暗含一种对权力的考古学。同那些明确的中心主义不同,道德化的立场,仅仅是将其权力运作的过程变得更隐蔽化而已,它所代表的大多数和普遍性意见,其实就包含着对少数观念及偶然意识的回避和压制。道德标准不断变化本身就说明了,所谓的少数和多数的关系从来都不是铁板一块。也因此,去道德,实际上是试图打开边缘与主流、少数与多数的互动对话进程,呈现出一个流动的、复数化的文学形象。

《金瓶梅》因为对肉欲无所不用其极的描摹,历来被视为诲淫诲盗的道德败坏书,即使今天当有心人试图揭示其不同层面的道德含义时,仍小心地使用"精华与糟粕并存"的观念作为论述的前提。但是,田晓菲却通过引用黄金锁骨菩萨的例子说明,恰恰是在这样一个非常道德化的视野里,小说对故事人物所施展的文字惩罚,实际上流露出一种深深的悲悯和哀怜①,就好比观音大士以肉身布施,涤荡人世的罪孽和欲望一样,《金瓶梅》的作者以我不入地狱谁入地狱的决心,展开了一种道德的训诫。饮食男女的食色之欲,表面上好似冒犯了世俗的礼教道德,但在另一个层面上,却持续加固了这种道德框架的基础,展示了其在惩恶劝善方面的追求。王德威以为,这样的吊诡,其实自有其理据。扬善必先纪恶,没有了恶的反面教材,善也无从自我生产、自我彰明。也因此,黑暗的鬼魅除之不尽,如影随形。②

如果说,《金瓶梅》所讨论的道德有亏,仍是在一个相对稳定的文化体系内的自我裁决,那么,时间进入20世纪,特别是当文学的写作和流通不断遭遇新的观念和人事,如民族、国家、弗洛伊德、摩登女郎等之后,这种道德评价的标准如何变动,文学内部的道德伦理如何重整,成为时人也是今人需要不断透析、深耕的问题。而且更为重要的是,研究者们注意到,即使是所谓的民族主义,事实上也是一种权宜与妥协的结果,未必真的和民族国家的框架严丝合缝。如张小虹即指出,尽管中日德在战场上壁垒分明,但是,使用德国染料和日本棉纱染就的"阴丹士林蓝布",却成了中国"国货运动"中标榜爱国与民族的重

---

① 田晓菲:《秋水堂论金瓶梅》,天津:天津人民出版社,2005:316。
② 王德威:《历史与怪兽:历史•暴力•叙事》,台北:麦田出版股份有限公司,2004:10。

要代表。商品国籍的暧昧不明,或者说跨国特征,显示了一般意义上的道德评价须接受必要的时代修正。但是,这绝不意味着一种普世伦理将于焉形成,相反,此时(time-based)此地(place-based)的观念将被重点发展,超越并不是"去道德"所愿意尝试的,它注重更具针对性的省思和实践,或者说在普遍的基础之上发展特殊。

"去道德"的观念有可能被误解为是基于西方自由主义和政治正确的文化翻案,即透过强调多元和相对,"去道德"包容了种种原不在道德范畴内的现象。这种包容之所以会出现,主要的原因在于不同的时代和社会,其道德准则是不相同的,甚至是相悖的。如此一来,时移世易之后,以今人之眼目观故去之事实,自然可以得出不一样的看法。特别是这种观察在加入了不同的文化背景之后,更有可能被全面反转。一方面,我们需要承认存在这样一种流变的道德现象,但是,另一方面也必须警惕,当变化和包容成为判断的绝对准则时,就有可能出现文化的孤立主义。"存在即合理"的粗线条处理方式,将使我们合理化,或者更准确地说,冷漠化和他者化各种异的文化现象和社会现实。而这种合理化的背后,正是人类学家约翰尼斯·费边(Johannes Fabian)在其名著《时间及其他》中所试图宣明的,西方和非西方完全生活在两种不同的时间(temporalities)中,彼此隔离着。[①] 这种二元的结构,无论是否具有高下之别,都暴露出一种将人我的关系断裂化的趋势。即跨文化和跨时空的关心,仅仅是出于好奇心的满足,这种知识并不会对"我"产生任何的影响。如此一来,其他文化时空里的行为道德与否,自然也与"我"没有多大的关联,因为它并不会影响"我"今天的生活。

为了避免这种道德上的冷漠,"去道德"主张重构人我、时空等方面的架构,对其做出更为关系化和复杂化的思考。在最粗浅的层面上,这种重构不单单是出于文学(批评)自主的需要,更重要的是,赋予了文学(批评)以更艰巨的任务。启用道德评价的方式来审读文学作品,如果说不是过于保守,也至少是缺乏挑战的:作品的优劣为外在的

---

① Johannes Fabian. *Time and the Other: How Anthropology Makes Its Object*. New York: Columbia University Press, 2014.

准则所事先裁定,这多少会导致文学审美走向常识化和表面化。

"去道德"有助于细化研究对象的复杂性,通过不断地语境化和历史化,去探寻普遍道德评价之下或之外更具多样性的弱势话语实践。例如,面对少数族裔和少数民族的问题,一般的道德准则尽管适用,但如果仅仅以此来绳墨文化的多样性,偏差就会出现。就性别政治的观察来讲,当前的道德评价,尽管已经开始向 LGBT 群体开放,但是,其基本的文化结构仍深植于"强制性的异性恋"(compulsory heterosexuality)模式或者故事(story)之中。这在文化研究者看来,实际上就是一种意识形态(ideology),它不但控制着我们对事物做出评判的合理性标准(criteria of plausibility),而且还通过不断援引这种标准来自我加固,完成一种循环论式的自我证明。据此,朱伟诚指出,"不论是个人妥协迎合以换取主流的接受,或是寄望说服主流放弃歧视与压迫,到头来都不免徒劳无功。唯有营造出有别于主流讲述的故事,那么,主流的次文化空间,才能够确保另一种对于世界的看法、另一个版本、另一类故事的存在与流通;而被主流以种种差异为理由压迫的个人,也才能真正以此为基础,肯定自我,并从而挑战主流的霸权地位。"①

"去道德"的另一面是有可能放大甚至超越目前道德框架所指涉的基本范围,为研究对象引入更为广阔的视野和多元立场。对于周作人的附逆,过去的讨论因为限定在民族国家的框架里面,所以常常是以严苛的道德指责覆盖了严谨的学术分析。而如此一来,有许多问题就被遮蔽起来了。比如,民族—国家的框架是 19 世纪西方的发明,近代中国在吸收转化这个体系的过程里,还面对传统的"天下观念"。这些话语之间的拉锯怎样展开,以及这种展开对彼时的知识分子而言到底意味着什么?他们对这种观念是不是全盘接受,还是提出了另外的设想?孙歌、陈光兴等所倡导的"亚洲"观念,其实可以看成是对这些问题的回应。

在本章的讨论中,我将重点就幽暗意识、负面人物以及痛苦和欢

---

① 朱伟诚:《受困主流的同志荒人:朱天文〈荒人手记〉的同志阅读》,《中外文学》,1995(3):144。

乐的胶着辩证做出讨论,希望借由"黑暗""背德"及"欢乐"这些受困于主流的文化意识和情感结构,深入思考道德建构的历史,以及其在新的历史语境中所遭遇到的挑战。这个做法历史性地回应了传统中国"以情抗理"的传统,试图为弱势族裔和话语找到恰当的位置,并重新编制它和主流声音的对话关系,揭示"道德"的多面性。

第一节 重访"幽暗意识"

一、黑暗的闸门

张灏以"幽暗意识"来指称那种对人性和宇宙中与生俱来的、不完满也无法完满的"黑暗势力"的正视与醒悟。"幽暗"代表了理性之下、之外和之后那深不可测的层面,是一种并非流于无限乐观与自信的"戒慎恐惧"的意识。① 王德威以为,这种对人生与宇宙阴暗面目的直视,应当与贯通 20 世纪上半叶的忧患意识作别:毕竟"忧患"身处民族国家的架构,以建国、启蒙、科学为旨归,这显然与"幽暗"所探求的内爆、丑怪,乃至胶着,差之毫厘,谬以千里。而其实张灏也曾指明,这种幽暗意识,不妨和墨子刻(Thomas A. Metzger)所说的困境感(sense of predicament)相通,因为"人世的忧患也可种因于人内在的罪恶性。后者可以加以防堵与疏导,但却无法永远根除。也就是说,外在制度的改革,不论多么成功,多么彻底,人世间的忧患仍然不会绝迹。"②

表面上,"幽暗意识"充满命定论式的悲观色彩,但张灏也坦言,对幽暗的直视,并不代表价值上的认可,相反,只有立定这样一种无法摆脱的悲剧性,人类始能发展反思意识,并以之介入历史和社会,探求民主和契约。尽管像杜赞奇(Prasenjit Duara)这样的学者曾经指摘,现代中国的民族话语过于强势,以至于压抑了其他多样化的声音,因此,有必要深耕和发见新的表述可能,重构复线历史。不过,这样的讨论或者说纠偏,毕竟仍依赖于对其他思想路线和实践主张,如"联邦""封建"等的探幽,未必如张灏这般彻底决绝,试图深入到历史的本真和人

---

① 张灏:《幽暗意识与民主传统》,北京:新星出版社,2006:23。
② 同上书,第 305 页。

性的深处,以期表明历史发展的基本动力是内在的,而非由一系列外在的表述和结果所推动。借用"女性主义"的看法,我们今天所讨论的历史及其不同话语形态,同性别(gender)一样,是一种社会运作的结果。从某种意义上讲,尽管它无法摆脱性(sex)这一基本的生理构造,但至少解剖学或生理学不再是它论述的重点,而仅仅是一个轮廓不清的背景。面对生理概念和社会概念的断裂,学者特瑞·莫伊(Toril Moi)建议我们抛弃这种人为的设定,回归到波伏娃(Simone de Beauvoir)所依据的存在主义现象学框架中,以所谓的"情境中的身体",即"活身体"(lived body)来重新思考性和性别复杂且不可割裂的互动存在。① 如同"幽暗意识",一方面直面历史和人性的本真,即有 sex 的层面;另一方面,它也试图通过这种对本真的指认,来推动其对历史和文化的参与,即 gender 的层面。可以说,在某种意义上,"幽暗意识"是一个"活身体",它代表了一种动态的介入实践,而非一个静止不动的文化构造。

就着这样的讨论,我们或许可以说,"幽暗意识"与其说是悲观的,毋宁说是务实的。尤其是与普实克为现代中国开出的"由抒情而史诗"的革命时间表相比,张灏对历史的阐释,实在是更多一重审慎和曲折。王德威早已在他处指出,梁启超以降,文人学者对中国革命的前景虽充满热情或同情,但也因为这种情感的负累,反而表现出一种对历史多重展开的天生敌意,他将时间的延展限定在某些单一的"未来完成模式"之中。就普实克而言,其对革命进程的提炼,即有一种大而化之的嫌疑:由小我而大我的恢宏转折,美则美矣,却未免被表述得过于顺遂和纯粹,同时他对"小我"和"大我"更丰富细腻的内部质地也缺少必要的阐发,使之流于铁板一块。种种历史的事实和文学的记录已经表明,1927 年以后,革命意识虽不断发皇,大我呼之欲出,但其时恋尸、吃人、逆伦等背德行为也愈演愈烈。其中尤以茅盾笔下妖娆的"乳房之舞"最为引人侧目。革命和情欲彼此混生,相激相成,俨然反转出一种危机的诗意,陈建华将此称作"视觉无意识的寓言"。他说:"当窥

---

① 艾瑞思·玛丽恩·杨:《活身体与性别:对社会结构和主体性的反思》,《国外社会科学》,2012(3):91—100。

视欲望的满足与政治现实的噩梦交错在一起,集体、原始的色欲宣泄导致暴力与残忍;理性的视点叙述归结为无序与混乱,乳房的象征吞噬了一切。"①

就弗洛伊德的观点来看,既然人类对性无法餍足的欲望本就是埋藏在"本我"深处无法排解、伺机而动的"幽暗",那么,它会趁此现实的乱象见缝插针,并由是干扰其走向,甚至"吞噬了一切",也就不足为奇。弗氏的理论在 20 年代的中国盛极一时,鲁迅、郭沫若、郁达夫俱是它的从人。不过如张京媛所言,这种流行的取向毕竟不如现实主义和自然主义等来得彻底实在,甚至还有许多的误读。特别是在左翼兴盛以后,这种强调苦闷、自我及无意识的潮流,受到了各种挞伐。批评者,如韩侍桁,一再重申文如其人的观念,直指这些以幽暗为特征的作品,其实暴露了作者心理和道德上的问题。②

对于谨循革命律例的左翼而言,纵使其心理结构包含着暗流涌动的自我层面,但是面对严峻的社会现实,其人也必须想方设法对之加以改造、收编,甚至直接遏制。革命+恋爱的公式,或者说,革命的罗曼蒂克,所传递的正是这种发展超级自我或者说崇高意象的信号。不过,也就是在其人不断地兼容或排除这些非革命因素时,他们也等于同时吸收了各种不安定的因素到革命的进程中来,或如张灏所言,不得不对自我的黑暗面目有所直视。或许茅盾的处理方法,即将此过程加以写实化,只是徒然暴露了他的天真和幼稚。他苦心经营历史和个体、细节与结构的关系,以期对无产阶级的历史观有所回应,却不想招来各方批评,但更惨痛的是,他发现"将小说世界作为一个意义整体纳入一个外部空间,并使各部分彼此协调,这种追求仍是遥不可及的"③。安敏成将此称为"现实主义的限制",即当文学作品对历史道义有所负担或憧憬之时,它也总是受到文学审美自身的掣肘。可其实在某种意义上,这个判断反过来看或许更为准确,即审美受到了现实的限制。

---

① 陈建华:《革命与形式:茅盾早期小说的现代性展开(1927—1930)》,上海:复旦大学出版社,2007:254。
② Zhang Jingyuan, "Sigmund Freud and Modern Chinese Literature(1919-1949)", Ph. D. Diss., Cornell University,1989, pp. 310-311.
③ 安敏成:《现实主义的限制》,第 154 页。

如此一来,我们可以把左翼作家在面对各种复杂关系时因动摇、矛盾而得出的写作成果看成是一种"失败"的文学经验。

张灏对"幽暗意识"的使用,显然只是强调了它作为"反面教材"的鞭策作用,而至于这种反思的结果如何,在他的讨论中付之阙如,或者说被无意识地预设成为完全积极的、正面的。这也就是他把"幽暗意识和民主传统"并举的某种潜在原因吧。不过,为了更加细腻化这种幽暗的效用,我们有必要回到夏济安关于鲁迅、瞿秋白及蒋光慈等人的思考上来。在他著名的《黑暗的闸门》中,夏济安不仅讨论传统以及阴郁、病态的意识在左翼作家身上所引起的各种矛盾心理和行动,而且更重要的是,将"失败"作为一个关键要素提出来以品鉴在这种矛盾心理和现实挣扎中完成的文学创作及思考。他宣称蒋光慈完全失败了,"他的价值正在于他没有价值"。① 而对于鲁迅,他一方面指出,其早期创作在希望和绝望之间游走,有力地代表了一个充满问题、矛盾和不安的时代;一方面,他又认为,在1926年以后,"鲁迅就再也无法看清事态的多面性,也无法细察个人问题或民族危机的真相。似乎他年岁愈长,思想反而愈发平庸肤浅"②。在他看来,如果说鲁迅关于鬼、影,以及自噬其身的长蛇的比喻,在一开始显示的是一种深刻的洞察力和批评性,那么,进入1930年代以后,这种幽暗意识就逐渐蜕变成了一种"被迫害妄想症"。这种妄想,在处理左联内部的人事纠纷以及"两个口号"的论争中表现得尤为明晰,鲁迅失去了他一贯克制冷峻的声音,而留下"一个牢骚满腹、心胸狭隘的形象",夏济安评价道:"这是一个极坏的案例,卓越的艺术天赋就这样最愚蠢地浪费掉了。"③

暂时搁置评价恰当与否的问题,在夏济安的讨论中,有两个方面的信息值得注意。第一,面对纷乱的现世以及内心无穷无已的纠缠,这些时代中的个体,没有必要,也没有可能完全成功地处理各种拉锯的关系,并得到一个明晰通透的结果,也因此"失败"应该被当做一个

---

① 夏济安:《黑暗的闸门:中国左翼文学运动研究》,万芷君、陈琦、裴凡慧、陶磊、李俐等合译,香港:香港中文大学出版社,2016:65。
② 同上书,第116页。
③ 同上书,第117页。译文有所调整,我参考了夏济安《可疑的领导权:鲁迅与左联的解散(上)》,《东岳论丛》,2013(1):55。

重要的面向来处理作家和世界的关系。但是，环顾既往的研究，同时也包括最近的讨论，我们很少发现有研究者愿意用失败来定位诗与史的关系。因为人们普遍相信，或者说，人们在选择他们的研究对象时，已经率先以文学史的目光将它们筛选了一遍，因而，这些作品不是成功地界定了一段历史、一种风格就是标举了一种批评，展示了一种趋势。概言之，没有研究者会花大力气研究一个写坏了的作品，因为这不符合研究的经济学和生态学，当然，更有损于研究者的学术利益。举王德威的"抒情"论述为例，既然他从一开始就假定抒情是可以和启蒙、革命等并举的现代话语，或者更准确地说，在革命和启蒙之外，王德威想象必然还存在什么新的表述方案，那么，他其实已经在无形中暗示，抒情一定可以成功地帮助中国文人和知识分子在个体和时代、自我和社会之间做出选择和调适，成为他们"面对现实、建构另类现代视野的重要资源"[1]。也为此，在针对江文也的讨论中，他这样写道："诚然，江文也的中文作品当时并未出版，他与同辈中国作家也鲜少接触，但这样的事实并不妨碍文学史家凭着后见之明来设想江对这个抒情话语的贡献"[2]。

第二，夏济安以为这种失败仅仅只是一种才华的浪费：无论是蒋光慈自视甚高却流于表面的浪漫基调，还是鲁迅政治左转导致的笔无藏锋，见证的都是其人对文学审美的疏离，并最终致使革命文学和宣传文学混为一谈。在这个讨论里，夏济安显然设想了一种一以贯之的思路来讨论其研究对象，认为其应当始终处于某种高度并且理性地对这个位置有着充分的自觉，并加以维持。但事实上，谁都没有办法做到首尾一贯，因为这多少有碍于展示一个人的多面性和复杂性。特别是像鲁迅和瞿秋白这样的人物，凭借他们早期的文学实践和社会活动所凝聚起来的形象，事实上，在后期很难不以一种消耗性转化的方式来加以呈现。试想如果瞿秋白和蒋光慈一样，仅仅只是一个在文学和政治领域内有着无限自负和憧憬的"新人"，那么，他在生命结束前回首往事剖白自我的《多余的话》，就不会成为各方争论阐发的重点。而

---

[1] 王德威：《史诗时代的抒情声音：江文也的音乐与诗歌（续）》，《杭州师范大学学报》，2011(2)：18。
[2] 同上文，第19页。

且有趣的是,恰恰通过这种消耗性的转化,瞿秋白反而变成了一个更立体的人物,泄露出左翼在抒情论述方面的作为和视野。林毓生以"创造性转化"的思路来谈论传统不绝如缕的再生和利用,他着眼的是今人对故去的发明;但是转换视野,从传统的角度来看,今人的创造,难免不是对其进行删繁就简的结果,也因此王汎森特别补充"消耗性转化"的思路来处理古与今的关系。

诚然,这种提法内蕴着对传统乡愁式的追念,但更关键的是,它也同时表明选择和遗弃是同步的、互惠的。对高音的生产,就意味着对低音的回避,而这种回避的前提,恰恰又是对何为低音进行指认和选择。这样一来,幽暗恰恰是最先浮出地表的那一部分。为此,当瞿秋白以失败、苦闷和彷徨来慰藉正走向生命尽头的自我时,他恰好寓言性地再现了这个消耗性的进程,指认了那些徘徊在革命道路上的"执拗低音"。而且更关键的是,写作本身也成为另一重消耗。这种消耗不仅实际性地指向了写作完成和生命终结之间的必然关联,更是透过巨细靡遗的自我渲染和自我回顾,消耗了"革命"的正面形象,最终"自虐性"地转化出一个"软心肠的共产党员"形象。概言之,《多余的话》显示了一种语义上的两歧性:既想交代自己是如何一步步地转变成一名共产党员的,也要说明自己是如何不能转变成一名共产党员的。所以,写作的过程本身就成了一种拉锯,一种自我消耗,它不能带来任何被期待的正面效果,成功地说明某种观点。在这个意义上,瞿秋白当然也是失败的。不过,失败归失败,他的行动本身却富有成效地说明,幽暗不是拿来克服的,而是用来直视的。而这就是幽暗意识的实质。

二、历史与怪兽

严格来讲,"幽暗"所勾画的乃是人性的本然,而"黑暗"则是一种当代命名。尤其是在"革命"的语境下,传统、封建、自我均可被指名为"黑暗"。"黑暗"的生产以"光明"的召唤为前提,也因此,"黑暗"的建构过程实际上呈现为一种自我吞噬,其设立就是为了被取消。归根结底,在"黑暗意识"里,历史乃是一种目的论式的存在,它无法摆脱乌托邦的色彩。由此,在夏济安的讨论中"失败"成了关键词。当然,他在好几个层面上使用了这个词汇。对于蒋光慈这也许是一种批评,但对瞿秋白,这个词则多少开始具有反讽性,至于鲁迅,他当然是扼腕的。也就是说,在夏济安看来,其实历史是具有相当理想化成分的一种存在。这一点和张灏相通。他也相信,"幽暗"常在,却不妨碍人们以此为起点,发展一个公共空间,进而促使公民社会或民主政治的降生。换句话说,抛开历史的本然不问,"黑暗"和"幽暗"一样对历史充满追求和憧憬。而前提自然是历史存在良善美好的一面。

可问题是,既然"幽暗"深植于宇宙的终始,而历史又身为人类时间绵延的表征和实践,其又如何能避开恶的侵蚀而独善其身呢?如此,历史是否就是恶最大的化身呢?王德威以为这样的提问,不是空穴来风,也不是故作夸张,而是颇有所本。《孟子》云:"王者之迹熄而诗亡,《诗》亡然后《春秋》作。晋之《乘》,楚之《梼杌》,鲁之《春秋》,一也。"又《湘东纪闻》云:"梼杌之兽,能逆知未来。故人有掩捕,辄逃匿。史以示往来,故名梼杌。"①文献的记录直接将梼杌和历史划等号,以为这两者在鉴往知来、掌控未来方面具有共性。识者当然要指出,这样的理性昭彰,其实暴露的恰恰是历史本身仍有变化莫测的一面。也由是,这鉴往知来的本领或者能力,不过是对戒慎恐惧、无所依持的一种克服和把握。唯有将未来的可能控制在过去的经验之中,人类方能对此刻的行动有所把握,同时也赋予意义。在这个意义上,历史是一种厚古薄今的表现,但是反过来,如果没有今天的需要,过去也就变得毫无意义。易言之,这样的史观其实也是以一种后见之明的方式来加以照亮的。历史在一开始就铺设了它极具张力的两面,它可控可感,却又以兽的形式呈现;它注重过去的经验,却不得不以今天作为动力来建立这种经验的意义。循此,历史本身就是一个充满争斗的场域,它不仅铭刻暴力,甚至就是这种暴力的直接体现。

王德威以所谓的怪兽性(monstrosity)来统筹定义这一现象。在《历史与怪兽》一书中,他指出,20世纪上半叶中国满布天灾人祸,战争、疫病从未停息。穿梭于这种文明叙事,历史的见证者和参与者们,总试图建立起他们自己的"正义"话语,以求化解种种不公与不义,可现实的结果是,"史之正义"和"诗之正义"总有各种出入和错位,正与

---

① 王德威:《历史与怪兽:历史·暴力·叙事》,第9页。

邪的界限暧昧不清,甚至互相指涉、互为利用。在此局面下,作家们越是要去辨明历史之真,意图得到一个明确的答案,其结果往往不是使其变得晦暗不明,就是揭示当中存在曲折多音、无法统合的层面。以"砍头"的症候为例,王德威写道,世纪之初,忧患余生以未曾终章的《邻女语》来传递教化救国的儒家情怀,却也曲笔写来统治者见风使舵利用民之迷信以求生机的狡黠,而这种利用,最后又引来文明内部自我残杀的砍头"胜迹",足以见证那被奉为正朔的儒家典范其实已兀自崩塌,不值一哂。鲁迅另起炉灶,以激进的反传统姿态登上文坛,但是,其对"头"的眷恋,特别是他将幻灯片事件作为自己写作生涯之始的当口,其实正暴露了他对断头和无头的焦虑。正如同他奋笔痛陈砍头看客的麻木,表面上是把自己标示为高高在上的道德和文明主体,而其实也反躬自省地将自己列入看客行列,从而表现出一种吊诡的拉锯和对黑暗的迷恋。沈从文在《黄昏》一类的小说中书写砍头的暴力景观,如同山水描摹质朴天然。一方面这种恬然的笔触对照惨淡的现实可以被视为一种反讽的实践,但另一方面,我们又不得不意识到,沈从文在建立新的意识形态和价值体系方面其实毫无用心,这就造成了一种表述上的悬置,一种非教条化的抒情,它反写了现世的荒诞和苍凉。最后,在舞鹤的小说《余生》中,"砍头"竟演变成了一种原初的少数民族表演仪式,它从原先的解殖和反殖的意义表述链中挣脱出来,既见证了所谓大小历史的对话,也唤醒了记忆和想象的辩证。通过重新定义历史讲述的逻辑和线索,砍头得以重返它的原初构造,并也借此体现它另类的文化建构方式。

  王德威的讨论,揭示了道德性的观察并不敷以支撑这些漫漶于20世纪的文学、历史和生命情结,当作家们尝试去重述或再现历史时,他们必须在所谓的义利和审美之间做出自己的抉择。忧患余生和鲁迅尽管保存了对民族国家必要的敬意和道德意识,特别是忧患余生,仍尝试为沉疴深重的国家开出一剂良方,以求教化发展;但是,他的书写行动本身也暴露这种道德寄望的虚弱性。比如,他所要倚重借助的声音,竟来自隔墙无足轻重的女性。尽管迩来的研究不断揭橥女性在民族国家和社会生活中的重要性,但是,这也丝毫不妨碍其大部分时间仍以低音的形态存在。如此,这些琐碎的女性碎语其实暴露传统儒家方案的无用,或者反过来,指认了故事的讲述本身是无效的,它不克承担历史的重负,回应时代的危机,仅仅只是一种寻求自我宽慰,甚至聊以解闷的日常言说。这种对苦难的消费和诉求,在《祝福》中也曾经出现过。麻木的看客和听众们,无法从这种伤痛中获得教训和启蒙,而只是把它作为自我麻醉、安于现状的参照依据。如果说祥林嫂最后关于灵魂是否存在的提问,直接反映了科学启蒙的完败,那么,作为知识分子的"我"在问题面前的犹豫和退缩,则暴露了启蒙本身可能是无效的,或者更准确地说,"我"并不准备为启蒙担负起应尽的道德责任,即通过正面的开导,进行科学教化,或者侧面的鼓励,赋予其希望。换句话说,在启蒙的事业当中,启蒙者的角色是缺席的,甚至在一定意义上,这个启蒙者实际上占据着被启蒙者的位置,自身即需要一个被说服的过程。这个过程,具体地体现在鲁迅对幻灯片事件的重新规划和构造当中。当他以一种后见之明将自身缝合进启蒙的进程中时,他注意到自己占据着看和被看的双重位置。宛如一部剧中剧,那个处在层层观看中的"我",最后试图通过书写来赋予自身以主体性。而且更为有趣的是,这种书写再一次地帮助形成了一重观看镜像,把这个价值赋予的过程变成一个可以鉴赏的场景暴露在公众的视线之中。这种看与被看的同构性是否隐约暗示了启蒙其实也有随喜的成分。或者说,它直接暴露了意义的建构过程以及其非自然性,即它是在"听将令"的驱使之下,才有意识地将过去国有化和历史化的。也许,这种叠层叙事,显示了鲁迅未必要完全放弃他在启蒙方面的道德义务,但是,也显然说明,他并非一个道德上的完善者,他始终处于一种公众的视线之中,做出游移和摇摆。

  可以说,去道德化的论述,在王德威的研究中,更多地表现为对现代政教意识的去合理化,而且很关键的是,在这个解构的过程里,逐渐澄清文学的写作和实践,应该指向对公共空间的开创,而非践行某种公共事业。这两者的区别在于,公共空间本身并不是一个系统的、连续的存在,尽管它也对社会的福祉有所关怀,但并不准备把它作为最主要的追求。它最主要的任务在于瓦解各种宰制性的文化结构,促使各种声音都有机会呈现自身。王德威在讨论中引用了巴赫金著名的复调(Heteroglossia)理论,但显然,张英进所说的多音性观念在此更为合适。在张英进看来，复调、对话这样的观察太过纠缠于既有的框架模式，并试图对其有所改造或者达成一种有序的关系，而事实上，许多并置的声音既没有相互冲突，也没有构成对话，仅仅以一种无序的状态存在着。不过饶是如此，这种无序本身已经代表了对过去所形成的等级结构或者融洽关系的异议。公共空间从某种严格的意义上来说，本身就是一个松散的、开放的并富有弹性的发声领域，尽管它担负着上下之通的任务，但是，这种取向本身并不能保证所有参与到其中的声音均能被一视同仁，或者相互博弈、论辩，由此，无序是描述它的最好语词之一。至少它不准备将自己统一化或和谐化。在这种意义上，我们明了王德威所提出来的"头的故事""恋爱的履历""自杀的抉择""饥饿的遭遇""幽灵的出没"等内容，并不是说在所谓的20世纪存在一条贯通的叙事线索，形成了各式各样的文化表述史，而仅仅表明这些同类型的事件反复出现，可是它们之间并没有形成一种历史的必然联系，或者提供对话，或者提出异议，或者发展接续，所有这些并置的可能，是基于一种后见之明的发现，而且这个发现本身并不准备将它们体系化，所以，鲁迅、沈从文、舞鹤均不是忧患余生的从人或者继承者，其他作家之间也没有必要形成一种严格意义上的关联。他们处于一种松散的关系场域里，各自提出他们直面历史的选择和判断。

于此，"去道德"乃是在一种后学的意义上发生的：一切坚固的东西都烟消云散了，可是这种松散性本身又形成了一种新的文化伦理。它既"铺陈现代及现代性的洞见及不见，也为下一轮的历史、记忆的建构或拆解，预留（自我）批评的空间"。这种松散的多样性，也令我们想到德勒兹（Gilles Deleuze）和瓜塔里（Félix Guattari）著名的"根茎"（Rhizome）理论。通过援引植物学概念，两位哲学家试图帮助我们理解存在的多样性有可能以横向的、无中心的方式扩展，它拒绝从文化上加诸起源、中心、等级等的认识，对纵根（root）所念兹在兹的"一"以及由一而多的形态进行祛魅。对于张小虹而言，根茎最大的价值或许在于促动一种拓扑意义上的流变（becoming）之力。"相对于传统哲学思考所奠基的'存有'与'认同'，'流变'乃指向纯粹差异化的持续生产与变化动势。"①这种动势(force)乃是以分子化(the molecular)的形态展开的,区别于质量化(the molar),分子化所表征的并非那些已然成形的主体形式(form),而是一种作为快慢动静与强度的关系变化。而且更重要的是,"当'质量体'之'已然'沦为固定的认同形式之时,亦同时是'分子化'之'未然'持续开展流变之刻。"②以王德威的讨论来看,砍头、饥饿、恋爱、革命在一定意义上就是一个分子结构,每当作家们以自身的写作和实践来试图将之结构化或形式化之时,一种流变的势能,或者说解域化的作用就开始发生了。这种流变一方面指向了不同作家之间微妙的拓扑连接,另一方面,则更为关键地指涉了作家在再现历史的当口所遭遇到的种种能与不能,以及由此发展出来的暴力辩证法。

汉娜·阿伦特(Hannah Arendt)以"平庸的恶"(the banality of evil)来总结和归纳这些碌碌无为却包含最大隐患的人群。③ 他们背弃责任和判断,是公众视线里的失德者,但也吊诡地成为现代文明机器中最谨守纪律的道德模范。阿伦特的讨论曾经一石激起千层浪,人们不断介入对恶的争辩,责问阿伦特是否有为暴徒开脱的嫌疑,而其实,和王德威一样,人们从未问一问到底什么是善?善的可能何在?我们已经惯于指摘种种败德恶行,却无法像模像样地指出一种纯粹的善是什么,或者它是否存在。也许,这可以看成是对去道德最重要的补充和对话,为我们持续地深挖历史的可能预留了空间。

第二节 阅读"反面教材"

一、红颜祸水

在一系列接受低评的人物当中,妓女也许是最为突出的一群。简单地回顾一下 20 世纪中国有关阶级、性别和国族彼此纠缠的纷乱境

---

① 张小虹:《阴丹士林蓝:质量体战争与微分子运动》,《中外文学》,2015(2):148。
② 同上。
③ 汉娜·阿伦特:《艾希曼在耶路撒冷:一份关于平庸的恶的报告》,安尼译,南京:译林出版社,2016。

况，我们大致就可以了解这种低评发生的原因，或许不在于其道德水准多么低下，而是这种形象及其道德语码已经变成了一种重要的文明和现代指标，它并不实际代表人们对她们所发出的真实见解和声音。实际的生活中，妓女也是倍受同情的一群，沦落风尘是人们常常援引表达同情的依据。但是，一旦这种私人化的情感被迫转向公共层面，同情的声音立马转换成了严厉的批评和指责。我们尤记得丁玲在小说《我在霞村的时候》里面所发出的重要喟叹：做了女人真倒霉！一个不幸沦为慰安妇的女孩，在特定的机缘下，以身体为筹码，舍生取义，成了一名地下（性）工作者。但是，她的遭遇非但没有为她带来荣光，反而招致各种无以启齿的苦痛和鄙夷。表面上，村民和"贞贞"，"敌军"和"我军"，占据着两类截然不同的道德和政治立场，但其实他们对待女性身体的态度，都只不过是为特定的意识形态和政治利益做背书而已。他们都一致性地将其划定在欲望的范畴之内，视之为客体或载体。村民和两军的看法和定位自无可厚非，倒是贞贞本人的态度，看起来大义凛然，却诡谲地暴露这种无畏实在与破罐子破摔的心理有某种隐秘的关联。换句话说，她对身体的觉悟，总有一点废物利用，或者说，极致的商品剥削和压榨的反讽意味。这样一来，当我们乐观地套用巴赫金的嘉年华理论，以为这种身体的律例（bodily principle）乃是为推翻礼教俗规乃至政治政权所启动的一套文化程序，实在是失之轻佻。与其说，这种反抗是出于一种政治无意识，还不如说它见证了一种资本的无意识，寻求的乃是身体利益的最大化。

在妓女和商品之间建立论述关联，本在情理之中，但是，近代以来这种交换原则并不被看重。很关键的一点在于，人们试图在所谓的名妓传统里面，持续发展出一种可供现代介入的空间。比如，这些代表才艺和胆识的女性，有可能被视为新女性的重要来源。毫不意外，现代性最大的代码本就是基于男性的制造，因此，女性想要折冲出某种回旋的空间，则必然要对传统的男性精英话语做出回应。针对这一现象，女性研究者们所关心的自然是她们有无表述自身的可能，甚至反戈一击，将男性的商品交换逻辑反讽性地予以璧还，以暴露某些问题。

贺萧指出考虑到妓女团体的特殊性，这种让她们发声的想法尽管美好，但实际上困难重重。她们中的多数不识之无，而且被严格地控制在地方和警察系统之内,必须经由他人进行自我表述。尽管情况不容乐观,但贺萧也指出,这并不妨碍我们对其境遇做出史的澄清。与贺萧的思路不同,叶凯蒂则辨析了妓女表述自身的其他可能,或者说替换性方式。在其看来,妓女的历史形象和文化意涵,大可不必严格限定在历史文献或社会档案之中,除了传统的诗文,近代以来所发展起来的一系列文化通道,如出游、照片,参与公共活动,如票选花魁、登报募捐等,均可以成为我们"娱乐性"而非严肃地接近她们的方式。

在《上海·爱》(*Shanghai Love: Courtesans, Intellectuals, and Entertainment Culture, 1850-1910*)这部专著里,叶凯蒂考察了十里洋场中妓女与知识分子交接、互动,以及自我展示的种种文化轨迹和意义,揭示出近代城市空间和娱乐文化的道德弹性。在一系列引人入胜的议题中,人与城或许是叶凯蒂最关切的部分。一方面,妓女本就是城市的产物,另一方面,过去的研究尽管对人地关系有过深入的探析,但是,总的趋势是将性别指标排除在外。比如梅尔清关于清初扬州文化的考察,就落脚在王士禛等明末文士的文化活动之上。此外,张英进、孙绍谊等尽管启用了城市性别化的观察,但是,对他们而言,这种性别乃是一种文化构型。而构型就意味着它将回复到男性作家或知识分子对城市性别化或者性别城市化的塑造环节之中。如此一来,女性在城市中的生存状态,所要直面的并不是基于女性经验或记忆的生命形态,而是男性作家们的性别及文化焦虑。在此,性别被作为一种文化载体呈现出来。而叶凯蒂的研究,既直面了女性被塑造的面向,也积极展示了女性怎样以其多样化的日常管道来发展和介入城市及其形象定位的活动中。在严肃的革命、启蒙等文化和政治干预之外,叶凯蒂尝试揭橥女性的衣食住行所能发挥的生活干预之力。

这方面的研究其实颇有所本。巫仁恕关于明清妇女消费风气的讨论,便是重要的例子。[①] 尽管妇女史的研究在过去的三十四年里蓬勃发展,但是,人们还是很少将其延伸到经济领域。特别是关于明清文化的研究,才女、名妓的文学才华及其对文人的政治"启蒙",更易受到研究者的青睐。《桃花扇》中那个爱国且才色双全的李香君,在某种

---

① 巫仁恕:《奢侈的女人:明清时期江南妇女的消费文化》,北京:商务印书馆,2016。

意义上,便是一个大写的文化原型。文学、政治以及历史被有效地组合在一起,却唯独放逐了经济层面的考察。巫仁恕试图借助彼时流行的消费理论对此做出纠偏。同国外的研究结论相似,巫仁恕也指出,妓女或许是最为重要的女性消费团体。而消费的意义,自然不会单纯地局限在经济领域,对这些社会地位并不突出的女性而言,因其无意识的生活举动而引起社会结构和生活方式的变动,才是她们最引人注目的部分。一方面,通过社会效仿(social emulation),这些文化结构中的下层人员,得以松动既有的文化和阶级界限,提升自己的地位。这方面最突出的例子,就是变装和易装。而其同过去的经验不同,叶凯蒂特别指出,这个过程在清末开始同新式的摄影技术相关联。换句话说,这种变装不仅是一种时尚,更成为一种表演。如果说,变装本身意味着一种修饰,或者说,面对公众时的一种自我保护,那么,表演就是有意图地想吸引而不是回避公众的目光。这样一来,无论有意还是无心,这种行动构成了对既有性别界限的挑战。当然,我们也没有必要就此认为,男性必定在这个进程中受到冲击,以此来回应其在政治生活中被边缘化的现实。事实上,表演本身是出于对传统的知音模式或者说男性情谊的回应,这种男性交往的结构,从根本上排除了女性的参与。这样一来,它有可能还是固化了原有的社会交往方式,持续降解女性的价值。

另一方面,在女性内部,妓女同其他的成员之间也展开了一场微妙的竞争。而且有趣的是,这种竞争并非是以反对,而是以追随的方式进行的。"虽然这种追随不是直接的,"维尔纳·桑巴特(Werner Sombart)写道,但是,妓女及其生活方式,确实在许多方面迫使品行端正的女士为之做出自我调整,"不然她就会从社会生活中完全消失。从这种或多或少公开的争斗中,产生了一些最低限度的文化准则,每一个女士,不管她的社会地位多高,都必须遵守这些规则"。比如,在17—18世纪发挥巨大影响力的社交组织"沙龙""可能就是15世纪那些才华横溢的人士在意大利名妓家中举行的聚会的继续"。[①] 同法国的情况有所不同,近代中国的妓女,显然在制定某种最低限度的文化

---

① 桑巴特:《奢侈与资本主义》,王燕平、侯小河译,上海:上海人民出版社,2000:74。

准则方面,乏善可陈,但是在通常意义上所讲的风月场中,妇女们制作出了一种新的游戏规则,这种规则也仍然是针对男性的,但是,这种规则的表面形态,即由妓女们所建立起来的衣着或化妆形态,则成为一般大众妇女所效仿的对象。叶凯蒂注意到,《红楼梦》成为此一时段内最重要的文—妓交往形态或者说情感结构。"梦"的结构被赋予了现实的空间,通过扮演小说中的男女主角,文人和妓女重新获得了某种青春活力,并藉此弥补了他们在政治和现实中所遭遇到的种种不快。事实上,放大我们的观察视野,可以注意到对"梦"的投入和书写,在晚明一代就已十分盛行。但有趣的是,在这两个时间节点上,人们对"梦"做了完全不同的展示。王汎森指出,晚明"梦忆体"的风行,其基调是追思太平往事、铭刻沧桑悔恨①。但是,晚清一代的梦记,似乎在更大程度上滑向了娱乐和反讽。尽管文人们也追悔感伤,但是,这段青春的罗曼史,因为有了众多的扮演者,而失去了它的文化独特性,变成一种平庸的面具套用。这样一来,他们不是铭刻了某种不能溢于言表的悔恨,而是某种滑稽的重复。滑稽的根源在于文人和名妓较之于他们的先行,实在是差距巨大,而且商的因素逐渐扩大。以《孽海花》为例,末代状元金雯青的种种不堪,完全可以看成是一种信号。即这种梦不是为了凸显恍如隔世的感受,而是为了指认此刻的破败和无以为继,甚至这个梦变成对现实的一种复仇,就好像小说中隐约暗示的,傅彩云即是被金雯青所抛弃的那个自缢名妓的转世。繁华已经散尽,只有苍老的鬼魂在此疲惫地搬演过去。简而言之,"梦"指的不是过去,而是现在,而且梦只是梦,不带有现实的结构。

在胡缨看来,也许正是因为这种不堪的扮演,反而搅动了原本清晰的性别界限,而且更重要的是,推演出了妓女和新女性之间的某种隐秘关联,即在解构和跨越某些文化藩篱方面她们具有近似性。② 叶凯蒂当然也赞同在女神和神女之间建立起实际的论述关联,但是,对她而言,妓女的现代性其实不必为后来的文化意象,如新女性、摩登女郎等来定义,至少这种判断有时代错置的问题。人们带着一种后见之

---

① 王汎森:《晚明清初思想十论》,上海:复旦大学出版社,2004:192。
② 胡缨:《翻译的传说》,第4—8页。

明，重新发明了过去。叶凯蒂主张从更基本的物质层面上去识别妓女的现代性问题。在一系列的观察中，她注意到，女性被作为绘画内容加以呈现时，总是和彼时的公共空间——马路、公园——或者公共设施——路灯——等同时出现。告别了原本的闺阁、庭院、草木，女性的背景变得更加外向化。这种趋势至少显示了，文人在重新加工女性形象时，不得不注意到她们新的可能。不过考虑到这些画报的欣赏者和制作者仍为男性，其实，我们很难判定这种与现代文化空间或意象同步的结构，是否真的显示了女性新的特质，还是男性所持续追加的窥淫内容而出现的结果。换句话说，不是女性自身的现代化督促男性作家们作出了必要的写作调整，而是新的现实刺激着男性试图寻求新的兴（性）奋点。不过如周蕾所说，这种思路太过局限在劳拉·穆尔维（Laura Mulvey）所讲的基于性别分野的视觉快感之中，如果读者是女性，问题又会有怎样的不同？在这一点上，叶凯蒂显然是失察的。学者们已经指出，画报所面向的群体包括了妇女和儿童，这样一来，这些阅读群体在观察女性和现代性并置的图像时，所得到的经验教训是什么，其实很值得探究。到底她们只是放眼看世界，还是被鼓励走出内闺，抑或由此受到冲击，意识到自身被围困在凝视之下，而变得更加道德化？

尽管叶凯蒂在一开始就已经表明，作为受压迫者的女性形象不是不存在，而是出于展示妓女多面性的需要，因而将之搁置。但实际的情况是，这种主动和被动的形象不能被完全割裂开来看待。就好像受到引诱而试图模仿与受到刺激而试图规避很有可能是同步的。许多类似的研究都曾指明这一点，比如戴真兰（Janet Theiss）关于女性自杀的思考，就意识到一方面自杀可能和严苛的贞洁意识有关，但另一方面，有可能是女性所采取的一种具有攻击性的复仇行为。因为法律条文用来界定性侵害是否成立的依据，并不是男性是否具有侵犯意图，而是妇女的反应。① 正是在这种状况下，出现了"烈妇数目上升、社

---

① Janet Theiss. *Disgraceful Matters: The Politics of Chastity in Eighteenth-Century China*. Berkeley & Los Angeles: University of California Press, 2004, pp. 203-208.

会对女性道德能力的评价却下降的畸形发展"[①]。采信这样的思考,我们或可推测,晚清妓女戛戛独造的气质,可能恰恰表明严格的道德管束并没有因为政治的衰败而弱化[②],相反,妓女的方方面面都被置于时代的聚光灯下加以透视,这有可能使原本艺术化的妓女和恩客关系变得紧张,或者说,虚幻化。正如"梦"的表面意涵所指涉的那样,它似幻非真,仿若薄纱轻笼,而这薄纱背后可能正是一波一波污秽的黑幕。

二、贰臣贼子

如果说针对妓女的道德批判主要来源于家庭伦理,那么,对所谓贰臣的指摘,则更多地转向国家领域。尽管研究已经指出,民族国家的观念实际上是一个19世纪西方的文化产物,未必和中国的情况完全贴合,但是,这并没有实际性地影响人们将王朝和民族国家观念画上等号的认知习惯。如此一来,我们注意到历史上被视为爱国主义的英雄,很可能恰恰是一个近代意义上狭隘的民族主义者,或者说一个以汉为本位的文化霸权代言人。著名的抗金名将岳飞,历来被作为爱国者的形象塑造和记忆,他充满历史暴力的豪迈嘶吼——"壮志饥餐胡虏肉"更是被反复诵读为一种民族气节,但是,就今天多民族的国家立场来重审历史,岳飞当然就吊诡地变成了一个民族主义者。文明体系内的华夷之辨和不同政权的争斗,有必要历史化地加以解读,以免犯了倒写历史的错误。在此,历史化不仅是指通过各种材料对所谓的现实当场有着细致的重构,也是指需要有一个长时段、多方位的观察意识和立场。这种立场可以超越局部思考所带来的限制,比如王朝观念在一个更长时段上,可以被文明或文化的脉络所替代,这样一来,所谓贰臣、变节这类的观念,可以不完全依靠一种形式上的变化来判别,而是牵扯到道德体系内部更繁复的文明论辩。

此外,在进入20世纪以后,全球化的趋势开始促生所谓的普世主义。这种观念同样认定,许多处理现实生活的道德准则,有可能和经

[①] 费丝言:《丑事:盛清的贞洁政治》,《近代中国妇女史研究》,2006(14):260。
[②] 参阅安克强(Christian Henriot):《上海妓女:19—20世纪中国的卖淫与性》,袁燮铭译,上海:上海古籍出版社,2004,第11章。

济潮流一样,不断地超越阶级、人种,甚至民族国家的界限,而有一种总体性的共识。王斑早就指出,这种普世主义其实是在历史和资本之间做了粗暴的换算,把一种西方认识论强行应用到世界范围之内,因此问题重重。但是,无可否认的是,这个进程不断显示了民族、国家的现代结构,有可能在未来的世界格局中不断被降解,而人道、人性等观念有可能浮现为我们观察事物和事件的新视角。这个判断,回应了夏志清关于现代中国乃受困于感时忧国情结的基本认识。在他的判断中,现代文学由于过重的民族国家负担,而把精力局限在了一种区域意识之中,从而缺乏了对普遍问题的省思。尽管这个观察不乏洞见,但是,其显然的疏忽是,以断代的方式来定位和讨论现代中国文学。或者更简洁地说,夏志清实际上重蹈了他所批评的那种局部主义思路。

感时忧国情结的发生,事实上是近代中国思想和现实在历经了一系列转变后的结果,而不是一个独立的现象或特征。罗志田指出:"在天下时代,读书人以道自任,对庙堂和江湖大体都有超越的一面。这样的超越延续到讲究民族国家的时代,就大不一样了。在全球竞争的时代,个人的言说在某种程度上都成为民族论述的一部分,理论上不允许任何人再维持超越地位。"[①]罗志田把这个过程,称为"化外",即它是在传统之外,也是在与西方相遇之后,发展起来的一种近代化现象。在这个过程中,传统尽管仍持续发力,但是,知识分子已经倾向于把它当做一种反面教材来看待,认为需要彻底推翻,或者还有一种情况就是,将之客体化,把它处理成一系列材料、现象,认为今人可以不掺杂任何私人的情感对之展开客观研究。因为不存在所谓文化认同的问题,所以,它有可能从过去超越出来。但事实上,这种超越处理起来很困难,清末的知识分子都是从这个传统中出来的,没有办法对它视而不见,也因此,有了夏济安讲的"黑暗的闸门":传统不死,且如影随形,魂兮归来。

所以,归结起来讲,夏志清的评述存在"极"或者说"度"的问题。一方面,他从比较细部的文学观察出发,指出国家论述的无所不在,却

[①] 罗志田、赵妍杰:《在世界历史中研究近代中国》,《读书》,2017(2)。

忽略了这种现实本身其来有自,这是他过细的一极;而另一方面,作为一种替换性的方案,他主张以人性、人道、普遍伦理来做目标,这基本上又把中国当时的历史和社会现实忽略掉,不仅是以一种美学的框架来"超越"文学的实际指涉,更是用过分"前卫"的普世框架来要求中国文学西方化,这是他过大的一极。简而言之,在夏志清的论述里面缺少一个"中层结构"来调和这种过细和过大的观察思路。在此,我们想到的当然是杨念群所倡导的历史研究的"中层理论"。这个理论本身是从社会学领域里面生发出来。它的对象是那些"范围有限的社会现象",在方法论的定位上,是"介于社会系统的一般理论和对细节的详尽描述之间"。这种居间性,既是为了"有目的地针对宏大叙事中刻意建构起来的若干政治命题和价值预设发起挑战",也是为了提防"过度琐细的描写甚至有可能使读者沉溺流连于局部的场景而忘却了历史展开的复杂逻辑"。换句话说,"中层"强调以更灵活也更具沟通性的范畴处理问题,在碎片和体系之间找到立足点。不过,"中层理论"的最大问题是"范围的不确定性"。比如,"文化的权力网络"和"乡绅社会"均属中层概念,作用都在平衡国家和乡村社会的权力关系。但前者也同时指认了乡绅之外的管理力量,强调了各种宗派、集团之间的复杂作用和重叠关系。①

在文学研究领域,大约我们可以引介女性主义来理解"中层"的含义。如学者指出的,一方面,女性主义并不是一个大一统的运动,女性情谊不应该抹杀立体多元的在地化差异;但是另一方面,在防堵"女性"及其问题走向整一化的同时,也需要同时强调,"妇女问题"不只是关注妇女个人权利的"妇女的问题",同时,也可以由此触及国家和全球发展的问题。换句话说,女性主义伸缩有度,将其能量限定在局部性的个人权利之上,表面是充分予以了自主性,但究其实质,和主流社会那种将妇女、性别问题边缘化的一贯做法其实无异。②

正是在调和大小的中层视野中,苏文瑜(Susan Daruvala)关于周

---

① 详细的论述参阅杨念群:《中层理论:东西方思想会通下的中国史研究》,南昌:江西教育出版社,2001。
② 相关讨论见闵冬潮:《从全球女性主义到跨国女性主义:兼论跨国女性主义的知识生产》,《妇女研究论丛》,2005(5)。

作人的研究别有可观。学者们已经敏锐地指出,这部关于周作人的著作——《周作人:中国现代性的另类选择》(*Zhou Zuoren and An Alternative Chinese Response to Modernity*),实际上承袭了之前国内外研究已经形成的一种批评共识,即从道德观念的指责中超离出来,建立一种文学批评伦理。它绕道民族国家的思路以外,尝试建立一种基于美学和文明现代性的观察可能,这种做法无疑和杜赞奇推行的"从民族国家中拯救历史"的理念相合辙,也因此王大可赞之以"从民族国家中拯救文学"。不过,严格追究起来,杜赞奇的讨论,实际上寻求的是一种替换性的方案,即苏著中说的"另类"。这也就是说,民族国家在这里至少要被处理成不在场的存在。而苏文瑜的讨论,仍然要强调她所举出的"地方""趣味""本色"等最终都要回复(response)到对现代性的思考上来。而20世纪中国最大的现代性,恐怕是没有办法离开民族国家的框架的。即使到今天,全球的文化实践和政治秩序,不断地强调跨国、跨地,但是前提还是陷在民族国家这个唯一的现代政治框架里面。史书美、黄运特等学者提出了所谓的"环太平洋"视角,主张反离散的华语语系观察,但是,归根结蒂后殖民毕竟是殖民的后续结果,而反离散也是以指涉民族国家的失效——或者准确地说——持续有效作为起点。即华语语系是要逃开中国这个巨大而恒久的国家框架,在它之外,寻求一种语言的乌托邦来做抗衡。而反对又恰好悖论性地说明:民族国家在持续发力和存在。与华语语系不同,国内学人如孙歌、汪晖等则主张从东亚或亚洲等概念入手,表面上,这种思路是要把区域意识突显出来消解民族国家的框架,但实际上,东亚或亚洲所要消解的其实是西方这个永恒的他者。探讨东亚和亚洲,乃是为了给中国或者其他的民族国家如日本、韩国等提供异于西方的参考体系,意图解决和澄清的也是国家现代化的问题。如此一来,我们可以说,民族国家至少在目前的政治文化格局中仍有其重要性,无论是出于批评、反对还是回避,它们都将之假定为一种既成的叙事模式,无从摆脱。

所以,依照这样的理解,我们可以说,苏文瑜的另类回应论,其实未必是要避开民族国家这个架构来谈论现代性,而是将这种另类建构成了一个中层概念,即通过它在政治和文学、国家和个人、历史和现实之间展开一种转圜的运动,敦促各方以对话协商的方式完成更为复杂的交接。正如她在中译本的序言中所明确指出的,"周作人的另类回应针对的是被民族国家——它建立于现代全球化阶段——所宰制的现代性",即所谓的"次级现代性"。这个现代性对应的是"初级全球化"阶段的"一级现代性"。从理论的设计上来看,苏文瑜以为"一级现代性"代表的乃是布罗代尔(Fernand Braudel)式的长时段观察模式:一组普遍存在于世界各地的经济转变进程。尽管这组进程中的某些元素起源于西方,但是,这丝毫不妨碍它成为一种普世的系统论。而同这种系统化的定位不同,"次级现代性"则因为卷入了殖民和帝国的进程,而表现为一种西方的在地化模式。这种模式所导生的一个直接后果正是在现代和传统之间建立起了断裂关系。过去的即被指认为旧的、不合时宜的。而民族国家的模式,则指证了传统政治体系的失效。换句话说,次级现代性乃是以一种侵入的方式,宣告了时间的终结,或者说进化。在这个层面上,回应现代性,理应被理解为对侵入的抗衡。但是,对抗的方式不必以二元的方式来处理,相反,它有可能把这种危机处理成一种对内转而非外转的肯定。用苏文瑜的话来讲,这个进程是要去探索"内在于某一文本或一套实践中的分裂与张力展示出之前已然或尚未被发掘与讨论的历史特征与可能"。① 周作人从晚明找到了解释现代文学的历史资源,也同时在地方、趣味、本色等原生概念中看出了现代性的另一面。用王德威的话来讲,这乃是一种文学式的"回转"(involution),即通过后退的动作,延伸、蜷曲,内耗于自身,但是后退不是反动,不是回到原点,只是它不以革命式的乐观矢线为轨迹和追求,而是展示一种迂回缠绕。② 一方面,回到过去和转向自我,恰恰是被民族国家所代表的现代性所激活的。本色、趣味,这些曾经日用而无知的存在,因为处理危机的需要,而被重新聚焦。但是另一方面,民族国家的大纛也毫无疑问地压抑了这种诉求,使它停留在民间的层面上。所以,"回转"在人类学的初始意义上,乃是一种尾大不掉、无以为继。它不是以改善、提高,而是以重复或扩大去处理过去

---

① 苏文瑜:《周作人:中国现代性的另类选择》,康凌译,上海:复旦大学出版社,2013:22。

② 王德威:《被压抑的现代性》,第37—38页。

以及各种关系。这种应付或许能够达至一种暂时的成功,却很难把现实提升到一个新的层次。就好像地方、趣味,有助于我们凝眸过去,在乱世中重建一种文明的诉求,并以此来获得片刻的安宁,却决不能终止战争、暴行的持续发生,也因此,"回转"作为一种内源性的发展线索,本身是相当艰难和晦暗不明的。周作人最后的落水,在很大程度上,可以看成是这种晦暗的表现,即趣味、本色如果没有政治的加持,在如此残酷的现实中,其实很难有立足之地。

这样一来,我们注意到"回转"这个观念,其实对"冲击—回应"的模式也有了明确的应对。"冲击—回应"主要用来强调外力论,不仅忽略了内因性的动力问题,而且更是对连字符得以发生或者是否发生缺少足够的考量。换句话说,如果只有冲击没有回应,或者回应的方式不是直面冲击,而是回转到内源性的线索,那么,这种所谓的冲击论,从一开始就不会奏效。在这种认识中,冲击不是条件,而是背景。所谓条件,就是所有的解释最终都要回溯到某个原点上来,而背景则允许更宽泛的解释框架和范畴出现。比如周作人从文明的视角审视了中日关系。这个观察,无疑回避或者说超越了以民族国家为基本框架的现代性冲击。但是宽泛有时候也意味着离题,甚至背德。因为它不能集中处理或者说干脆脱离现实,再加上"文明""趣味""本色"都带有相当模糊的边界和内涵,所以,很难为一般人所把握。王汎森曾经特别指出类似于"主义"这样抽象的西方概念能在中国落实风行,和一代知识分子不断将之具象化是有很大关系的。这样看来,周作人的问题恰恰在于他没有处理好这些中层观念的沟通问题。他注重在审美的范畴里来阐明它们,却疏于澄清它和国家的关系,以及向普通阶层落实的向下过程。在此,中层变成了断层。而在这一点上,他的同行沈从文,显然比他更加意识清醒,在经历了艰难的抉择之后,沈从文终于把抒情下放或者说落实进了一个考古的通道当中,从物的历史中持续生发出一种对文明的理解,来规避民族国家的限制,但同时又微妙地变成民族国家的一部分。

第三节　正视"逸乐价值"

一、兜售快乐

晚明以来,商业的繁荣和国祚的变动,在文化上引起了一系列的反应,最突出的一面,或是以奢侈、逸乐为尚的日常生活经营。这些活动,在促进社会的流动及维持既有的秩序方面发挥了重要作用,在展示个体生命的丰富性和立体性方面也颇有示范意义。李孝悌以为,在我们既往的认知和塑造里,文人士夫每每以冰冷严肃的面目示人,"缺少了城市、园林、山水,缺少了狂乱的宗教想象和诗酒流连"[①]。而事实是,其人在追逐欢愉,乃至多样化的生活方面颇有可观。他们不仅通过逸乐来安顿生命,同时也建构现实的意义。这种对士大夫文化的重新观察,不仅有所谓的查漏补缺之效,而且更是挑战了一般道德定义中有关吃苦和磨砺的定见,对玉汝于成之类的人生塑造有了疏离。

论者们早已经指出,中国文化的结构中深蕴一种对"吃"的生理性痴迷,举凡人间世事,无一不能与之形成关联,"吃苦""吃亏"以迄"吃人"。这种文化上的口腔期经验,在20世纪鲁迅等人的渲染下更是走向极致,进入到对人性的省思和国民性的解读。当然,中国文化一方面虽在持续深化有关"吃"的痛苦经验,但另一方面,也不断展示出"吃"因对口腹之欲的满足而引出的逸乐体验,从袁枚的《随园食谱》到周作人的乡间野味,再迄陆文夫的美食史,乃至当下层出不穷的壮阳补剂,无不证诸快乐的记忆其实总是作为涕泪交零的另面相伴而生,并且有更深入肌体发肤的切实感。如同"五四"的革命喧声之外,通俗文艺满足于日常消闲的文字也总是如影随形,甚至更胜一筹:它在招徕读者和慰藉苦痛方面,每每令新文学望尘莫及。

从文艺理论的角度来看,这种白日宣淫的做法,无疑有狂欢放纵的意味。通过对欲望和肉体的正面肯定与赞美,瓦解了官方话语一家独大的局面,并从中释放出各种各样被压抑的丑怪(grotesque)现象。

[①] 李孝悌:《士大夫的逸乐:王士禛在扬州》,《恋恋红尘》,第128页。

不过,狂欢的个性或许在于它不拘泥于一的反抗精神,以及将自身作为异数和异类的定位。但是,晚明以来的狎邪、游冶风气,固然商业气息浓厚,却绝不是标准之外的"另类",其作为成就,有时非但不是瓦解纲常,反而是强化这种伦理的结构。换句话说,这种情理的二元抗辩,其实未必处处奏效。更甚者还在于,这些被目为丑怪的行止和演出,竟未必如它表面所宣扬的那般疏狂和自以为是,恰恰相反,时不时地泄露出一种荒凉的意味。在大吃大喝和大笑大闹之中与之外,隐隐地暗示危机四伏和积重难返。王德威曾经以清末盛极一时的谴责小说为例,指出这些冗余扭曲的针砭文字,不仅指证了社会价值的摇摇欲坠,同时也暴露了小说作为一种叙事、谴责作为一种文类,其自身也已经受到了全面的威胁,本就处在破败之中。但吊诡的是,或许正是借助这样凋敝的模式才能真正隐射和涵盖同样破败的现实本身。如此一来,废墟式的文化经验及由此而生的荒凉意识,不能不作为狂欢更重要的一面被接受下来。更何况,识者们也早已忧心,一旦狂欢落幕,一切秩序仍将还诸正轨,所谓的反抗到底不过是昙花一现,也因此狂欢从本质上就包含一种悲剧性的意识,展示的是波德莱尔所谓的现代性的"转瞬即逝"的一面。

借着这样的思路来重新梳理海外世界对所谓的通俗文艺的研究,其实应该有新的斩获和看法。林培瑞的《鸳鸯蝴蝶派》(*Mandarin Ducks and Butterflies: Popular Fiction in Early Twentieth-Century Chinese Cities*)研究,作为这方面最早的成果,颇可作为一个侧面来说明问题。在其人的判断中,所谓的鸳鸯蝴蝶派文学,品相不高,大约只达到柳存仁所定义的中阶水准(middle-brow)。它浓厚的商业特性,受惠于现代都会的发展,所服务的对象,既囊括知识精英、青年学子,也有新兴的中产阶级文化新贵以及小资产阶级。这种对读者群体的规划思路,林培瑞指出,其实是从梁启超的新民路线承袭而来。表面上,小说的功能由启蒙转向娱乐,由号召、动员转为慰藉、安抚,但实际上,由文字所形成的乌托邦镜像,仍以新的、现代的为旨归,与一般不识之无的贩夫走卒、贫苦百姓拉开距离。易言之,这种市民文学,并不真正通俗于民,它既在底层启蒙方面无甚作为,也不欲和雅文学分庭抗礼。而仅仅是将启蒙、革命的诉求向生活层面落实,对所谓的现代性有了一个形而下的、物质性的展示。这种物质性,一方面可以是指作品中所不断复现的现代器物和日常化的情感诉求,另一方面也是指现代传媒对所谓的文学写作的介入,乃至于使传统意义上的创作,不得不有了一种社会化的生产程序。尽管这两方面的内容,在新文学中未必完全销声匿迹,比如五四作家的婚恋故事并不在少数,其运动化而非文学化的出场形态,也常常见证创作向生产转化的内容。但是,在程度和范围之上,通俗文学显然更为彻底,并把他们变得更生活化。

  以鲁迅著名的《伤逝》来看,尽管其重心也是青年恋爱,但显然这种恋爱已经被置于社会结构之中,所探讨的内容也远不止于转型期的情感伦理问题。与此相对,徐枕亚的《玉梨魂》虽有志于探讨情感伦理的禁忌,关注寡妇恋爱,但是其情节的展开仍受困于内闱,是一个传统的后花园中的故事。尽管小说的最后笔锋直转,男主人热血赴义,赴武昌革命。但是,这种革命式的做法恰恰回避了感情结构调整和变革的问题,反而成了一种逃避主义。换句话说,鲁迅的小说以小见大,可以视为一个社会化的寓言,而徐枕亚则试图以大我覆盖小我,从抒情直接断裂为史诗。在这个意义上,我们似乎可以推论,通俗文学在促成革命性的判断方面其实相当优柔。也许也正因为如此,林培瑞把它们看成是一种出于抚慰性需要的作品,即其只提供那些安全距离的试验和表述,而回避那种断然式的情绪和技法。

  这种维持安全的行为,因为包含了小范围和小程度的尝试,因此不能被完全视为保守。比如徐枕亚在以四六骈体行文之际,也积极地触碰了自由恋爱的问题。林培瑞指出,这种对安全性的诉求,最大的表现就是所谓的流行题材,如盛行在1920年代的社会、爱情小说,以及其后的侦探、武侠小说。流行意味着被广泛接受,也意味着某种叙事模式的奏效。出于商业的考量,流行应该被加以反复利用。而与此同时,从接受美学的角度来讲,读者之所以会被这些千篇一律的故事所吸引,恰恰是因为故事及其叙事模式提供了一个安全的距离来鉴赏而非直接参与多样而起伏的情节,乃至社会生活。这种观念暗示了表面的变化其实只是虚设,从根底上来判断,稳定才是通俗文学的核心要素。为此,林培瑞从这种流行模式当中总结出了部分通行的叙事元素和情节结构,以之表明读者安全感获得的来源。这种做法可以溯源到结构主义人类学家普罗普(Vladimir Propp)的民间故事研究。在其看来,民间童话乃是以共时的状态存在的,因此,历时的、变化的元素常常只是"幻觉"而已。当然,杰姆逊也指出,这个共识系统必须能够产生不可预料性,并对之加以解释,否则,它只能是对过去乏味地重复甚至抄袭。如此一来,杰姆逊写道:"我们就有一个很奇怪的平衡,我们已知的事物和这些事物用来制造惊奇感觉的方法之间的平衡。"①

当然,当通俗作家们以所谓的"已知"来建立某种稳定的构造时,其实也暴露了这些"已知"本身正处于岌岌可危之中。为此,它必须通过反复的强化和重复来达到稳定。换句话说,旧的"已知"在崩坏,需要不断的加固;而新的"已知"则为确立其合法性,需要不断自我强化。也许,这种重复性可以看成是转型时期文化的一个重要表征。重复一方面可以解读成拉锯,即所谓的新旧观念都在通过不断地复述自身来抵抗其消失的命运,并和其他的事物和观念竞衡;另一方面,重复也是一种建设,它标示着观念有意将自身融进新的体系之中,并在其中占据一个位置。但无论如何,重复一定不是一锤定音式的。通过反复的修正,不间断地引入新的"惊奇感觉",重复一直以一种调试的姿态出现。如果在此观察上稍作引申,我们或许可以说,通俗文学事实上有意区分现实和再现之间的距离,并通过调试,找到某个恰当、安全的位置来进行书写。而与此不同,新文学的作家,则强烈呼吁无视或者直接宣称现实与再现之间没有距离。也因此文学就是投枪和匕首,是直接介入现实的利器,乃至现实本身,而不是通俗文学的青纱帐。在此,重复就极有可能意味着贬值和失效。比如当祥林嫂以通俗文学式的讲解一遍遍地复述其故事之时,听众就进入到了一个麻木的进程之中,最后甚至把它变成了对麻木的维护和培植。通过同情和流泪,使自己变成一个悲剧的鉴赏者,"超然"于外,毫无反思。

或许正是基于这种特定的差异,通俗文学从来都没能够被正视,即使是林培瑞具有开创性的讨论,也持续地维持着对文学之用的拷问。他从社会学和历史学的角度重新正视了一个被历史遗弃的流派,

---

① 杰姆逊:《后现代主义与文化理论:弗·杰姆逊教授讲演录》,唐小兵译,西安:陕西师范大学出版社,1987:92。

但也更进一步地加强了它在文学价值上不值一哂的观念。尽管最近的许多研究有意提升通俗文学的现代性,但是一个不容回避的趋势是,研究者倾向于将这些研究的对象从通俗文学的整体框架中抽离出来,把它独立化。这种做法虽然无可厚非,尤其是在打破人为的雅俗构造和寻求平等化的观察视角方面起到了重要作用,但显然忽视了这些作品的形成和上述所言及的共时特征间存在的无可回避的关联。如此一来,这种所谓的现代性考察虽不是脱历史的,也至少是脱现象的,它没能处理这些作品的共性问题,以及共性所反映的历史境遇。在这个意义上,我们注意到贺麦晓(Michel Hockx)所启用的一套文学社会学的思路,他将风格或者说文体(style)作为一个核心要素提炼出来。他引述耿德华的观点说:"文体的选择反映了一整套体制、个人趣味和社会理想"①,而为了能够分析文体所表征的这种体制性和社会性,他倡导所谓的"平行阅读"(horizontal reading)。以杂志研究为例,这种阅读模态就是要强调同一期杂志上发表的各文本间的空间关系②。这些不同文章的作者在一定意义上,成了一个集体作家,他们共同创作了一个复合的文学文本。引申这样的观察,我们可以说,即使通俗文学这个观念在今天可能失效了,但是,这并不意味着文本间的互文关系也同时终结了,而且文学研究真正的意图并不完全在于寻求某种独特性,而应该注意到这种独特性事实上是在普遍关系的基础上完成的。

在此,酒井直树有关普遍主义和特殊主义的观点值得我们正视。通过辩证性地思考这组关系,以及援引竹内好关于抵抗的思索,酒井指出:反抗西方这个普遍同一的他者,方式并不是要将自我固化成另一个特殊或者普遍的存在。他所寻求的"个性化的、抒发性的叛逆和捣乱"是指:"既拒绝成为奴隶,也拒绝成为奴隶主","否定自己是自己,同时又否定自己是自己以外的任何东西"。简而言之,他抵抗的乃是一种人为的建构以及其所代表的现代秩序。就通俗文学的研究取向来看,这个思考警惕了将通俗兑换成新乃至现代的可能,它鼓励我

---

① 贺麦晓:《文体问题:现代中国的文学社团和文学杂志(1911—1937)》,陈太胜译,北京:北京大学出版社,2016:15。
② 同上书,第115页。

们回避雅俗、新旧等根深蒂固的结构观念,同时倡导无须把新文学作为一个持续隐含的他者来做比对,自我施压。酒井坦言其对反抗的定义,乃是来自德里达的 play:一种极具后现代意味的玩世不恭。它拒绝接受任何固态化的东西或者既定的逻辑,而完全采用一种任意自为的姿态,并宣称:"其实地上本没有路,走的人多了,也便成了路。"①

问题是,这种自在自为的解构思路如果完全超脱传统和现实的地面,其可能达到的效果不是过于超前就是缺少针对性。走的人有了,却未必成得了路,在某种意义上,解构的效果也在于重复,即"走的人多"。也因此,普遍和特殊会存在不能终止的纠缠。

二、滑稽突梯

20 世纪中国所历经的种种苦难,不仅是作家们所积极捕捉和再现的对象,也同时被转化为一种举足轻重的叙事模式,铭刻着一个时代的情感结构。夏志清和刘绍铭诸位关于焦虑和创伤的论述,一再暗示唯有痛苦和受难方是现代中国首要的功课和基本伦理,甚至如石静远所言,是一个民族国家得以凝聚降生的内部动力。自古以来,悲伤就是文人最为热衷的主题之一。通过对韶华流逝的慨叹,来指涉一种更大范围的悲剧意识,它或者牵涉历史,或者回应社会。尽管欢愉时常被引来作为苦痛的源头,但是,欢愉本身却不足以成为一种重要的情感力量,引导我们对历史和社会做纵深的探索。唯有欢愉的逝去和不可复得,才能将问题复杂化和精细化。张岱于流亡中所撰写的系列散文,将这种从本质上和逝去相连的欢乐比喻成一个虚无缥缈的"梦":"繁华靡丽,过眼皆空。"欢乐最终要回到愁苦的层面上方能成其大。论者或要指出,这种于历史永恒的变动之中见证失去而心生怅惘的情感流程,本不外乎人之常情,因而并不足训。然而借用后学的理路来看,这种自然而然恐怕也有深值反省的方面。如果说知识是长期历史化的结果,那么,情感同样可以是一种文化训练,或至少与此时此刻的意识形态互有瓜葛。孙丽莹曾举风靡 1930 年代的《玲珑》杂志为例,

---

① 详尽的阐述参阅江湄:《"和而不同"的世界如何可能?——评酒井直树〈现代性与其批判:普遍主义与特殊主义的问题〉》,《首都师范大学学报》,2004 年增刊。

指出其所在多有的裸体摄影,虽有可能引发种种绮丽的性幻想,但编辑们却通过"制定"某些具有导向性的配图文字,规训或者说净化了阅读的走向。而且更为有趣的是,这种导向常与"痛苦"之类的表述相连。孙丽莹写道:"用'痛苦'这样的词汇试图从文字上消解裸体与愉悦之间的联想,引导观者'升华'情感、克制情欲,使图像免于情色化。虽然读者的'抗拒性阅读'仍可抛开教化性的文字对图像进行任意解读,但文字显示了编者将图像纳入杂志风格的文化实践。"[1]而且值得进一步指出的是,这种文化实践在很大程度上有可能是出于对当时的审查制度的回应。

尽管1930年代的政治审查相对宽松且易于回避[2],特别是对杂志编辑和发行者来说,情况尤为如此;但是,由于审查的范畴本身过于宽泛,文人知识分子最终没能避开来自文学场域内部的自我审查。这种审查的核心是"写实/现实主义"。虽然现实主义早已是西方"过时"的文艺流派,但是在1910年代传入中国以来,却激起了知识分子的巨大回响。这很可能是和传统的载道传统及当时的社会改革动因有着密切关联。[3] 尽管安敏成以所谓的"现实主义的限制"(the limits of realism)来指涉作为写作风格的写实,在拳拳服膺其社会义务的同时仍要面对内部的美学诉求,因而不得不有种种掣肘的表现;不过,跳出文类自身的写作实践,我们大可把它重新解读成:作为一种文艺风格,它也同时限制了包含自身在内的其他文艺风格的实践。这种限制不仅规范了一时的写作风气和主流,同时也重新书写了历史。被压抑的晚清文学,恰是这种历史改写的重要表现。

而至于对当时文艺的影响,王德威曾以老舍的写作为例指出:在20世纪,其人虽有心要发掘笑闹的力量,借汲取各类传统中的丑戏(buffoonery)和滑稽(burlesque)的样式来发展闹剧(farce),但何其不幸,由此笑闹所引出的冒渎和挖苦,除去揶揄既定的成规和预设的价

---

[1] 孙丽莹:《高尚娱乐?——〈玲珑〉中的裸体图像、视觉再现与编辑决策》,王政、吕新雨编著:《性别与视觉:百年中国影像研究》,上海:复旦大学出版社,2016:61。
[2] 贺麦晓:《文体问题:现代中国的文学社团和文学杂志(1911—1937)》,第240页。
[3] Bonnie S. McDougall. *The Introduction of Western Literary Theories into Modern China*, *1919-1925*. Tokyo: Centre for East Asian Cultural Studies, 1971, Chapter 4.

值,也必须同时转向对社会腐败和人民疾苦的哀矜观照,否则,极有可能被粗暴地混同于清末的谴责甚至黑幕小说。《骆驼祥子》的成功,显示了这种"非彻底性喜剧"的价值在于对写实所抱有的敬意和遵从。从积极的一面来说,其或许对约定俗成的"写实/现实"主义有了颉颃、对话的冲动①;但从消极的一面来说,这或许暴露了闹剧对自身存在的强烈焦虑感和怀疑感,它担心"笑"并不敷以成为一种纯正的力量来暴露人间的荒谬,介入实际的人生。

冒渎之下的游移,标示着一种重要的心理现实和社会现实。正如研究者在讨论中指明的,即使是十分强调严肃的五四新文学,本身也是一种"双头政治"②:绅士鬼后面躲着一个流氓鬼。如此一来,我们就有必要把笑和哭的二元结构解散。一方面,笑和哭在权势上并不均衡,本身无法构成一种对峙结构;另一方面,哭和笑时时混生,悲喜交织,也无法被清楚地隔离出来。在此意义上,我们不妨启用"游移的边缘性"来定义"笑"及其作为。这个观念来源于李欧梵在 1990 年代提出的"游走的中国性"。在其看来,所谓"中国性"并不为某个特定的政权或信念背书,灵根所植,凡我所在,俱有可能见证这种"中国性"的显现与实践。而且特别重要的是,既然此"中国性"不画地为牢,则必然以游动的姿态面向世界,寻求对话关系,因而产生一种离心的、机动的特性。③ 而回归"笑"的议题,其对现实混乱(chaos)的恋栈,以及在功能上对悲剧式净化的回避,足以显现其对单一性目标的无视。尤其是在 20 世纪这一巨大的悲伤语境中,这笑声也势必要与哭和苦连成种种对话的关系,才能显示问题的复杂性。这种将痛苦和欢欣并置的方式,在白睿文(Michael Berry)看来是更加令人不安的。他注意到吴趼人的名篇《痛史》虽着力深挖种种涕泪故事,却总也不能回避来自欢乐的搅扰,他称之为"可怕的快感"(horrific pleasure):一种借窥探个人痛苦和国家创伤来获得乐趣的行为。以后,鲁迅关于行刑和围观的论

---

① 详细的论述参考王德威:《写实主义小说的虚构》,第 20 页。
② 袁一丹:《"吴老爹之道统":新文学家的游戏笔墨及思想资源》,《中国现代文学研究丛刊》,2017(2):26。
③ 王德威:《华语语系的人文视野与新加坡经验:十个关键词》,《华文文学》,2014(3):8。

述,正是这种恐怖快感最鲜明的例证,他使用了"鉴赏盛举"的说法,而杨宪益和戴乃迭夫妇更是机巧地将之为 enjoy the spectacle。①

尽管这个短语的重心在于 enjoy,可是,整个 20 世纪人们更热衷于谈论 the spectacle。即使是在鲁迅笔下,行刑的风景也更多地代表自我折磨和痛苦的社会反思,从《呐喊·自序》到《阿 Q 正传》《药》以及《铸剑》等小说,砍头所代表的景观意义,丝毫不能引起苦痛之外的任何情感,更遑论讪笑。纵然沈从文在他的砍头风景如《黄昏》中纳入了一种意义悬置的可能,隔断了砍头和民族寓言之间的连字符,但是,故事的可喷可怪,或言平淡近真,也仍引不出一丝笑意。或许正是为了追踪这种被论述消弭的笑声,同时也反思苦难是不是唯一能达成净化,或者有可能达成净化的通道,以及在哭与笑之间那千丝万缕的对话关系,雷勤风(Christopher Rea)特别勾画了一段起伏于清末至 1930 年代的"(新)笑史"(*The Age of Irreverence: A New History of Laughter in China*)。在其看来,"笑"不仅其来有自,从《史记》到《笑林广记》,种种关于"笑"的记述,表明其根脉深植,颇有所本,而且各类琳琅满目的双关语、俏皮话和笑话,更是见证了"笑"的理念深入社会的方方面面,影响力不容小觑。且更为重要的是,20 世纪虽奉痛苦为正宗,可类似于鲁迅的《祝福》和莫言的诉苦回忆,对此"道统论述"的坚守,非但没有引起情感上的脱胎换骨,反而引出种种滑稽荒唐的后果,催生了一种闹剧式的反讽。甚至识者还可以就事论事,点破其实所谓的苦难可以是一种表演,从程序、手段乃至表情俱可以有章可循。换而言之,因为苦难如此深植人心,以至于它成为一种政治无意识,久而久之更是对何为苦难本身视而不见,而只有苦难的范畴和观念而已。在这个意义上,谈论笑,其实等于重启了认识苦难的议程,让它有了再次陌生化的可能。

雷勤风以笑话(jokes)、游戏(play)、诟骂(mockery)、滑稽(farce)、幽默(humor)五种形态区分了现代文艺中出现的喜剧潮流(comic trends),并认真清理了这些文类是如何被定义、使用、模糊化和政治化

---

① 白睿文:《痛史:现代华语文学与电影的历史创伤》,李美燕、陈湘阳、潘华琴、孔令谦译,台北:麦田出版股份有限公司,2016:47、51。

的。在其看来,这些或大或小的概念,其实是一种所谓的世界主义产物。例如著名的幽默观,即是经由林语堂的翻译在中国走俏传播,表现了其人用所谓的"西方主义"式的文化方案来处理和应对现实困境的一种尝试,并由是发展了一种新的表述风格和文学体裁——小品文。不过回过头来,我们也必须承认这股被雷勤风定义为"娱乐可能性"(entertaining possibilities)的喜剧潮,本身乃是当时报刊文化的重要组成,因而也就没有必要对它高看一眼,以为其在沟通中西,乃至传递文化的民主姿态方面胜人一筹。事实上,包括《礼拜六》在内的通俗文艺,也都怀抱着接纳世界的意图,更遑论以西方为尚的"五四"新文艺。列文森甚至认为,中国儒家文化从本质上就是世界主义的。那么由此而言,在此一传统中生发出来的可能性,至少不可能是一种完全狭隘的地方主义。

在雷勤风的论述中,最启人深思的不是他对"笑"细致入微的历史梳理和分类,而是点明了"笑"作为一种所谓的边缘形态,竟出人意表地存在一种体系性。比如,"游戏"之下不单有游戏文字、游戏文章,甚至有"游戏场",乃至"游戏照"(trick photography)。从口头表述到文字书写,再到地方空间和新式传媒,"游戏"已经俨然变成一个公共领域,变成一个人我交接的所在。李欧梵早在他处指明,这种游戏文章乃是借用了对旧形式的玩弄,而开创了新的语义,代表的是"一种过渡时期的文体,也和这个时期的媒体——报纸——关系密切"①。比李欧梵更进一步,雷勤风不仅指认了媒体范围的扩大化(如"游戏照"的存在,不仅指涉了摄影技术,同时如张真所论,也和逐渐勃兴的电影帝国密切关联,成为探讨自我、虚构等议题的重要入口),而且也点出过渡已经变成一种常态,其绵延起落,至少贯穿了20世纪的前30年。他甚至动议使用"文化企业家"(cultural entrepreneur)的观念来描述、定义像徐卓呆这样在不同领域内都有广泛涉猎和兴趣的文化人。他说,这种对不同文类和媒体所保持的开放态度,来源于徐卓呆对市场、读者和潮流的关心。这种意识表明,"笑"在一定意义上,乃是一种需要经营的事业。其展开和发展总是同读者关联紧密。换句话说,笑的意

---

① 李欧梵:《现代性的追求》,第8页。

识,其实是一种时代意识,可笑和不可笑之间的界限总是滑动的、游移的、多样的,相比之下,苦难则更具有普遍性,更容易摆脱来自历史时间的限制,或者说,人们对苦难有一个基本的共识,它是一种 common sense。由此推演,"笑"其实就变成了对公共性或者说公众表述模式的摸索。既为摸索,那么其不稳定性,或者用李欧梵的话说一种非"绝对的态度"可想而知①。但吊诡的是,恰恰是肇因于这种不稳定性,反而驱策诸多以"笑"为职志的文人知识分子,需要通过建立一个更为完善的观察模式和论述框架——简言之一种系统性——来建立合法性。这样"笑"就变成了一种既是德·塞托(Michel de Certeau)讲的"战术",也同时是一种"策略"。前者以游击战的方式自由出击,而后者则依托专属地点来发展其势力。

但饶是如此,"笑"的生命形态还是受到了来自高雅文化和偏激舆论环境的巨大影响,即使是旁敲侧击的调侃和反讽,也最终会沦为建基于二元观念之上的"骂战艺术",变成一种非黑即白的是非争论,适宜"笑"生存的暧昧空间变得更为狭窄。如同李欧梵悲观的看法一样,1930 年代的公共空间最终缩小而非扩大了,即使当时的报刊媒体较清末有了实质性的壮大,且咖啡馆和影戏院等公共场所也有了数量上的倍增。另一方面,这些可能涉及身体、肉欲的"笑",也同时被认为是对高雅和严肃的冒犯。新文学对鸳鸯蝴蝶派消闲游戏的苛评,正是最鲜明的例子。为了遏抑时流,严肃作家们推出了一个步调一致的行动来改造这种公共话语的基调,希望能以他们所谓的更文明的"幽默"去取代欢乐的旧形式。这再一次显示了"笑"的反面不一定是"痛苦"和"涕泪",而是借自西方的那种对殖民结构的拟仿,即在"笑"的内部建立一种文明等级,就如同在中西之间建立一种时间差分。

在此,"笑"所代表的道德意义,其实并非是一种人伦关系,恰恰是在一个帝国语境下的国家关系。② 也由此,我们可以重申,所谓"去道德",其实是要廓清种种政治的迷障,面对更为多样化的文化形态和情感状态。

---

① 李欧梵:《现代性的追求》,第 20 页。
② 最新关于"笑"的性别维度的讨论可参考黄克武:《言不亵不笑:近代中国男性世界的谐谑、情欲与身体》,台北:联经出版事业股份有限公司,2016。

第六章

去文字：开放文学边界

"文"的概念在20世纪经历了巨大的变动，特别是受到西方literature观念的影响，更是由外而内地重组了自身的"文统"，在"类"的架构方面，打破了一以贯之的自足性，将虚构类写作或者小说提到了无以复加的高度，并委以重任。① 当然，这在高友工看来，绝非空穴来风之事，或者更明确地说，中国文学观念的近代化，远比我们想象得要早。通过重新审视抒情境界（lyric vision）的源流变动，高友工指出，小说翻为文类正宗或可视为抒情下放的一个后续结果，代表的乃是"境界"在不同规套（convention）与递变的文化情形下所发展出来的一种延续性修正。②

高友工的论述，表面上所要强化的固然是抒情不辍的意念。在其人看来，"抒情"既为典律、体统，那么就自有其不可轻忽的绵绵生力。不过，他为理解抒情生命的起落，以诗歌而小说的文类变动作为呼应解读，其实早已暴露他事实上是将自己作为后来者的知识立场作为观察前提，有意无意间反向规范了传统的走势，以为道统之为道统，必定灵根自植、开枝散叶。易言之，恰是因为他了解小说在18世纪的因缘际会，才放言抒情可以有下放渗透的后续发展，而非同古典诗词一道式微旁落。不过，如是一种迭代有序的观察，所揭橥的问题其实还另有深意存焉：就研究本身的层次而言，它引领我们思考易诗为文的语

---

① 相关的讨论可参阅胡志德：《重新思考中国近代"文"的简单化》，张春田编：《"晚清文学"研究读本》，桂林：广西师范大学出版社，2016：257—272。
② 高友工：《中国叙述传统中的抒情境界：〈红楼梦〉与〈儒林外史〉读法》，浦安迪：《中国叙事学》，北京：北京大学出版社，1996：200。

境里传统何谓、传统何为的问题。而在研究语境的界面上,它则要求我们扩而广之地思索隔海望中国的处境所激发的关于中国何谓、中国何为的问题。而这两大问题在 20 世纪中国的深层次交叠,所诉求的自然也就不再是简单地指认何谓"基础文类"(foundation genres)①,或者辨识何谓"中国性"。

就如同在"文"的传统中天然地包含一种对自身不加界定的取向,现代文学或者说现代华文文学也应该如罗鹏所倡言的那样:积极寻求介入它的方法论,而不是定义它的各种指标与界限②。因为前者倾向于在流动中理解传统与中国,而后者则径直建立起一种静态甚至偏执的特质观和对等意识。比如,田晓菲就曾明确指出将旧体诗和人为建构的"中国性"等同起来是错误的。因为"尽管旧体诗的历史比新体诗要长得多,但是旧体诗并不比新体诗具有更多所谓的'中国性'。"③"中国性"既不应以时间来衡量,更遑论用新旧来评判。"中国性"本身就是一个言人人殊的动态范畴④,甚或就是为回应民族主义或者所谓的世界性所创制出来的"对抗性"语词,饱含强烈的意识形态色彩。

或许正是出于对这种不断累积出来的意识观念的回避或者说正视,罗鹏主张回到"文"的初始定义里,并创造性地重读了许慎对于"文"的三重描绘。一、"错画也"。罗鹏将之指认为"文"及整个文字系统所赖以生成的"结构性条件",即透过交错而画的动作和表象,宣告文字的出现和构型方法。换句话说,它不仅牵涉"文"自身的构造问题,同时也联系着"文"出现的社会环境。二、"象交文"。与动态的"错画"相比,"象交"更强调"文"的静态视觉效果,尝试以"象形"的观念来厘定形式与意义间的关联,同时也建立一种分类的逻辑,即以表面的相似性来辨识其共通的归属。三、"凡文之属皆从文"。这一点转向对"文"的意义探索,"指出了一种解读方法的运用,即理解一个字符的一

---

① 参见厄尔·迈纳:《比较诗学》,王宇根、宋伟杰等译,北京:中央编译出版社,1998:7。
② 罗鹏:《导论:"文"的界限》,《南方文坛》,2017(5):20。
③ 田晓菲:《隐约一坡青果讲方言:对中国现代诗史的反思》,陈群主编:《在人文学的巅峰》,上海:华东师范大学出版社,2012:76。
④ 王德威:《文学地理与国族想象:台湾的鲁迅,南洋的张爱玲》,《扬子江评论》,2013(3):8—11。

部分的意义可以促进我们理解整个字符的意义"。①

事实上我们知道,许慎所讨论的内容,针对的其实是不成"文"的"字",而罗鹏的研究则聚焦于现代意义上的"文学",两者的差距不可不谓大。不过,或许正是从一种"解读的方法论"上,罗鹏发现了两者间的"共类"特征,也或者说,"凡文之属皆从文"的思路,为"文"的当代展开提供了一种"延异"(différance)的可能。最初,德里达(Jacques Derrida)在使用这个生造词的时候,强调的是一种"可读、可写,却不能被听辨,也不能在言谈中被理解"②的语言现象。他尝试打破所谓的语音中心主义,指出"文字"并非只是对"语音"的摹写和补充,恰恰相反,文字更能代表差异和多元。对德里达来讲,延异并不是一个概念,因为延异是无,是缺席,所以无法被定义。但是,就其语源学而论,它仍"有两个基本含义,简单地讲,一是差异、区别,二是延时、迟缓。延异把批判的矛头直指结构主义语言学理论,认为语言无法准确指明其所要表达的意义,只能指涉与之相关的概念,'延异'是差异的本源或生产,差异之间的差异,这种不能表达的差异最终使语言的意义处于不断的延缓状态。因此,意义永远是相互关联的,却不是可以自我完成的"③。就此,德里达说:"文字""不仅表示书面铭文(inscription)、象形文字或表意文字的物质形态,而且表示使它成为可能的东西的总体;并且,它超越了能指方面而表示所指方面本身。因此,我们用'文字'来表示所有产生一般铭文的东西,不管它是否是书写的东西,即使它在空间上的分布外在于言语顺序,也是如此:它不仅包括电影、舞蹈,而且包括绘画、音乐、雕塑等等'文字'。"④概而言之,"延异"的出发点或许是解构和否定,但同时也是一种复位和增值。从封闭、稳定的书本、作品到无限开敞、活动的文本,即是最佳的证明⑤。

承袭德里达对于"文字"的"播散性"理解,本章提出"去文字"的观

---

① 罗鹏:《导论:"文"的界限》,第 20、21、23 页。
② 胡亚敏主编:《西方文论关键词与当代中国》,北京:中国社会科学出版社,2015:325。
③ 刘江凯:《认同与"延异":中国当代文学的海外接受》,北京:北京大学出版社,2012:8—9。
④ 雅克·德里达:《论文字学》,汪堂家译,上海:上海译文出版社,1999:11。
⑤ 胡亚敏主编:《西方文论关键词与当代中国》,第 340—341 页。

念,来描述海外世界有意拓展既有"文学"范畴的行为和认识,指出其关注的对象,已经突破了传统以文字为载体的表现形态,而转向一些"不定性"的文学形式,或者说,泛文化样式,如电影、电视、音乐、情感,甚至城市与国家。文学研究中的这种社会化倾向,自然和20世纪六七十年代勃兴于西方的文化研究有涉。不过,同文化研究有意聚焦大众,深挖意识形态和族群议题中的霸权操控和阶级观念有别,文学研究中的这种泛文化倾向,事实上更偏向于见证知识分子在面对所谓的文化危机和时代转型时,用其来理解和展示现实社会与历史文化的多元性,并且指明这些方案之间的延异和互文关系。它主张以流动的方式来处理"文学",正视人文学科积极介入历史、现实的行动和能量。

在初始的意义上,"去文字"首先对话的是那种将文字作为记忆保存和历史再现的观念。在这个层面上,文字作为"文献"出现,其客观性和真实性成为研究的焦点。它暗中宣扬了文字中心的观念,主张围绕着文字,人们才能重新理解那些用转瞬而逝的语音所无法凝结下来的关键时刻。但毫无疑问,它事实上涂抹了蛰藏于字里行间的微言大义,更遑论在阅读过程中受制于环境所产生的种种"误读",或者说延异现象。

有鉴于此,"去文字"尝试进入陈述内容的内部,去叩问表象背后的本相,即解释文字出现的社会情境(context):那个充满编织与诠释的话语空间。[①] 在此,文字流入社会,字符变成文本。不过,很显然在这样的假定里面,"文字"的存在或多或少暗示了它与社会之间那种强烈的关联性。或者更准确地说,它认定一种语境势必造就一种表述,历史没有办法被隐藏起来。这种看法,如果说不是高估了后来者在文字阐读方面的精准性,就是过分相信作者在文本中倾注了强烈的主观意念,特别是他的社会观察。而这两种形态又是如此地具有排他性,几乎宣告了读者和作者之间并非如我们想象的那般和谐。一个过分自我彰明的作者,不需要解读者;而一个读者可以充分彰显他识文断字能力的时刻,也必然是在面对一个十分隐晦的文本之际。而事实上,造成这种对立的关键,恰恰是双方把文字看成了彼此间相互靠近

---

① 王明珂:《反思史学与史学反思》,上海:上海人民出版社,2016:150。

的唯一通道。但问题是,如果他们从来都不能接近,或者说,双方都不谨守我们所派给他们的既定角色,坚守在"读者—作者"的天平两端,那么文字作为中介甚至边界的作用又是否需要被重新评估呢?

"去文字"主张打乱这些人为建立起来的分隔符和连字符,让天平两端的内容充满混乱性。不过,事实上,这种主张在实际的应用中困难重重,或者至少说迄今为止,还没有建立一套独立的批评方法来进行有效操作。文化研究是进行此类研究的通行方案。而且,为了和纯粹的声乐研究和电影研究等做区别,用文化研究的方法来进行声音、视觉的探讨时,会很自然地将研究对象文字化,但问题是文字无法直观地展示出诸如音高、音色,以及声音中的情感等内容,这样一来,为了表述的明确化,就极有可能压缩我们对"声音"的理解而将其窄化。例如,王璞就曾指出针对新诗声音的研究,往往就落足于批评其缺少格律规则———一些成文的有据可依的技巧方案,但这种批评本身却"已将所谓典范的旧诗的声音窄化为'格律声韵'之类了"①。

所以,"去文字"具有两重性。一方面它打开了研究的限定,促使"文学"的观念和范畴有了一个泛文化或者说现代的转向,激励我们不断进行跨科际的整合,理解文本之间,读者、作者之间的互文性;但另一方面,也恰因为它的这种开放特征,导致目前的批评方案总是相对捉襟见肘,两厢碰撞反而产生了某些限定。本章的讨论围绕着这两个方面特征展开,既追踪文字之外更为巨大的城市、电影、情感、声音等多元文本,也指出针对这些文本所衍生出的泛文字化、去审美化等问题。

第一节　物　质　上　海

一、魅感的表面

"物"的生产和消费,是现代乃至早期现代(early modern)的重要表征。借由琳琅满目的商品目录及其社会流动,吾人不仅可以窥看特

---

①　王璞:《"声音":意义争夺的场所——漫谈"声音"和新诗》,《文艺理论与批评》,2005(4):80。

定的历史境遇,了解一时的物质状况,更重要的是,以物为载体,可以讨论那始终处于流动中的"物之话语"(things-in-motion)如何在所谓的"物的帝国"之中,发展出一种"人—物"互涵的文化实践和社会认同模式,并由此带来无穷已的社会变动和时代转型。① 不过,物虽重要,却仍不足以扭转一般观察所暗藏的那种对物别有轻视的态度。诚如尼克拉斯·鲁曼(Niklas Luhmann)所言:"我们仍然为传统所束缚,这一传统将精神的官能分等级,将'魅感'——感知(perception)——置于较低的位置,与理性和理解力的较高的、反思性的功能形成对比。"② 鲁曼的发言揭示如下一种认知常态,即如若我们对"物"的鉴赏和把玩不是出于对社会历史变动,如易代或离乱等的理性回应,而仅停留在获取感官的愉悦上,那么,观"物"是毫无价值可言的。换而言之,在传统的认知里,不仅有所谓的主客之别,更关键的是,客体及其所能引发的观感其实是没有所谓的独立性,它必须被有序地编织到社会进程之中,成为一个文化符码,才能成其大。中国古典诗学所标举的"托物言志""睹物思人",同样倾向于将"物"看成是认知的起点和基础,其核心的指向,亦是物外之志和物外之人。诗论谓"兴"乃"先言他物",这个"物"终究是一个外部的"他者",无法成为"诗"的"本体"。

这种将"物"摒除在外的典型动作之一,就是使之成为"语境"和"背景"。余舜德命之以"从物论史"(history from things)③。该做法遵从经典意义上的马克思主义物质观,主张物质在先,意识在后,物质决定上层建筑,但是上层建筑也反作用于物质。在文学领域,这种观念多少令人想起"写实主义",尽管其有可能不是最露骨的那种,即在现实和文字之间建立起严丝合缝的对应关系,但它也多少秉持了如下一种执念,即唯有在如此的物质环境之中,才有如是之文学。概而言之,一时代有一时代之文学。这种意见的危险性在于,极大地缩减了作家的能动性,并暗示文学及其表述很难超越其时代。此外,它也难

---

① 有关西方"物质文化"研究的扼要梳理可参阅柯律格(Craig Clunas):《长物:早期现代中国的物质文化与社会状况》,高昕丹、陈恒译,北京:生活·读书·新知三联书店,2015:16—17。

② 转引自乔迅(Jonathan Jay):《魅感的表面:明清的玩好之物》,刘芝华、方慧译,北京:中央编译出版社,2017:387。

③ 余舜德:《物与身体感的历史:一个研究取向之探索》,《思与言》,2006(1):30。

以说明,何以如此同一的、具有重复性的物质世界会带来喧声四起的文学声音。尽管将物质指认为语境的做法,比通常那种去勾画社会思潮和政经状况的方案来得客观,但本身也并非没有问题。在马丁·杰伊(Martin Jay)看来,提炼性的文字概括方案,"难以避免地造成文本与语境间的循环,令语境无法居前而成为文本产生的决定因素。换言之,不考虑语境,我们无法理解文本与档案;但语境本身又只存在于文本或档案记载中,纵然我们将后者扩展到包括非语言类的历史印记,也解决不了这一问题。这些文本需要在当下进行阐述,以建立推定的历史语境,后者继而又被用于解释别的文本"①。可以说,在此视角下,不仅"语境"的来源深值怀疑,其与文学文本的同质性,甚或同一性,导致了一种自我循环,而且这种自我循环,借由新历史主义的观点来看,恰恰暴露了今人对语境的解释,无非是基于特定立场的叙事而已,其选材组织的过程,服膺于预设的意识形态,尝试建立起一种历史的必然因果律。正是在此意义上,芮塔·菲尔斯基(Rita Felski)痛陈:语境臭了(context stinks)!② 作为基本史实的"物",虽比描述性的语境看起来真实、中立,但其实也逃不过需要借助于语境来说明自身的命运。因为它唯有和一般的语境相通,才能被援引为证据,否则就是一个平凡的物而已。换言之,只有被记忆和表述的"物"才是语境。

将物外化的第二种典型做法,就是将之"前置""凸显",使物不成其为物,而是物的隐喻、转喻和提喻。这种做法在心与物之间构造出了一种文本置换的结构,尝试探求和表现物的"文明化进程"(civilizing process)。该进程关心具体的行动者和特定的政治文化力量如何综理协商,不断赋予物以活力,并令之说话。余舜德命之以"物的社会生命史"。他引述阿帕杜莱(Arjun Appadurai)的观点说:"物本身没有既定的意涵,物的意涵或显著性(也就是价值)是文化建构的过程所赋予。"③ 杨中薇曾对此种"物的社会生命史"做过细腻辨析,讨论

---

① 马丁·杰伊:《事件与历史解释:关于语境化局限性的思考》,芮塔·菲尔斯基主编:《新史学》(第 2 辑),史晓洁等译,杭州:浙江大学出版社,2015:135。
② 芮塔·菲尔斯基:《"语境臭了!"》,芮塔·菲尔斯基主编:《新史学》(第 2 辑),第 115 页。
③ 余舜德:《物与身体感的历史:一个研究取向之探索》,《思与言》,2006(1):34。

晚明政体沦亡的语境下,吴伟业如何借《秣陵春》来摆弄"古物",既破除物的旧有叙事模式(如风雅和定情),又为之注入强烈的个人话语(personal discourse),使蒙尘之物重获光彩,甚至变成自我托身之所在,为遗民群体的情感交流和身份建构提供可能。① 表面上,杨中薇的讨论似要宣明物的内涵和价值如何历史性地得以澄清和稳定,但根底上却不断暴露"物"的意义其实乃有相当的游移性。既然人人都有为物写入内涵的可能,那么,"物"的所有权和解释权就不会归于单一和静止。换句话说,"物"的社会生命其实是个无"根"的所在,内中错杂的乃是各种多音之"势"的辩证。② 当然值得指出,这"无根"并非真指意义可以无中生有。此类"琐碎不急"之物之所以能被选定赋形,其实与它自身的物性和历史大有关涉。正如《秣陵春》中的物之所以可以聊以寄情,实在跟它们是古物、情物有关。换句话说,这是些值得被写之物。

可紧随其后的问题是,如果物不可写,或者很难被写入,抑或我们假设存在一个清洁的时刻,有所谓人与物的第一目交接,那么这种新奇的、迥异的相遇,又将提供怎样的书写可能? 或者退一步来讲,所谓的物是没有记忆的物,也缺少必要的历史反省和文化传承,在这样一个"祛魅"状态里,除了作为背景,物和人到底又可以结出怎样的果实? 易言之,如果我们不是从人与物的发展结果,而是从最初的相遇、磨合来认识"物",会有一种怎样的可能? 正是带着这些问题,我们注意到中国现代化的进程实际上正好围绕着如何来定义这些"异物"以及其是否可以被定义和规训的问题展开。在通常的论述方案中,"物"和"现代性"的等值关系,似乎表明被写入这些新奇之"物"的内涵已经趋于稳定,但问题是,既然所有的"物"都可以被"现代"均质地统摄,那么,恰好表明其实没有任何实质的内容被写入"物",代表"现代"的"异"仅仅指涉了其起源及由此带来的文化压迫,而非物在此时此刻的境遇中所能唤起的特别的历史透视和移情经验成为个人或集体话语

---

① 杨中薇:《玩物和遗民意识的形塑:论吴伟业的〈秣陵春〉》,《戏剧研究》,2015(16):51—82。
② 关于"根"与"势"的定义及辩证,参阅王德威:《"根"的政治,"势"的诗学:华语论述与中国文学》,《扬子江评论》,2014(1):10—13。

的重要载体。由此一来,"物"面临一个尴尬的处境,它是表面的——和来源相关,可是这个表面又恰恰被现代性及其繁复的表述所遮蔽,成为一个缺席的巨大存在。

粗略来看,"现代性"在"物"的层面上,是作为"知识"而非"感觉"出现在中国语境中的。简单来讲,前者相对稳定,且可以传递、经世,而后者则杂乱无章、转瞬即逝。李欧梵在《上海摩登》中所特别指出的"'现代性'既是概念也是想象,既是核心也是表面",多少与这类潜在的认知分化有关。李欧梵继续强调说:"意象和风格并不一定进入深层思维,但它们必然召唤出一种集体'想象'。"①言外之意,表面的"感觉"实有可能升格为一种威廉斯意义上的"情感结构",即借着公私生活的律动,当代主体足以为现实和感官两个不同的界面赋形,并由是勾勒出一种"集体感性的轮廓"。

在李欧梵这里,这种集体感性的轮廓,乃是由一系列资本或曰帝国的形象构成的,它们是外滩、百货大楼、咖啡馆、舞厅、公园和跑马场。尽管他也把触角延伸到了"亭子间",但是,人们觉得这种选择仍有相当浪漫化和怀旧式的色彩,他置更底层的日常生活形态于罔顾,因而难逃学院式的猎奇嫌疑。作为辩驳,我将尝试指出,这种选择事实上可以看成是从"物"的角度对"现代性"进行的再感知化努力。在此,我们有必要把外滩建筑、百货大楼等,看成是一个普拉特(Mary Louise Pratt)意义上的接触地带(contact zone),即一个"迥然不同的文化彼此遭遇、冲突、格斗的空间"。普拉特解释道:"'接触'这个术语突出帝国遭遇互动、即兴的维度,这些维度容易被从入侵者角度讲述的有关征服和控制的记述所遗忘或压制。一种'接触'视角,强调主体处在他们与他人的关系之中,并被这种关系构成的方式。它探讨殖民者与被殖民者,抑或旅行者与被旅行者(travelees)之间的关系,根据的不是分离,而是共存、互动、连锁性的理解和实践,并且常常是在根本不均衡的权力关系中。"②

从某种意义上讲,外滩、舞厅、跑马场等被阶级化和帝国化处理的

---

① 李欧梵:《上海摩登》,第71页。
② 玛丽·路易斯·普拉特:《帝国之眼:旅行书写与文化互化》,方杰、方宸译,南京:译林出版社,2017:9,11。

过程，事实上加固而非瓦解了以白人男性为视觉中心的欧洲风景话语。透过将自我贫瘠化和东方化，第三世界虽然找到了抵抗和革命的依据，但同时也因为这种泾渭分明的占位归属，使自身牢牢地绑定于一种帝国凝视下的二元格局之中。它的巨大问题在于遮蔽了被殖民者的主体性，并对其所处的具体历史境遇进行了阶级式的抽离。换句话说，无论我们多么敌视舞厅、百货公司这些殖民场景，却永远无法将之从时人具体的生活语境中排除出去，甚至还需要通过与之发生关系来说明自身。正是在此维度上，普拉特建议启用一个非传统术语——"自传式人种志"（autoethnography）或"自传式人种志表达"。"这个术语两种形式中的任何一个，都指被殖民主体试图用与殖民者的术语结合的方式表征自己。"① 换句话说，《上海摩登》实际上是以一种包括在内而非简单排除的方式，将殖民历史及其后果吸纳成为自我的一部分，使之成为一个罗鹏意义上的"内部他者"（internal alterity）。这个他者，既是一种毒，同时也是一剂药，他并不是那个外在于我（self）的异类（other），而是对所谓的同一（homogeneity）、连续（coherence）和集合（collectives）等做出修正的重要话语实践。通过不断地自我分化和向外的运动，以一种流水不腐的方式来保持社会、肌体的健康活力，从而变成一种"离乡病"（homesickness）式的抵抗资源。② 简言之，相比同一性所带来的认同舒适感，杂交或混杂所代表的混乱、不安，它更能成为一种论述力量。

据此，对外滩等帝国景观加以利用，其实等于重启了一个知识批评的进程。这个进程一方面试与过去的知识定型分离，逐渐澄清此类帝国资源纵然为殖民主义和帝国主义的后果，却也俨然是上海日常生活不可分割的一部分，或爱或恨，或惊或羡，总也摆脱不了人们对它多样化的情绪感知；由此，它也必然在另一方面启动一种知识感觉化的进程。借用段义孚的人本主义地理学观点来看，所谓"客观的地理知识"并非是地方性质的全部，它也同时包含了各种可变且多样的"主观化的地理知识"，亦即所谓的"地理感"。"地理感"与一般的感性情绪

---

① 玛丽·路易斯·普拉特：《帝国之眼：旅行书写与文化互化》，第 11 页。
② Carlos Rojas. *Homesickness: Culture, Contagion, and National transformation in the Modern China*. Cambridge: Harvard University Press, 2015.

(feeling)不同,是"理性的感性行为",即"地理感是人透过其感官机能而对环境的识觉和产生经验,继续依据经验的概念对环境产生评价功能,最后依据所评定的价值观去回应环境,整个地理感的流程存在于'人与环境在时空架构中互动的关系'里,因此,地理感虽因'人'之具有评价选择机能而对环境有不必相同的'感的回应',但是任何回应都是有理性意义的,地理感的感为'sense',由识觉环境的感官(Sensory Organs)对环境产生价值意义(Make Sense)"[①]。

就着这种人本主义的思路,我们毋宁要说,"新感觉"之感觉,其实不必孤立地指向西方或日本式的资产阶级文艺资源或技巧,抑或一种世界主义式的伦理诉求,而首先是他们关于周遭世界的一种微物体感经验(embodied experiences)。正如同施蛰存在一篇文章中明确指出的,全新的物质景观启动了写作本身,而不是其他。他写道:"这里面包含着各式各样独特的形态:汇集着大船舶的港湾,轰响着噪音的工厂,深入地下的矿坑,奏着Jazz乐的舞场,摩天楼的百货店;飞机的空中战,广大的竞马场——甚至连自然景物也与前代的不同了。这种生活所给予我们的诗人的感情,难道会与上代诗人从他们的生活中所得到的感情相同的吗?"[②]

识者当然要指正,新感觉其实最不缺少的恰是这种基于感性经验的去民族主义和去殖民主义艺术实践,它对于现代的追寻,未免太流于表面的炫目,而未能形诸一种有效的批评介入,特别是赋予这种书写以一个在地的抵抗意义。这个思考,将引导我们走向李欧梵和张英进两位关于中国式的"漫游者"是否真能形成一种批评实践的论辩。

二、漫游的变奏

在李欧梵看来,"漫游"和"漫游者"(flâneur)的概念,一方面既有助于我们更好地了解新感觉派与城市之间的微妙关系,但另一方面他也相当审慎地提示,毕竟本雅明思辨的"漫游者"其来有自,在语境轮换之后,其适切性值得我们掂量再三。与李欧梵这种持重的理论溯源

[①] 潘桂成:《译者潘序》,段义孚:《经验透视中的空间和地方》,潘桂成译,台北:"国立"编译馆,1998:8。

[②] 施蛰存:《又关于本刊的诗》,《现代》,1933(1):6—7。

不同,张英进特别强调了漫游在当下的发展,通过吸取最新的研究见解,他力主漫游应当由一个指涉有限的波德莱尔式的"原型"人物(figure),拓展为一种无远弗届的批评概念(concept)和比喻(metaphor)。他甚至指出,李欧梵所着力批评的那些因过分陶醉于城市生活而无力跳开一步来做反思的新感觉派作家,代表的恰恰是最为现实的漫游主体,因为"波德莱尔的漫游者表面上的'主体性',更多的是一种姿态或理想,而不是一种社会现实。"①由此,他批评李欧梵用sensation 来翻译"新感觉",实在太过于注重其"耸人听闻"(sensationism)的效果和意图,从而忽略了"新感觉"首先乃是由"感"(perception)而"知"(sensation)、先"感"而后"知"的一个过程。②

表面上,李欧梵和张英进的分野好像是关于"漫游者"观念的分歧,而事实上,通过重读本雅明的原文,彭小妍清楚地指出:在本雅明那里,漫游者本就是身处资本主义世界而对自身的商品化状态一无所知的人。换句话说,李欧梵所极力批评的那些新感觉派作家不思进取,并对其处境缺乏反讽姿态的表现,恰好就是本雅明所谓的漫游者最典型的表征。而李欧梵所诉求的这种批评主体性,实际上,已经发展了本雅明的理论,而其源头则是福柯。同样是在针对波德莱尔及其《现代生活的画家》一文的思辨中,福柯区别了两种漫游者的形象,并指出波德莱尔式的漫游者"身为现代主义者,不是接受自己在时间流逝中随波逐流,而是把自己看成是必须苦心经营的对象"③。而这种"修道者的自我苦心经营"(an ascetic elaboration of the self)指的是:"超越内/外之分,……时时处于尖端,……重点在于将批判理论中必要的限制性,转化为一种可能进行逾越的批判实践。"④"简而言之,对福柯而言,现代性的态度是我们的思想、文字及行动针对体制限制所作的测试;目的是超越其局限,以寻求创造性转化。"⑤

---

① 张英进:《批评的漫游性:上海现代派的空间实践与视觉追寻》,《中国比较文学》,2005(1):100。
② 同上文,第 97 页。
③ 彭小妍:《浪荡子美学与跨文化现代性》,台北:联经出版事业股份有限公司,2012:28。
④ 同上书,第 31 页。
⑤ 同上书,第 32 页。

考虑到福柯对于权力,尤其是微血管式漫布的话语权力的考察,我们应该警惕其表述中的泛政治化倾向。尽管张英进已经率先退后一步,指出"感觉"可以是一个过程,而非某种意图或效应,但实际上,他们三位都相信:真正的新感觉派文学应该而且必须要显现为一种明确的介入功能,或至少具有某种广泛的应用性(即作为概念和比喻)。而这就在事实上回避了新感觉首先是作为一种感性的日常生活经验出现的,即其具有非显性的价值,甚至是作为无效、失败的表达存在的可能。换句话说,人本主义的感觉归根到底是所谓 make sense 的感觉,除了漫游所表征的一整套集观看、理解和诠释于一体的理性活动以外,我们还有没有其他的方式来达成地理感的生产。如此一来,斯皮瓦克的经典提问——底层能否说话——将会又一次浮出地表。

当然,底层(subaltern)不会只是关于阶层结构的表述,它同样也可以是关于一切类似于理性和感性不均衡历史关系的转喻式说法。①应当追问:是否存在一条未经规划的理性路线,或至少是对漫游"高尚视线作伊卡路斯式下坠(Icarian fall)的情况":即"他们的创作者不假定自己对都市的精神面貌和内在关系拥有透彻了解;也未有自由地穿梭于都市的宏观与微观视野。反之,他们情愿退到人们间的粗糙空间。透过步行,他们的身躯随着都市的粗幼而书写'文本',感受经历中的空间并透过镜头去形容它们,但并不需要完全了解他们自己所形容的事。作为主体宣告的身份,他们把自己从高角度俯视的窥探者,转为在地上与一般都市居民等身的位置"②。

在福柯的视线中,随波逐流的漫游者不值一晒,但事实上,西方学术界对此类完全即兴的空间实践(spatial practice)充满热情。在他们看来,这些所谓的荡游者(derive)虽漫无目的,却也吊诡地发展出一种去中心化的姿态,或者说"嬉戏——建设性行为":"他们不肯定自己真正身处什么地方,亦不知应不应去解决那些正在困扰他们的古怪问

---

① 关于"subaltern"的用法及译法可参见陈永国:《理论的逃逸》,北京:北京大学出版社,2008:229。
② 黎肖娴:《荡游者何往?——中国大陆九十年代城市电影的"空间实践"与"负诗学"》,张真编:《城市一代:世纪之交的中国电影与社会》,上海:复旦大学出版社,2013:181。

题"①,而仅仅是以身体为界面(surface/interface),不时地与环境去发展一种随机的体感关系(embodied relationship),并由是触碰甚至挑战了各类规训的空间,打开权力的封锁。黎肖娴曾以《小武》《苏州河》和《巫山云雨》为例说明:"荡游"不仅是一次"发现"之旅,更是一种"负的诗学"。"发现"是"以过程为本的叙事去达至物化","在这样的方法下,城市不再是一个被赋予了固定含义的空间,而是等待着参观者去为其无穷无尽的物质性阅读和书写,使他们进入未知的对话式祈愿"②。换句话说,闲荡看似随机和偶发,却实际上要求主体能更加见风使舵、随机应变,以适应同时也体现城市的复杂和多变,从而使自我和城市均变为一个"可写的文本"。而且有趣的是,"可写"的方式,恰恰不是借传统的叙事方案来踵事增华,而是为其减负,尝试把各种"戏剧性与外露的情感行为"③压缩到最小,使"无意义"成为自我和城市最为重要的能指。一言以蔽之,重塑一种"情感结构"。

对于威廉斯来说,人们对文化和社会的流行分析总会不由自主地陷入一种"习惯的过去时态"(habitual past tense),从而理所当然地将其视为已经完成的产品(finished products),从而忽略了一个正在鲜活运转着的当下,以及各式各样"活生生的、紧张不安的、尚未成形、尚未露面的'感受中的思想''思想中的情感'"。作为补救,威廉斯主张"以流动的'情感结构'(structure of feeling)来取代明确而抽象,但很可能是僵死的'世界观'或'意识形态'之类固定的术语和分析模式"。他将之定义为"变动不居的社会经验(social experiences in solution)",并用于"描述那些'正在被体验和感受的、与正规的或系统的信仰之间存在着不确定关系的意义与价值'的东西"。④

在此视线下,我们自不妨说,其实"新感觉"不仅指涉了一种"感觉"上的流动性和进程性,同时也表明所谓的"新"不是一种固定的属

---

① 黎肖娴:《荡游者何往?——中国大陆九十年代城市电影的"空间实践"与"负诗学"》,张真编:《城市一代:世纪之交的中国电影与社会》,第182页。
② 同上书,第185—186页。
③ 同上书,第187页。
④ 张德明:《从岛国到帝国:近现代英国旅行文学研究》,北京:北京大学出版社,2014:157。

性,而是一种现在进行时,一种持续流变的追求,宛如荡游者闲散地出没在各种接触地带,不断地去探索自我及"感觉"的可能边界一样。尽管张英进对"漫游"所能提供的批评能量充满信心,但奇怪的是,在思辨新感觉缘何倚重漫游来进行文学实践时,他却采用了一种相当退缩性的解读方案,仅仅把"漫游"看成是其人自我保护的方式:一方面借漫游寻得一个"自足的文本空间",另一方面也求得一个"急需的道德宽容的策略",用于"证明他们屡次模糊意识形态和政治界限的美学上的'正当性'"①。既然说漫游或者荡游始终处于建构与移动之中,那么它就永远无法自足,必须通过不断地与各种话语产生龃龉和碰撞,由此不断地挑战同时也调整人们对于"新"的理解。在此意义上,无论浮纨(dandy)、颓废(decadent),还是色(the erotic)、幻(the fantastic)、奇(the uncanny)、怪(the grotesque),都具有挑衅性,或至少是在一种暧昧不明的情境中,不断地去试炼时人的容忍度和接受度。

而且应该指出,这个"时人"不能将新感觉派自己排除出去。在过去一系列丰沛的研讨中,我们总是倾向于说明新感觉派如何跨文化地调度各种资源来发展一种全新的城市现代性,为摩登或现代投下半殖民中国的区域及国族特色。这种批评方案的一个基本假定是,作为(现代城市)主体(subjectivity),新感觉派乃是不证自明的。但问题是,既然情感结构或者说漫游、闲荡代表的是一种无穷无已的变动,那至少说明并不存在一个所谓的稳固主体,它也应该身处一种持续的自我"推敲"(debating)之中②。尤其是考虑到"半殖民地"上海在政经及文化上交叉、分层而又彼此夹缠的现实③,那么,我们就更有必要如阿里西亚·奥迪兹(Alicia Dujovne Ortiz)一样追问:是否存在"一份纯粹、扎实、健全的认同"?鉴于自身血统的混杂性(犹太人、热那亚人、卡斯蒂利亚人、爱尔兰人、印第安人,甚至黑人),奥迪兹主张"把自我调整为游动的状态",拥抱一个"空白的自我"。当然,对其而言,"空白"不是清空和排除,而是留有余地地吸纳与兼容,即其所言:"我就是

---

① 张英进:《批评的漫游性:上海现代派的空间实践与视觉追寻》,第91页。
② "推敲"的观念借自黄梅:《推敲"自我":小说在18世纪的英国》,北京:生活·读书·新知三联书店,2015。
③ 史书美:《现代的诱惑》,第41页。

群众"(I am a crowd)①。这一点和本雅明所讨论的那个出入人群、没入人群,既此既彼的漫游者多有联通之处。

不过应该补充,当这些现代的"空白"主体以相当闲散或者说后殖民的方式来处理主体认同之际,我们也应该考虑到"空白"在另一方面不会是真空的,即观念或内容的移入与移出,既牵扯它们之间的折冲对话,同时也因应着外部政经文化的变动。特别是在半殖民的历史经验里面,新感觉派对自我主体的建设或艺术投入能不能完全绕开急迫的认同政治,即民族国家的问题,其实是值得我们思之再三的。也或者说,是否恰恰因为这种空白主体的出现,致使其在政治上有了附逆和落水的可能? 作为回应,廖朝阳说"空白主体"乃是"在具体历史经验的开展中维持空白的效力"②,因而具备一种公共性,即:"所有改变认同的行动必须在理性与秩序下进行,不允许特定的局部意志对其他意志形成压制";同时,"所有认同的'移入'与'移出'并不是(或不仅是)没有意义的反射动作,而是因为现实条件变化到一个程度所产生的,主体本身要求'调整内部与外部的关系'的过程"③。换句话说,预留空白,恰好不是提供了某个符号框架的可乘之机,而是构成了对其全面的非难,而且唯有通过这种非难,我们才能更加综合全面地对自己的所以、所由和所安作出权衡选择。

表面上看,空白主体所代表的好像是一种自觉与自信,而廖朝阳却说:"主体的空白也就相当于心理分析所讲的'欠缺'(Lack)。"④它指涉的乃是被阉割与去势的焦虑。由此看来,新感觉派作品中五光十色的物质景观美则美矣,在一定层面上却是一种恋物(fetishism)式的心理补偿(compensation)。它以先见之明的方式发现并指认了一种将会发生的失去,因而汲汲地寻求眼前的替代与防御。而我们当然要问,这种去势和阉割的力量到底何在? 它是来自左翼民族主义的影

---

① 转引自叶蓁:《想望台湾:文化想象中的小说、电影和国家》,黄宛瑜译,台北:书林出版有限公司,2010:266。
② 廖朝阳:《中国人的悲情:回应陈昭瑛并论文化建构与民族认同》,《中外文学》,1995(3):119。
③ 廖朝阳:《再谈空白主体》,《中外文学》,1995(5):107。
④ 廖朝阳:《中国人的悲情:回应陈昭瑛并论文化建构与民族认同》,第119页。

响？还是殖民帝国主义的全面渗透？抑或文化上不断地异化与衰退？李欧梵以施蛰存为例，暗指城乡的对比才是个中关键。以《魔道》和《夜叉》等为例，他直指"那种真实的或想象的'非家园'感是在乡村封建文化的汪洋中，在都市之'岛'上体验了资本主义的繁华之后而产生的感受"①。"非家园感"，或者说"暗恐""怪熟"，均是指弗洛伊德在名作 Das unheimlich（英译 The Uncanny）中所试图阐明的一个重要概念。克里斯蒂娃解释说，"unheimlich"是一个负面的形容词，意为"非家的、异常的、陌生的"②，但是，这种不安和陌异，恰恰不是来自于外部，而就存在于家庭内部。换而言之，"我们的内心就是一个奇异的世界，是我们自我的异乡，我们不断地在建构它，又在不断地解构它"③。克里斯蒂娃继续补充道："'heimlich'这个词虽然是指'家庭的'——作为源头，我们也可以说是'民族的'。"④推而广之，它也自然可以用于指代"城市的"。由此，对新感觉派来讲，这些城市中的空白主体所遭逢的非"家"的感受，正是出于对民族的、城市的，抑或文化上的各种新生事物的防御性焦虑。作为克服，克里斯蒂娃说，我们应当缔结"一种新的人文主义"，其以"尊重个体的脆弱性与异质性"为基点，"挖掘创造力，寻求表达，建立沟通"⑤。在此意义上，我们说，李欧梵对"世界主义"的定义——"热烈拥抱西方文化"⑥——过于简单，因为拥抱本身代表的并不是毫无顾忌地投入，而是从自我内部发现"异"与"欠缺"而展现的一种"自处弱势"的对话伦理。

概而言之，游荡于城市之中的新感觉派们，所捕捉到的种种"异数"以及由此引发的感知，事实上一再敦促其回到一种匮乏的现实之中，促使他们通过面向西方（？）、传统（？）、心理（？）等可能的通道来获得解决的方案。也因此物的世界越炫目，指涉的主体分裂性也越强烈；其所引述的资源越优渥，证明其所遭遇的问题越严重。据此，我们

---

① 李欧梵：《上海摩登》，第195页。
② 茱莉娅·克里斯蒂娃：《主体·互文·精神分析：克里斯蒂娃复旦大学演讲集》，祝克懿、黄蓓编译，北京：生活·读书·新知三联书店，2016：125。
③ 同上书，第131页。
④ 同上书，第125页。
⑤ 同上书，第135页。
⑥ 同上书，第327页。

似乎可以说"上海摩登"在另一个意义上是"自我寻求和自我矛盾"。

第二节 影像帝国

一、白话现代主义

荡游者以其"私人的""局部的"形式,展现了一种"人以其身体生活在他们自己个别的都市情境"中,构筑了一个列斐伏尔(Henri Lefebvre)意义上的"表记空间"(representational space)。尽管此空间的构筑方式同牵涉城市智性构想和上层论述的"空间表记"(representations of space)判然有别①,但毕竟能做到将理性的规划置于焦点之外而可以有闲前行,由此说明:此种感知确非一般的贩夫走卒可以参与践行。归根结底,空白主体其实仍为知识精英。纵然其漫不经心,但终归将现代主义和现代性抬离日常生活,成为一种稀缺的文化资源。不过问题是,如果这种感觉可以被大批量生产(The Mass Production of the Senses),或者换一种说法,现代主义可以被冠以通俗(popular)或者白话(vernacular)的前缀,好莱坞式的经典电影可以和现代主义互通有无,而非决然的二分对立,那结果又将是怎样一种情形?②

米莲姆·汉森(Miriam Bratu Hansen)和张真师徒关于中国早期电影的论述触及了以上问题。从经典电影(1917—1960年的好莱坞电影)和现代主义的对立入手,汉森尝试指出,过去学界对现代主义的定义过于经院化,视线所及,总是在戏剧、音乐和文学等"高雅"领域内徘徊,而未能将表面上看起来整一封闭的经典叙事电影纳入其中。如此一来,它也就自然而然地忽略了由此线性化的生产方式和艺术形式所表征的大众认知模式与感觉样态,尤其是它与时代的同步性。为了打破这种遗憾的分歧,汉森主张在两者之间建立连字符,以复杂化它们

---

① 有关于这两个概念的详细分解见邱彦彬:《恒常与无常:论朱天文〈古都〉中的空间、身体与政治经济学》,《中外文学》,2006(4):72。
② 这自然是指米莲姆·汉森最为国内学者所熟知的两篇文章:《大批量生产的感觉:作为白话现代主义的经典电影》(《电影艺术》2009年第5期)和《堕落女性,冉升明星,新的视野:试论作为白话现代主义的上海无声电影》(《当代电影》2004年第1期)。

各自的存现形态,并据此为经典电影正名。她建议采纳"白话现代主义"(vernacular modernism)的提法。一方面,"白话"可以和"通俗"及其暗含的政治意识形态(雅俗对立)拉开距离,以显示其在传播和再现现代方面的纯粹性;另一方面,它也通过扩展"经典语言"(拉丁文、文言文)的使用范围,向日常生活开敞,而将电影内部流畅的叙事线索引向电影之外,展开对电影文化及其影响力的(跨国)观察。当然,对汉森而言,"白话现代主义"之所以重要,不仅是因为其指涉了一个围绕着电影(文本)与其相关事实(环境)的巨大文化存在(如同李欧梵所描绘的丰沛的新兴都市文化),更在于它是一个充满公共对话、认同与传播的"感知反应场"(sensory reflexive horizon):在其中,临时、表面的个人情感既得到有效表达,也为他人,包括陌生人所认同。

在过去的电影批评实践看来,(电影)"工业"的含义无非是指:通过找寻"最大限度地吸引观众注意力的方法"(形式主义—认知学理论),而做到"将特定的种族、性别、财产、权力自然化"(心理分析—符号学理论)[①]。它表明的是一种对由机械复制所引发的平面化后果的人文焦虑。而与此不同,"白话现代主义"则表现出了较为乐观的心态,在坦陈叙事的同一性之外,它特别注意到了电影于此时此地的接受情境。汉森尝试从情感表达和交流的非均质性角度切入,来消抵意识形态整合的统一性(totalistic)和连续性。比如,从性的角度,心理学和符号学的分析均可以宣称,(异性恋的)男性观众是如何获取快感的,但是它们却疏于"解释女性在观看时的快感;并且因为它们强调的是心智(psyche),因而也不能解决观众的社会面貌问题(即除了无意识的私人构成外,观众作为群体的构成)"[②]。转而言之,尽管经典电影叙事板结、内容整一,甚至刻画的情感也趋于平面、保守,但是,一旦它进入到具体的"感知反应场"中,就立马重获新生,开始有了新的流动性,甚至不稳定性。谁在观看,在何种情势下观看,以及出于什么理由

---

① 米莲姆·汉森:《堕落女性,冉升明星,新的视野:试论作为白话现代主义的上海无声电影》,第45页。
② 林恩·乔瑞奇(Lynne Joyrich):《从电影到电视:女性媒体研究之路——〈暗箱〉(Camera Obscura)杂志的媒体之旅》,何成洲、王玲珍主编:《性别、理论与文化》(2010年第1卷),南京:南京大学出版社,2010:53。

观看,观看又连带刺激了哪些既往的私人和公共记忆,一系列阅读史的问题,将导致意识形态的控制很难达成一种同步性和统一性的效应。

尽管白话现代主义未必直指观众主体性的问题,承认其对各种话语具有相当的戒备、抗拒甚至协商能力,但是,却也明白无误地显示:无论出于何种社会和身体状态,个人可以完全依凭情感而参与到公共生活之中。这就好比1920年代在影院中对着《哪吒出世》虔诚焚拜的观影举动,固然荒唐至极,同时也缺乏必要的公共道德,但毕竟通过错置或者说想象性地发明电影的新功能,使观众在寺庙之外找到了一个传达诉求的新场所,并得到了广泛响应。张英进批评说,这一事实与其说是在展示某种现代性,毋宁说重蹈了封建迷信思想,很难被用于证明由广大观众所集聚起来的集体感官机制的效能。① 而事实上,这个发言仍以相当精英化的方式,抗拒了在公共空间中出现某些非理性的思考和行动。换句话说,狂欢被安排得过于井井有条,"混乱"本身成为一种展示和表演。为此,张真更进一步强调说,这些历史上的观众,仅仅是"城市景观中众多的'生理机能'",而非理性主体,或者"可以量化的实证统计数据"②。

这一点促使我们重新回到鲁迅关于现代文学起源奠基性的母题——砍头情结——上来。可以说,正是那种麻木的集体感官机制,敦促鲁迅回转到自身,检讨其同谋性,并且将之展延成对民族国家这个更大的公共话题的思考。在某种意义上,麻木的生理机能,连同这种机能所在的(跨国)观影环境,激发并生产了鲁迅自赎和谴责式的公共论调。尽管这种批评充满精英现代主义的气息,但是,它却是由更为普遍的(连同鲁迅本人在内)的白话现代主义——一种身处具体情境的即时情感反应(麻木、随喜、起哄以及道德的压力)——所奠定或者说提供资源的。

作为反省,汉森也特别提及了白话现代主义的"前身"——美国主

---

① 张英进:《阅读早期电影理论:集体感官机制与白话现代主义》,《当代电影》,2005(1):31。

② 张真:《银幕艳史:都市文化与上海电影1896—1937》,沙丹、赵晓兰、高丹译,上海:上海书店出版社,2012:21。

义。她指出,"美国在经典电影时期提供了有史以来第一个全球白话",尽管此白话不可避免地成为其工业倾销和全球扩展的重要助力与组成,但是"它更是唯一最富有包容力的公共视野(public horizon)"。因为它受到了来自全球各地的模仿和挑战,并在跨地域的语境中得到翻译和重塑。为此,她主张不应将美国主义简单地混同于标准霸权(统一的叙事风格及其背后的工业资本主义),而应该看成是在"规范内运作,却又与之形成张力,对其规范起离心作用"的一种"经验"(experience)①。换句话说,白话为现代主义赋予了使用上的便利性和权益性,在本土和美国之间建立了互动关系。在此意义上,白话是在民族国家间达成的,而不再是精英和大众的分野。比如在中国的语境里,中文相较于英语、戏曲之于歌舞,就是一种白话,因为它们更宜于捕捉和表达中国特定的历史经验,也更易于为观众所接受和把握。粗略而言,"跨语际实践"实际上可以被视为:对西方现代主义进行在地白话化(vernacularization)。

接续汉森的观点,张真还特意将"白话"同语言文学领域内"白话文运动"做出了历史关联,以突显其研究所面对和传递的中国特色。张真注意到,在英语论著中,"很少有人将文学史范畴以外的白话书写和现代印刷媒体文化,放置到更为广泛的对'文字科技化'的质询当中去,并探讨它与电影的互动关系"②。有鉴于此,她梳理了两条截然不同的白话路线。一条以"五四"精英为代表,通过广泛地借用日语外来词和西语语法而发展成一种国家编码运动,脱离群众;另一条则全面"扎根于身体化的存在和物质世界之中"③,混杂古典、世俗及外来的诸多因素,着力在日常的应用和对实际生活经验的传递之上,而成为一种非官方的文化存现形式。她指出,这种经验式的对待白话的态度,其实才是胡适提倡"白话文"改革的真正出发点。他所谓的"言之有物""不避俗字俗语",正是基于对经验、物及情感的肯定,强调的是非理性的运思。循此,张真总结道:"'白话'不仅局限于它的语言属性,也被理解为一种感性体验,它深深地与日常生活、社会现实等更为广

---

① 米莲姆·汉森:《堕落女性,冉升明星,新的视野》,《当代电影》,第46页。
② 张真:《银幕艳史:都市文化与上海电影1896—1937》,第32页。
③ 同上书,第43页。

阔的所指(如松绑了的脚),以及一套灵活的符号体系(如鞋样)的话语纠缠在一起。"①

可以说,"白话"在张真的论述里,已然成为一种历史喻说。当然此喻说在 20 世纪中国最好的体现,无疑是由女性所充当的。对张真来讲,这个转喻的过程,与其说是在重新搬用过去种种"架空—填塞"的符码制作方程,毋宁说她坦然面对了这样一种情势:既然女性可以为种种意识的、情感的话语所填充利用,甚或拥有自己的声音,那么,这一系列动作就足以从侧面说明女性的"白话特质":"她们"可以被广泛地看见、利用、代言,是一种最直观的生活和历史经验。所以准确来讲,张真讨论的并非某类固化的女性,或宽泛的女性全体,而是一种具备繁殖和生产能力的"女性工业"。"她"成为那个可以被批量生产的情绪感知场。如此而言,女明星可能就是此白话现代主义的不二人选。举凡妓女、村妇、女学生、摩登女郎、城市白领等众多身份、形象均可以通过影像和印刷工业所提供的扮装机会呈现自身,而且重要的是,这些形象在她们形形色色的观众眼中,既可以被凝视,也可以被模仿,更可以被唾弃、哀怜与怨怼。特别是在中国电影的起步阶段,类似于宣景琳这样妓女出身的女演员,通常和她扮演的角色之间有着某种重要的叠映关系。"个人罗曼史与制片厂的制作宣传、女性传记与电影技术史之间的相互交织"②,使得私人空间和公共领域时常被错置在一处,李代桃僵,这就更激起了"观众对电影的热情"③。

这种热情在张真看来,可能代表了白话现代主义运转起效的重要面向。但是,这种技术人格化的过程也带来相应的后果,阮玲玉可能是这个后果最为惨痛的代价之一。因为公私界限在"白话化"的境遇中被逐渐模糊,她越是成功地扮演各种角色,就越引起人们对她私生活的猜想,甚至混同。换句话说,这个白话现代主义所展示的公共空间,并非是以最理想、最理性的方式和面目出现的。情感的冲撞固然带来了交流,但也同时引出了伤害。"人言可畏",恰恰是由印刷文化这个白话现代主义最核心的组成推波助澜完成的。而人言这个最重

---

① 张真:《银幕艳史:都市文化与上海电影 1896—1937》,第 40 页。
② 同上书,第 13 页。
③ 同上书,第 19 页。

要的白话,也因此泄露它在所谓的民主形态背后不安定的因素。如是,我们当想到陈思和在关于民间的论述中专门提出类似的见解,即民间固然活泼自为、天地广大,但毕竟形态上藏污纳垢、鱼龙混杂。①

阮玲玉的个案,同时也促使我们再次回到上述张英进所言的"封建"问题。作为进一步的思索,我想追问的是:为什么白话最容易为流言、艳史、封建等内容所占据?而决定这种占据的动因,又暗示了白话现代主义怎样的生产机制?白话现代主义既然代表一种日常的经验,那么,为什么它总是和耸动的、本能的面向关联,其静水深流甚至无聊重复的面向怎样展开一种对大众也具有吸引力的现代主义?或者说经典电影会表现并吸收这些内容成为其叙事的一部分吗?作为一种初步的思考,我所想到的是学术界关于传统的四种态度和观察,它们可以被借来思考白话发生的方式及问题。第一种观点,出自列文森著名的"博物馆化"理论,在针对儒家文化的当代命运思考方面,列文森以为传统已不敷以应对当下的种种,因而只合宜于束之高阁,作为过去荣光的见证②;而与之相反,林毓生则以为传统未必寿终正寝,经由各式各样的再发明利用,传统依然活在当下,并有其丰沛的创造性转化能量与可能③。作为一种居中的调和,王汎森提出了第三种既非完全乐观亦非绝然悲观的看法,即虽然传统并未沦亡,但其被生产、发明的过程,因为启动了一套人为的建制论述,故而就造成一种必然的此消彼长的不均质化发展,主流传统的示现,实在是以各种低音的消抵为前提,故而这种利用传统的过程可以"消耗性转化"视之④。最后一个思路,则是董玥从日常生活老百姓对废物的修补利用中凝练提出。在其看来,传统虽未匿迹,但终归破碎不堪,可即使如此,百姓仍以一种勤俭的态度对之,将其修补再用,此过程它既不消耗,也不创造,而是同各种新的可能拼盘、杂处,并且一样用之得心应手,甚至还较过往

---

① 陈思和:《民间的浮沉:从抗战到文革史的一个解释》,《中国当代文学关键词十讲》,第128页。
② 列文森:《儒教中国及其现代命运》,第371—374页。
③ 林毓生:《中国传统的创造性转化》,北京:生活·读书·新知三联书店,2011:291。
④ 王汎森:《关于〈执拗的低音〉》,《读书》,2013(11):142—143。

稳妥实用①。白话现代主义的生产方式,至少在张真师徒看来,是一种获得来世的创造性翻译,它抗议了那种将经典等同于落伍与不合时宜的做法,但是,阮玲玉事件又显然昭示其消耗性的面向。而至于艳史、封建的介入,则更说明良莠不齐的现状,就犹如五方杂处的社会现实和废物利用方案一样,花样百出,甚至更靠近日常。换句话说,白话现代主义既然尝试面对更广阔的文化史,那么,它也就必须要接纳自身有可能剑走偏锋甚至面目不清的事实,把这四种方式加以糅合性地处理看待,即它们不是"层累"而是"交错"的关系(intersectionality),正如女性主义所言的:黑人女性所体验到的歧视"不是种族歧视与性别歧视的累加,而是作为黑人女性"②。白话现代主义要处理的也不是创造和消耗、隔绝和利用,而是这四种甚或更多的立场。

二、学科跨国主义

我想用"学科跨国主义"来指代如下一种现象,即近代以来,中国文学学科的建制、发明,总是以一种跨文化、跨语际的方式进行,它不仅更新了我们对诸如"文学"的定义和认识,更重要的是,还包括如何理解、把握、生产文学的方式。换句话说,近代中文学科的发生,并不是一个简单的知识上的交流和再造,而是一种体制化的改编和重整,它将文学视为一个巨大的文化文本来处理和解读。而如果我们尝试将观察的对象聚焦于电影,那么这个结论就会显得更加明晰可辨。单从各类国际电影节对中国电影的重塑和加持这一点来看,"中国"的民族国家形象和地区标示,或者更具体地说,"中国电影"的命名与成立,多少和《黄土地》《红高粱》等民俗类影片成功跻身国际行列、受到西方首肯关联莫大。

在有关中国电影起源的分析上,周蕾和张真的经典论述都涉及了跨语境与跨文化的问题,但是,她们更愿意将其重点处理成一个有关男性性别无意识的故事。在这个故事里,男性或者出于维护自身精英

---

① 董玥:《民国北京城:历史与怀旧》,北京:生活·读书·新知三联书店,2014:26—27。
② 郭爱妹:《交错性:心理学研究的新范式》,《南京师范大学学报》,2015(6):106。

位置的需要而拒斥以电影为代表的技术观视,回转传统,尝试在文字的世界里再造文明;或者干脆将计就计,在技术观视无可遏抑的情况下,精心营构一个电影的梦世界,将女性作为其重要的白话道具,以便引起公众或感伤或兴奋的普遍情感反应。在她们的性别视野中,电影尽管民主,妇孺贫弱皆宜,但可惜这种民主终究是以"原初"作为动力机制,在过去、女性、情色、土地、贫穷之中打转,因而没法摆脱一种潜在的二元结构。如此而言,跨越的工程虽然被短暂提及,如鲁迅身处日本而回望中国、好莱坞电影不断影响电影发展,等等,但是,其还是被关于"自我"生产与审查的问题所取代;而同时西方则成为另一个重要的"白话"资源,站在中国的对立面推进中国文学与文化的转变。可以说,正是为了弥补(效仿好莱坞)或者放大(表现原初)中西之间的这种差异,中国电影才有了其始源性的发展。

这种基于对比而非比较的跨文化观察,显然很容易使中国和西方都双双落入到本质主义的泥淖之中,试想"艳史"的提法在拒绝一般的民族国家或精英叙事之际,是不是也可能同时迎向西方具有等级意识的性别窥淫。而且更进一步来看,美国主义虽不会完全同扩张、倾销等同,但是,何以要说这种主义的在地化所能引起的情感是全球普遍共享的?即使是同一种直观的感伤、欢乐都应有其具体的差别,就好比鸳鸯蝴蝶派的文学,仅仅在处理感伤的情绪时就区分出了不下十余种的可能①,这足见"白话现代主义"不仅只有白话的面目,而且更具备现代主义的复杂纠葛。为了能够充分抓住这种复杂性,张英进建议使用"比较电影研究"的框架来取代"跨国电影研究"。因为在其看来,前者"更确切地抓住了电影的多重方向性,即电影同时呈现为外向型(跨国性和全球化)、内向型(文化传统和审美习惯)、后向型(历史和记忆)和侧向型(跨媒体的实践和跨学科研究)"②。而且相较于传统的比较文学研究,比较电影研究至少在三个方面有所突破:一、超越民族国家的模式;二、避免精英主义的立场;三、开拓比较的范畴,在影响和平行

---

① 于润琦:《我国清末民初的短篇小说》,于润琦编:《清末民初小说书系》,北京:中国文联出版公司,1997:12。
② 张英进:《比较电影研究与跨国电影研究》,周宪、何成洲、马俊亚主编:《语境化中的人文学科话语》,北京:北京大学出版社,2008:97。

的事物之外,容纳跨学科、跨媒介和跨技术的关系。①

依照张英进的看法,周蕾和张真的电影史观太执着于讲述一个实存的民族国家故事,而遗忘了"中国"其实不妨做成一个比较的可能,即透过中国去超越感时忧国式的历史关怀,在更为细微的层面上(学科、媒介、技术)形成一种全球流动,甚至成为全球的化身。当然,应该意识到全球化未必切实带来弱势族裔的多元复苏,技术、媒介、学科这些看似中立的知识与事物,在很大程度上仍带有等级观念,它们间的对话通常并不能在同一个层面上推进。这就好比好莱坞电影所代表的视听技术对传统中国影话和书写系统的冲击,就不能单纯地以影响、对话关系来加以涵盖说明。周蕾以对立的方式将中国这个大写的自我指认或者说发明出来,所倚靠的也就是这种不平等关系。换句话说,没有西方这个他者,中国在很大程度上难以澄清自身。不过问题是,既然连接、超越地方和国家的全球化本身都受制于强势文化(麦当劳、星巴克、好莱坞,等等),甚或就是强权本身,那么,寻求比较,至少在目前的处境里,就是在寻求对立?透过中国而全球化,是不是也就相当于再一次地证明西方在地化的成功实践及其普世性?

对此,斯皮瓦克以为,既然我们无法回避有人要做全球代理(agents)这个不争的现实,那么就干脆就对此弃如敝屣,重新启用一个"星球"(planet)的概念来做超克。她说:"全球化就是将相同的交流系统强加在所有的地方。"而星球则是"运用一种未经检验的环境主义论,联系到一种未经分割的'自然'空间,而非一个分化了的政治空间"。在那里,我们是臣民,是芸芸众生,而不是"地球的代理人"或"个体",如此"他异性就不会从我们这里派生出来,也不会对我们进行辩证地否定。它既涵盖了我们,同时也会拂袖离我们而去"②。通过理想化地将自我转变为他者,或者说,人群中的人,斯皮瓦克找到了一个没有权力纷争的跨文化场所,也由此,为比较文学的死而复生找到了突围之路。但问题是,在一个中心主义已经变成不假思索的潜意识的状

---

① 张英进:《比较电影研究与跨国电影研究》,周宪、何成洲、马俊亚主编:《语境化中的人文学科话语》,第97页。
② 加亚特里·查克拉沃蒂·斯皮瓦克:《一门学科之死》,张旭译,北京:北京大学出版社,2014:90—91。

况下,学者们虽无意于重新启用冷战或者殖民的思路,但是受制于其能力和所学,他们没有办法不将自己所熟知的或所在的文化(产品)当作比较的重要内容之一,甚或很可能还是标准之一。这种在无意中画下的界限,已经变成我们所处的现实环境,而我们的当务之急,恰恰不是去设想一个纯然的对话空间,召唤一个遥不可及的星球未来,而是直面这种给定且短时间内不可改变的环境,自处弱势地发展各种协商的能力。

正如张英进所揭示的"呈现"和"遮蔽"事实上是同步的,或者说同一的。"screening"既是指将"影像搬上银幕",也是指"在前方放置一架屏障以'遮蔽'某些东西"①。如此,所谓中心主义的观念,恰恰只有在文化相遇的过程中才出现,它尝试遮蔽他者以自我投影,可是,遮蔽的过程又同时变成一种他者得以成像的重要契机。就好比妖魔化或色情化中国的方案,也在一定程度上使得中国得以浮现;而这种浮现,也同时招徕了西方对自身的批评。第三世界的国族寓言,就见证了陈光兴和王晓明所谓的"第三世界"作为"一种视野,一种精神立场,一种感受和思考的方式",如何"充满全世界"②,帮助西方世界清理和反思知识分子与公共政治之间那种若即若离的关系。作为引申,张英进说,成像就好比生产,而遮蔽就如同创作或批评。这一点也可以见于周蕾对鲁迅幻灯片事件的解读。一方面,帝国主义的"风景画"(投影),催生了鲁迅式的国民性批判(生产);而另一方面,这种批判也同时指向了对帝国主义的清理(创作或批评),即透过国民改造的计划来抵御这种观看(既反对群众围观,也反对帝国凝视)。对此,周蕾说,幻灯片事件所集中反映的内容之一,就是"'第三世界'国家的精英阶级因应现代性和帝国主义压力的一种运动,它将旧的、前现代的申诫与惩罚观念中的肉体迫害和视觉奇观转化成以教育为特质的、'进步的'(由于它更行之有效)申诫与惩罚观念",表现的乃是"符号系统之间以及新旧符号学主体形成过程中政治力量斗争之间的运动"③。

---

① 张英进:《影像中国:当代中国电影的批评重构及跨国想象》,第3页。
② 王晓明:《跋〈陈映真的第三世界〉读后》,陈光兴:《陈映真的第三世界:50年代左翼分子的昨日今生》,上海:东方出版中心,2017:213。
③ 周蕾:《原初的激情》,第37页。

当然,值得进一步追思的是,这种符号之间以及符号内部的纷争运动,到底是在一个怎样的场所之中展开的?显然,周蕾并没有重点分析那间日本的大学教室对于理解和生产这个 screening 的重要性。或者说,这个跨文化的接触地带,因为是以一种延迟性的方式进入到鲁迅的思考中来的,时移世易的变迁,反而使得中国此时此刻的处境才变得重要。试想观看行为如果不是发生在日本,要是没有起哄的日本学生以及自我随喜的经历,这个行动的结果是否仍能导致一种强烈的自我批判?多重时空的跨越和错置,导致了观众身份的多样化和重叠化,最终导生了鲁迅的同谋感。在某种意义上,那个作为教育空间出现的大学教室,就此具有了一定的指涉意味。比如,它和在西方观看中国电影,并对这个结果进行审视(screening)就具有同构性。

张英进把研究看成是 screening 的第三重含义,代表的是从细节进行审视。对张英进来讲,这些批评话语的细微之处,不仅表现在其对电影文本的深耕细作之中,也同时显现于其对"中国电影"进行命名或定性这样的"大事件"之上。这些习以为常的称呼,反而成为意识形态或历史观念的重要栖身之所。从权力建构的角度来看,没有什么东西是生来如此且惯常不变、自然而然的。"中国"在西方这个巨大的教育空间里,到底指涉的是一个政治实体,还是一个美学范畴?她代表的是地方民俗,还是全球景观?其文化产品,如电影的生产制作,是被处理成出于想象的跨国行为,还是基于地点的跨地观察与实践,都值得一一追查。① 正如同鲁迅在面对由日本人提供的幻灯片时所一再追思的是中国人和国民性问题,那么,当张英进们面对由海外学界所提供的种种关于中国的 screening 时,他们也在一定程度上急迫地思考这种成像是如何同现实中国发生联系的。换句话说,学科跨国主义不是要指涉一个在海外生产中国的巨大学术工程,而是这种生产本身如何跨国地同它的研究对象有了历史性的对话。

如果说,西方的中国电影批评,更多地建立在理论与文本的交锋之上,那么,跨国学科主义则要再一次地促使这些研究文本重新回到和现实交锋的老问题上来,即中国电影不是关于中国的电影,而是指

---

① 张英进:《影像中国》,第 37—48 页。

那个在中国的现实中制作完成的全过程,它指涉的是环境与关系,而非类型或结果。这样一来,我们将重新回到"文本"或言"文"乃是编织、交错的始源意义上来,并同时注意到电影作为现代工业的产物所尝试编织的内容涉及政治、经济、历史、文化、科技、人等方方面面的内容。这么说,并不是指传统的文学书写可以完全避开上述环节,而是基于两者的比较,我们大体可以说,过去的文学书写相较而言更具自足性,因而周蕾将它指认为文人的庇护所,它可以回避科技的强有力冲击。但是,电影则必须向这些内容全面开敞,如此,介入这个开敞的文本,我们就不能仅把它视为一种结果或形象,并尝试用中国性、中国美学此类既笼统又兼具本质倾向的词汇将之概括,把它从具体的语境中抽离出来。跨越不同的界限,使它变得无中心化,同时也变得更加复杂。当我们试着回顾海外的中国电影命名史时,即可以清楚看到这种趋向是如何一步步廓清的。从中国电影(Chinese cinema)、中国民族电影(Chinese national cinema)到中文/华语电影(Chinese-language cinema),甚至跨国中国电影(transnational Chinese cinema),地区、民族、语言的观念仍是其关怀的要义与中心,但是,最后到了华语语系电影(sinophone cinema),则干脆以一种"反离散"的姿态来抗拒曾经存在过或者现在有什么中心的看法,同时强烈主张去认可此时此地的合法性。① 在这样一个批评框架里,史书美特别强调了对当地的义务和职责,而不是对过去、原乡无止境的追慕与怀想。②

在此,我们可以试着比较理论旅行和跨国学科主义的区别,以便说明旅行并不完全是天真无邪的,它始终将"理论"作为中心,并且在原点和他乡之间设立了基本的思考路线和"遥不可及"的距离。萨义德从一个非常现实的角度入手,将理论旅行描述成是从"原点出发——跨越距离——在地转化——变成本地"的四段论运行模式。③对他来讲,这个行动不仅是单向的、不可逆的,而且,理论在此过程中

---

① 鲁晓鹏:《海外中文电影研究的四种范式》,《影像·文学·理论:重新审视中国现代性》,北京:中国文联出版社,2016:113—126。

② 史书美:《反离散:华语语系研究论》,台北:联经出版事业股份有限公司,2017:27—51。

③ 刘禾:《跨语际实践》,第 27—30 页。

具有绝对的主导性,或者至少说那个"原点"提供了足够大的动力和环境来促成这次旅行的发生。由此,原点是难以被超越的终点。但是,在反离散的视域里面,起点已经完全丧失了意义,或者这个本地就是我的起点,起点和终点是重叠的,使它既是输入同时也是输出的枢纽。它并不关心过去和来源,而是在乎此刻和未来,并积极地对各种将它边缘化的中心主义展开批评,使各种地点、势力散点化。在这个意义上,反离散不是要绝对地去取消那些我们所来自的地方,而是使它和其他地方一样,变成我所在的关系网络中一个无特权的点。同样可以中国电影为例,它的资金、演员、设备、工作人员,甚至发行都可以完全来自国外或在国外发生,如此一来,中国不再是起源,而是各种因素交织共生的枢纽。据此,学科跨国主义实际上是在响应费边(Johannes Fabian)关于人类文化共时性的构想,从而逐步削弱历时性的因素或言负担。它赋予此时此地更多的弹性和发展可能,而不是依靠在一个世袭的传统之上,被视为衍生物或者对比物。

这样,中国电影学科的建制,可以一种反离散的方式,在美国或西方世界被构思和发展出来,用李欧梵的话说,这体现为一种"游走的中国性"[①],即它不为它的出生背书,而坚信其能量的无远弗届、灵根自植。是此,中国电影或广义的中国文学概念要成立,并不会只由中国的政权、社会和历史所提供的资源来完全支撑,它包含了游走他方的再发明。而这一点恰从反面表明,汉学或者说从周边定义中国,缘何具有其合法性和重要性。

第三节　声情并茂

一、有声的中国

视觉转向和读图时代的来临,通常被看成是 20 世纪中国文化的一大重要转折与表现。由印刷媒体及新式影像技术所推动的"视觉盛宴",全面改造了我们理解和陈述中国的方案,开启了全新的现代意象

---

① 王德威:《文学地理与国族想象:台湾的鲁迅、南洋的张爱玲》,第 9 页。

和生活图景。然而事实上,这种转变不应该被看成是一种历史性的转折,恰恰相反,它是一种文化上的延续[①]。表面上,视觉文化对传统的以文字为中心的表述模式带来了巨大冲击,但细绎之下,无论是文字还是图像,其实都还在寻求视觉经验和技术的支撑。相反,倒是包括听觉在内的其他各类感知经验被无情地回避了,至少在听觉和视觉之间竖起了一块宛如谢弗(Raymond Murray Schafer)所谓的"巨大的玻璃",造成了一种所谓的"音裂"(schizophonia)[②]。

对谢弗而言,玻璃的应用,虽起到了物理隔音的效用,但亦带来诸感官的分裂和知识的分野。可见而不可听,此为感觉经验的分裂;这里和那里的区隔、噪音和乐音的空间分殊,是为知识的层级。由此,如何把声音重新纳入个人生命体验,其意义就不单纯在于重建一种身体经验史,而意味着重新整合各种感觉经验和人文认知的历史,在一个知识考古的意义上,重新正视权力作用于身体的种种表现和后果。尽管此后果对谢弗而言,全无正面含义,是层层恶化,直至音裂。但是,在厚古薄今的思维里,谢弗还是愿意提出"音景"(soundscape)观念,尝试勾连声音和空间的关系,跨越地、整体地把握"听觉",这多少表明,声音的发展至少是一个"与人类文明而不是与自然界更相关"的历史进程。这一点得到了科技史家艾米丽·汤普森(Emily Thompson)和新文化史家阿兰·科尔班(Alain Corbin)的明确回应,他们均试图透过各自的著述,在一个历史的意识里来表明听觉问题的动态性和丰富性。[③] 以阿兰·科尔班《大地的钟声》为例,他在书里,不仅把"钟"及其声响视为乡村文化的枢纽,以为其在生死、悲欢与人我之间建立起了一种特别的交流关系,而且重要的是,钟声更迭的背后,牵涉的是一段旷日持久的乡村权力斗争史:"怎么敲,为何敲,在什么时候敲,谁来敲"[④]均非不证自明,而是拜特定的历史环境所赐。

[①] 这个传统至少从希腊时代就开始了,参见沃尔夫冈·韦尔施:《重构美学》,陆扬、张岩冰译,上海:上海译文出版社,2002:213—216。

[②] 雷蒙德·默里·谢弗:《被玻璃所阻隔的"声音景观"》,《文学与文化》,2016(2):92—94。

[③] 王敦:《"声音"和"听觉"孰为重:听觉文化研究的话语建构》,《学术研究》,2015(12):151—158。

[④] 王敦:《听觉的文化意义解读:过去和现在》,《中国图书评论》,2012(5):42。

而回归到中国的文化语境,叶文心也曾针对民国时期中国银行的权威结构做过类似分析,同样,她也把目光锁定在同仁宿舍入口上方的那口"巨钟"之上,并提醒我们这一物象和外滩海关大楼顶层所嵌之西式大钟,具有同构性。两者均是对现代生活和工作时间的一种宣示,是一种身体的规训和时空的界划。① 对叶文心而言,巨钟之"巨"终究只是一种视觉和心理上的效应,而远非"距离"之"巨"。原因在于她所研讨的对象毕竟有其特殊性和局限性,都是体制内部的人物。如若进一步追问,当钟声传递到院落、宿舍之外,那周围的白领和市民又会因之而起何种变化呢?叶文心所描述的巨钟乃是"高悬在上,远近可见"的"醒目标志",殊不知,明镜高悬,亦可视若无睹;反倒是钟声入耳,恐怕一时避之不及。据此,汪民安把耳朵看成是"最富于悲剧性的器官",因为它无法自我关闭,甚至比起眼睛,"耳朵更加被动,如果不将声音转化为意义,就只能到处遭遇噪音"。②

当然,与此同时汪民安也注意到,恰是因为声音和耳朵之间的这种错位与不协调,成就了两者之间更为有机、流动和发散的关系。他写道:"在看电视的过程中,身体总是被动的,电视以强烈的物质性存在于家庭的固定中心,它需要身体去适应它,身体因此总是消极的……但是,收音机则完全不同,人们不仅不受收音机的方位控制,还可以同收音机保持一段灵活的距离;收音机并不要求人们保持不动,相反,人们可以不断地让收音机移动,让收音机配合适应自己。"从这个意义上来看,"收音机和身体组成的是一个临时性的流动关系"③。在汪民安的观察里,收音机和身体间的这种临时性关联之所以能够达成,很大一部分原因是基于科技的发展,比如从高音喇叭到随身听,这种流动性呈现出递增趋向,且包含私密性。不过饶是如此,流动也并非完全意味着"体—物"之间的约束和规训关系变得更为薄弱。例如,黄心村就以 1970 年代中期遍布全国的"向阳院"为例,说明政治观念是如何借助电影、电视、收音机、黑板报等视听管道层层渗透到生活空间之中,造成一种

---

① 叶文心:《时钟与院落:上海中国银行的权威结构分析》,董玥主编:《走出区域研究:西方中国近代史论集粹》,北京:社会科学文献出版社,2013:265—266、273。
② 汪民安:《论家用电器》,开封:河南大学出版社,2015:81。
③ 同上书,第57—58页。

"全民娱乐"的现象,从而使得业余生活变成了政治生活的延续。①

紧随叶文心和黄心村的观察,我们可以追踪,声音除了作为一种区域现象,其在跨国的境遇里面到底遭遇了怎样的变故,以及表现出何种不同的文化政治。在唐小兵关于延安视听经验的讨论中,我们已经注意到了声音的跨地性,意识到延安的声音文化其实熔铸了来自城市、性别、青春、抗战等多方面的话语②,但显然唐小兵也乐于将这样一种多音、跨地的声音现象导向对具体国家的想象,而有意忽略延安文艺其实不妨也是世界文学或者说天下观念有力体现者的一面③。为此,我们有必要提到安德鲁·琼斯(Andrew Jones)以及他对中国1930年代流行音乐(时代曲)的研究。在《留声中国:摩登音乐文化的形成》(*Yellow Music: Media Culture and Colonial Modernity in the Chinese Jazz Age*)一书里,他着意勾勒了一个声音或者说流行文化的跨国网络,提示我们在半殖民上海,以黎锦晖等为代表的音乐创制人,如何杂烩式地熔铸了来自欧美及本土的音乐灵感,同时也一并贮藏(stockpile)早已内化于其中的"国际化社会关系"(international of social relations),比如种族歧视。

对琼斯而言,由黎锦晖等人所创作的各种时代曲,尽管表面上流行,甚至契合了"五四"所倡导的西化、启蒙等政治与学术诉求,却也无可避免地使自己成为众矢之的。原因无他,在一种"技术进化论"的视角下,声音永无可能只是一种纯粹的形式。如果说复调、和声足以表征西方音乐的"理性"思维,那么,中国和其他非西方音乐,以及黎锦晖所不断调用的爵士乐,则因为具备过多无法用五线谱来表现和标注的微音程(microtone),而不得不落入一种种族架构之中。由此,"黄色"作为流行曲的标签,在一开始就暗含了两个层面的指责。第一,在内容和基调上,它是色情的、颓废的,与写实、救亡的时代重音相悖;第二,在政治和文化指向上,它代表备受歧视、等待改造的种族与肤色。琼斯将这种经由殖民拟仿所得的认知和分类方案,称之为"技术统治"

---

① 黄心村:《孩子·院子·一九七五:上海向阳院运动中的文字和音像》,王尧、季进编:《下江南》,第308页。
② 唐小兵:《聆听延安:一段听觉经验的启示》,《现代中文学刊》,2017(1):4—11。
③ 王斑:《山沟里的世界文学》,《小说评论》,2022(4):69—82。

或者说"乐音建制"(sonic regime):即"依照西方和声学、记谱学里的形式逻辑规格,来改造中国的乐器",同时更是"以音乐为其实用的工具,据此划分实质或思想的疆界,唤起民众支持,也镇压反对的声浪"①。

与通常意义上的文学工具论不同,琼斯特别指出,音乐的实用主义更在于它的技术基础,或者说物质形态——留声机,以及与此相关的唱片及唱片灌制技术。由于这些技术和媒介的外来属性,很容易使我们去历史化地"把原来以政治体为主的问题——进行机械复制的工具集中在殖民强权和跨国资本的手中——改用文化差异来看"②。而这种置换所带来的最大问题是"会教人忽略了这项技术发明后,在西方同样是很'新异'的东西,西方……和中国一样,都不得不去适应这新型媒介的要求和可能。这冲击在欧洲、亚洲,在巴黎、上海,几乎是同时并行的……当时技术流动的速度,和往返于殖民贸易路线的汽船速度是差不多的"③。

为技术寻找起点,并进行种族化的定位,对琼斯来讲,无异于在文化领域重蹈了一次殖民经历,而且比军事上的侵占更具危险性的是,技术的拓荒同时擦除了内外两种在地经验,变相地把技术的起源遮蔽起来,使其变成一种知识律令,而与此同时,技术的传播也不断地被"非场所"(non-place)化,即周志强所谓的"声音技术可以让声音'摆脱'其场所和空间的限定,从而让人的身份、气息和光晕只凝聚为一个可以被不断叠加、编排和合成的新的场所空间幻觉"④。在这种幻觉里,人们似乎有机会透过技术的支持而接触到更多元的声音,同时决定自我喜好,形塑一个民主的自我,而事实上,技术毋宁从根本上造成了一种隔离,它使得声音和肉身分离、听觉和现场割裂。由此,倾听成了一种去社会化的存在,它不复承载历史和记忆,而只具备同质化的"悦耳"特性。

---

① 安德鲁·琼斯:《留声中国:摩登音乐文化的形成》,宋伟航译,台北:台湾商务印书馆,2004:38,39。
② 同上书,第16页。
③ 同上书,第14页。
④ 周志强:《声音与"听觉中心主义":三种声音景观的文化政治》,《文艺研究》,2017(11):94。

不过，在如是一种深具洞见的人类学视域里，我们仍不得不注意到两类观察的缺席。第一是流动性的缺失。尽管说现代社会创造了无数临时的、过渡性的"非场所"，例如主题公园、高速公路、候机楼等，但是，这些新的"非场所"事实上因为可以容纳传统人类学场所所不兼容的各类关系，并通过频繁地与人类发生关联，反而形塑出一种全新的文化身份，比如"空中飞人"。换句话说，"非场所"的流动性，敦促人们更为审慎地应对各种偶然和随机的现象，并最终把它吸纳为一种日常生活，变成"场所"；第二是主体性的缺席。如果说工业化格局中，机械复制无可避免，人们必须聆听被各种文化霸占的同质化声音，"扮演一个非常被动的消费者角色"①，那么，问题是谁在利用这些技术进行生产？而这个利用的过程是否可以被看成完全是受到文化操控或政治主导的行为？换一种提法，即在大众文化工业中，除了读者和听众，作者何在？他的价值是什么？

循着这个提问，我们可以指出：技术提供的不只是意识上的隔绝，同时也是一种搅混。对琼斯来讲，其中最大的搅混正是："留声机文化和殖民现代性之重叠"②。或者借用史书美的表述——都市西方（西方的西方文化）和殖民西方（在中国的西方殖民者的文化）的交错。"在这种两分法中，前者被优先考虑为模仿的对象，同时也就削弱了作为批判对象的后者。"③针对这个分类，史书美并没有解释，其中是否暗藏一种人类学式的起源纯正论，并暗指伴随殖民进入本地的西方文化，实不过是不值一哂的变种而已。但是，针对都市西方本身，我们却可以清楚地辨识出若干层级的存在，并且在这些层级之间存在着纯与杂的分殊，就如同萧友梅所推崇的西方古典音乐和黎锦晖所借镜的爵士乐，本身虽都隶属于都市西方的体系，却在半殖民中国遭受了截然不同的待遇。刘禾曾以国粹派和新文化人士之间的论争说明，两者争辩的目标虽同，即立足翻译的现代性来做自我界定，但却存在着谁更能代表中国和代表西方的重大分歧。"究竟是什么构成了中国文化？谁

---

① 麦克卢汉：《麦克卢汉精粹》，何道宽译，南京：南京大学出版社，2000：203。
② 安德鲁·琼斯：《留声中国：摩登音乐文化的形成》，第84页。
③ 史书美：《现代的诱惑》，第43页。

代表它？谁又有资格去说，什么算中国的，而什么又不算中国的？"①这些提问无疑也适用于西方，甚或更具体的西方音乐。例如，在以描绘现代"都市风景线"著称的刘呐鸥那里，爵士乐就与"原始的性欲"挂钩，并且被种族化地指派给了非洲人，而非散居于美国的非裔。因此，相比起具有悠久历史的古典音乐，黎锦晖的音乐实践会自动被降格成现代性的反面教材也就无可厚非了。因为它并非来自那个现实或想象的西方。不过，这种错置或者说降格，对史书美来说，却恰恰提供了一个可能用来打破"知识分子将现代性观念看成是西方所有物，中国人只能跟着学习的老观念，将现代性放置在一个包含有半殖民文化'污秽'的成分混杂的领域内"②。

史书美的发言不仅敦促我们重回历史，直面那复杂、错乱的现场状态，而且也指出了所谓的"半殖民"并不是一个单纯的地区状态，而是一个全球文化、政治会通、拉锯的结果。而同样是在这种混沌里，我们可以反过来质疑刘禾关于如何鉴别中西文化的上述一系列提问，指出问题本身其实暗含一种本质论的前提，认定必然存在一个中国和西方。在这个意义上，如果说五四新文化人在努力寻求一种新的中国音乐和话语，那么，与他们一道，黎锦晖不妨破解国族的迷思、种族的分野，而践行一种"非中国化的中国音乐"。据此，黎锦晖就和那些流亡中国寻求机会的俄国乐手，或者美国黑人演奏家一样，"以一身扞格，反映爵士乐在全球流动的世纪里的失根和流离"③。

二、有情的历史

在琼斯看来，现代音乐毕竟是技术的产物。而围绕着这种技术的发生以及传播，就无可避免地带来一种社会化的运作与控制，再加上此社会化的进程又与帝国主义的军事、文化殖民同步，于是音乐就顺理成章地成了更大范围内文化斗争和意识形态论战的场域，久而久之，甚至变成一种架空的符指（signifier），用于展示"意识的定位"

---

① 刘禾：《跨语际实践》，第 291 页。
② 史书美：《现代的诱惑》，第 337 页。
③ 安德鲁·琼斯：《留声中国：摩登音乐文化的形成》，第 188 页。

(ideological position)和"文化的情调"(cultural sensibilities)①,却始终和音乐更素朴层面上的情感或抒情(lyricism)无关。

因此,当我们重新启用情感的观念来定位音乐的时候,必然要承认文化和意识形态的分析并不足以解释某种音乐何以流行,广为传唱。除了和此时此地的场所、氛围有涉,音乐之所以动人,恐怕不得不回转到对其情感的讨论上来。不过,历来"情感"一方面因为流转无形,在理性的光辉之下,并不足以或者可以建立一套有效的分析方案,而多遭受忽视;另一方面,情感也多被认为属于个体的心理活动,虽可上达至博爱、人道等崇高层面,却终究难以被拔擢为具有主导性的力量,比如在革命、救亡的实际行动面前,情感无论如何都只是一种辅助。不过饶是如此,我们仍可以追问,是否情感只能作为思想的对立面而存在?在启蒙与革命的召唤下,当时人积极澡雪精神、淬炼国格之际,情感又是否可以发挥它的"微"力来处理与应对种种出人意表的不堪和不能呢?

从理论的探索上来讲,威廉斯(Raymond Williams)的"情感结构"(structures of feeling)当然最为我们所熟知。在其人看来,既然社会与文化充满流动性,那么,我们对各种事物的观察,就不能想当然地视为已经完成。在整体与局部、结果和过程、社会和个人之间,一种永恒不居的经验(social experiences in solution)正活生生地展开着,且尚未成型。而且唯有在这样的律动和拉锯里,事物的意义和历史的真相才能得以廓清。② 换句话说,情感之所以有用,在威廉斯这里,恰恰是因为它的流变无形、变化多端。尽管德勒兹(Gilles Deleuze)未必是从这个意义上来发挥他对情感的观察,但有志一同的是,他和威廉斯一样把这种流变看成是世界以及人的本质,并名之以"情动"(affect)。所谓情动,就是身体与身体之间的感触,以及这种感触所引起的无尽变化的情绪。在德勒兹看来,真正的现代主体,不是笛卡尔意义上身心分离的"我思"主体,而是处于持续生成中(becoming)的情感

---

① 安德鲁・琼斯:《留声中国:摩登音乐文化的形成》,第24、96页。
② Raymond Williams. *Marxism and Literature*. New York: Oxford University Press, 1977, p.133.

主体，需要从身体的行为和作为中去界定、把握。所以，德勒兹要追究的"不是人（身体）是什么？而是人（身体）做什么？能做什么？我们应该从人的动作和谓语，应该从人的存在方式的角度来断定人"①。

换而言之，革命、启蒙虽高自标置，却未必疏离情的流转迁变，而且恰是两者的合力，引来当代主体的于焉成形与众声喧哗。有如王德威所言："革命的能量既源于电光石火的政治行动，也来自动人心魄的诗性号召；而启蒙虽然意指知识的推陈出新，却若无灵光一现的创造性情怀则难以成其大。"②在此意义上，抒情之情，未必凌空蹈虚、别无所依，恰恰相反，"情"之所起，必源于千变万化的事"情"。在此意义上，"抒情"所要处理的乃是内外、公私的律动，而非自我内部无法排遣、不值言说的心理活动。对于王德威而言，这样的律动当然放置在1949年的大断裂里面来观察、深耕会更具价值，因为值此语境，历史再造、新人更生，却有一众人物抱持着"虽千万人吾往矣"的姿态而言抒情，背离史诗。如此巨大之张力，必然要暴露种种我们过去研究之所不见。比如，沉迷文物考古的沈从文，表面上似受到各方压力而"脱离"文学，转投更为安全的领域以求自保。但殊不知，在这些贴身的衣物/遗物之中，沈从文不仅重新指认了历史的变动不已，辨识交织于服色、花纹之内的社会集体想象，甚至也重造了一种对"文学"的认识，而且也"只有对'文'、'学'古典意义有所理解的读者，才能体会沈从文的用心。从这一古典脉络来理解，'文'这门学问不仅是美文而已，也是一种印记，一种'纹理'，一种'文心'，彰显于艺术、文化建构，甚至宇宙天道运行之间"③。

王德威的观察，无论有心还是无意，似乎都直指近代以来中国文学的概念太过踵武西方，反而有了作茧自缚的嫌疑。不过，20世纪中期的宏大史诗语境，表面上虽要不断收拢和规约吾人对于概念的理解和阐释，却也结结实实地泄漏其实我们对于艺术和文学的把握仍有大

---

① 汪民安：《何谓"情动"》，《外国文学》，2017(2)：116。
② 王德威：《史诗时代的抒情声音：二十世纪中期的中国知识分子与艺术家》，涂航等译，台北：麦田出版股份有限公司，2017：9。
③ 同上书，第214页。

的转圜空间。如果说言说的可能尽净,那么,又何来管理的必要呢?在此意义上,王德威也就有意要把书法、绘画、戏剧、音乐乃至政论,统统纳入到"文"的范畴里面来研究,以显示经历了半个世纪的跌宕起伏,文人、艺术家们对 literature 的本土再生有了新的认识,乃至全新的发明。这种发明,对王德威来讲,无疑源于古典。在传统的诗论之中,无论是"诗言志""诗言情",还是"发愤著书",乃至"史亡而后诗作",所关心和处理的其实都不是"诗"或"文"的本质问题,恰恰相反,它们不断地介入"事"与"情"的关联之中,主张内外的呼应、对话,甚至认为"诗"就是要处理"史"的不能,替代它来对历史做更直接的回应。就此,抒情毋宁是一种伦理的担当,即言史之不能言、不便言和不屑言。

　　以何其芳与冯至为例,两位抒情诗人的创作在民族复兴与国家重整的机遇里,虽焕发了全新的再生冲动,但是,精神上的淬炼和技艺上改造,无论如何都不能同步协调,早期诗艺里的"梦"与"蛇"竟不断折返前来,带着颓废、幽暗的意识不断搅扰再生的进程,使风格上的间歇(caesuras)变成了自我矛盾与解构的罅隙(aporias),以至于"梦"带来的不是觉醒、光明,而是"层层堆叠的迷梦";蛇的蜕变,带来的不是新生,"而仅显现(蛇一般)缠绕的缠绕、重复的重复"①。而且,也正是在此种崎岖、暧昧的辗转里,我们意识到抒情的伦理。言,也是不言。换句话说,诗与史的辩证,除了互为补充、增益,其实也是互守各自的界限,暴露自己的不能。

　　由此,我们说,王德威看似要无限扩容抒情的能量,让其上至政教意念、生命态度,下至生活做派、风格文类,无所不包,但其实,这看似宏大的抒情道统在其看来,总是和幽微、卑贱的黑暗意识关联,自处弱势而寻求隐微修辞。有心者自然知悉,王德威所尊奉的抒情美典,其实有一大部分的思路和启示来自海外。陈世骧、高友工、普实克等人对抒情虽各有见解与定位,甚至意见相左,却无不抱持"文化乡愁"的心态,愿意为彼时方兴未艾的政教中国投下细微变数。表面上,其人

---

① 王德威:《史诗时代的抒情声音:二十世纪中期的中国知识分子与艺术家》,第 278 页。

的论说，好像有意要在西方世界为中国文学开辟理路，甚至与种种西方的文学理论分庭抗礼，但究其实质，他们以这样一种"包括在外"的执着心态，要发掘中国文学的多音（polyphonic）特质，甚至愿为其正本清源。不过，正如普实克所见，这样的抒情毕竟微弱或只是过渡，就有如革命的征召终要在1920年代末的中国尘埃落定，也因此，抒情不辍，也最终必以一种潜流暗涌的形式展现。

在这样的思路里，抒情毋宁是面向人我关系中的那个被压抑自我（selfhood）的。王德威说："'自我'是个建构，由种种个体与群体所形成。"① 在此，我们所想到的或许是克里斯蒂娃所论述的贱斥（abjection），即一种通过强烈甚至暴力的排异方式来区隔人我，并逐步建立自我主体的动作。这一动作的旨归在于打破一致性、系统性和秩序性。不过饶有趣味的是，这个我们所极欲推离（-ject）的物体或对象，并不是弗洛伊德意义上的"父亲"或"父之法"，而是"母亲"——一个同时具有吸引力而又令人仇恨的磁力中心：我们受它滋养，却吊诡地尝试脱离她，而且唯有摆脱她，逃离子宫，我们才得以降生。② 循着这样的思路，我们当然会注意到，抒情一方面虽在不断拒斥宏大的史诗叙事将之同化、规训，但另一方面却也唯有在如此的史诗境遇里方能成其大。而其极致处更在于，主体为了免除"弑母"的罪恶感，竟借由艺术想象的方式，着人先鞭地将"母亲"处理成"死亡形象"，以此来规避对于阉割的畏惧。③ 这就好比胡兰成明知自己的行止难见容于讲求"修辞立其诚"的抒情母体，故而着意发明一脉荡子美学，并强作解人，以为历史的正、变交叠，必然要发展出种种"变"来应对"不变"，果如是，山川的洒丽、民间的坦荡——一言以蔽之："情之真"——方能显现光大。对于胡兰成来讲，如此正面坦然地和盘托出自己的身世经历，无非是出于真诚，而非辩解，但在王德威看来，却着实暴露抒情和

---

① 王德威：《史诗时代的抒情声音：二十世纪中期的中国知识分子与艺术家》，第32页。
② 克里斯蒂娃：《恐怖的权力：论卑贱》，张新木译，北京：生活·读书·新知三联书店，2001。
③ Julia Kristeva. *Black Sun*: *Depression and Melancholia*. Trans. Leon Roudiez. New York: Columbia University Press, 1989, p. 28.

伪饰的界限其实十分模糊,甚至还有可能相互催生。换句话说,抒情的主体哪里可能都如沈从文或台静农那般,致力于思辨历史中形而上式的个人发展;身体的、物欲的,甚至卑贱的形而下的存在形态,一样是主体建立所要面对的重大议题。所以,从抒情伦理的角度来看,胡兰成未必仅是一个道德上的伪善者,其实他也提供了我们思考情感的一个重要面向,发展出了抒情内部的对话结构。

当然,要想在20世纪分辨什么是内部、什么是外部,本就是个困难重重的问题。比如,同样是在关于20世纪中国情感问题的讨论中,潘翎就指出我们目下所熟知的"爱情"一词,其实系出自林纾的译笔。尽管《醒世恒言》中早已出现过同样的表述,但在意思上却相差很大。而全新的语义发明,也带来了全新的认知模式和情感结构①。尽管以鸳鸯蝴蝶派为大宗的近代爱情叙事,仍倾向于用儒家的传统结构来组织故事,将男性的英雄形象和新型的家国情怀挂钩,但是,这种对于已然不在之物的迷恋,在周蕾看来,恰恰成了戏仿(parodic)功能的一部分。"在小说中,我们常常发现叙事的拼凑分裂于感伤主义(sentimentalism)与教诲主义(didacticism)之间、分裂于多愁善感的通俗剧(sentimental melodrama)与作者坦率直言的道德意图(the author's avowed moral intent)之间。"而如是一种"独特形式风格(mannerisms)隐然地削弱了'内容'中有意识地拥戴之处,意即对于女性美德的儒家态度。"②换句话说,事与情的错位,使得抒情的原初结构变得不再稳定,甚至促发了举着红旗反红旗的倾向。时移世易的境遇里,抒情也必然要闻风而动,与时俱变。但问题是,以冯至和何其芳的例子来看,这种俱变,又是否会严丝合缝而不带来新的罅隙呢?若干年后,当商品大潮涌动,种种精神上的寄托陨落,人们纷纷寄希望于回向"历史"来构造"个人"、指认"现代",但是,如此大规模的感伤活动,在"为我们的现世生存提供某种'合理'依据"之余,也使历史表象背后

---

① Lynn Pan. *When True Love Came to China*. Hong Kong: Hong Kong University Press,2015,Chapter 7.
② 周蕾:《妇女与中国现代性》,第85页。

"庞大的而匿名的经济机器"运转得更为灵光,通过将"现实政治文化因素的'在场'指认为'缺席'",使怀旧变成了"又一处镜城"①。

可以说在一定层面上,"抒情"并不是作为"史诗"的反面出现的,相反,它是一个"关键"。透过它,古今中西的问题与话语,有了辐辏碰撞的可能。而循此思路,我们当意识到高友工所谓的"抒情下放"(continuity)问题②,即抒情传统在明清由诗歌转向小说这一现象,看似在强调抒情道统的绵延不息,毋宁说,抒情作为一个关键,给那些正逐渐成长起来的文类、载体提供了一个可以充分活动的空间。换句话说,不是新兴的文类收容了式微的抒情,而是抒情许诺了更多的文类可以将之延展、应用,甚或更进一步,正是通过抒情这个"审美意涵上的文化共同体",各种文类以及新旧的规套(convention)之间显示出了一种连类关系,展示了所谓的"大文学"或者说"泛文学"的理念。

在此意味里,王德威对"抒情"当然委以重任,并对其结果抱有相当乐观的看法,这一点和商伟对《儒林外史》抒情视镜的观察很不相同。同样也是面对这个萎缩退化、事后重造的传统,商伟就不无悲观地评介道:"面对破碎的不再令人着迷的现实世界,它(抒情)已经无法从中召唤出一个具有整合性的、赋予人生以意义的整体;相反,它入乡随俗、随遇而安,与外部世界之间的张力因此已基本消解,或者名存实亡。"③无独有偶,张松建也在他关于1930年代中国诗学的论述中指出,"抒情主义""在凝聚了强大能量的同时,也蕴含着内爆的危机和走向衰颓的可能性"④。表面上,王德威似乎对抒情的能量有着过高的估计,但是,在两厢的比较中,我们应该追问:首先,抒情在20世纪中期如同吉光片羽式的闪现,是否完全等同于失败或者说消解,特

---

① 戴锦华:《隐形书写:90年代中国文化研究》,南京:江苏人民出版社,1999:126—128。
② 高友工:《中国叙事传统中的抒情境界:〈红楼梦〉与〈儒林外史〉的读法》,浦安迪:《中国叙事学》,第200页。
③ 商伟:《礼与十八世纪的文化转折:〈儒林外史〉研究》,严蓓雯译,北京:生活·读书·新知三联书店,2012:402。
④ 张松建:《抒情主义与中国现代诗学》,北京:北京大学出版社,2012:75。

别是在所谓的"一切坚固的东西都已烟消云散"的后现代语境里,做出这种体察,是否另有隐语? 其次,随遇而安、入乡随俗,可否代表一种新的情动状态,展示它和历史、现实新的对话方式,特别是在史诗宏文不断收束抒情空间的状况下,这种苟且求全的方式,是不是也有它特别的价值?

或许归结来看,王德威所在意的其实不是一个恢弘的抒情传统的赓续与传承问题,而是,抒情作为一种能量和可能,在历史的宏大整体中,不断显示它散点化、碎片化的特征,并最终引起一种本雅明意义上的"星座图"(constellation)效应:"无论阅读者看到哪一篇文章,都能产生以小见大的感动,也与其他文章互相映照,组合成不同的关系网络。"①

---

① 王德威:《现当代文学新论:义理·伦理·地理》,北京:生活·读书·新知三联书店,2014:20。

结语
知识生产、帝国审美和学术盘剥：一种反思

贯穿全文，我用一个"去"字结构来总结我对英语世界中国现代文学研究的基本看法，并且反复强调：所谓的"去"不是彻底地根除和无视，恰恰相反，它极有可能是从其要"去"的对象之中汲取灵感，甚至这些对象本身就为"去"的思路提供烛照和建议。必须承认，尽管像帝国主义、殖民主义、典范意识之类的思考模式，在批评意念盛行的今天已经穷途末路，可是，其余绪和残存依然会在汉学研究之中阴魂不散，而且从根本上无法清除殆尽。其中一个关键的原因在于，它们已经成为今人深入了解汉学传统及其发展沿革的重要组成。越过这些观念，我们难以解释今天的汉学缘何如此。正是在这样的意义上，我定义的"去"毋宁是一种立定学科史的跨文化对话和反思，而不是政治学或社会学意义上更为急迫的反帝反殖民运动。不过，需要补充的是：这种学科内部的反思，也不能因此就沦落成经院气十足的符号拆解和话语奇谈，以不痛不痒的方式大谈多元主义和文化互惠。相反，它应当遵循"永远历史化"的训诫，通过不断地重返历史，在具体的文本脉络（context）中去清理、辩难，甚至攻克那些制约着我们深入探讨的因素和前理解。

通过主题式的分章讨论，我已经揭示了海外中国现代文学研究所做出的各种有益示范，并且也适时地针对某些专著或论点提出了检讨。不过，这种大醇小疵式的读法，总有其权宜性。如果我们承认并不存在一部十全十美的研究著作，那么，要在其中找到一些遗漏或者短见，实在可以说是瓮中捉鳖。为了避免造成这样一种好坏对开的阅读印象，同时也为求建立一个更具全局性的视野，我将在最后的部分

转入对海外中国现代文学研究的总体性反思。这些检讨将显示：在不同的主题操作之下，仍然暗藏着一些更为基本的叙述框架和制度结构，它们持续左右或牵制着汉学的研究。说得更清楚一点就是，无论这些反思在多大程度上反叛了过去的定见或者共识，其都是在西方学术圈这个给定的语境中完成的。它们的生长依赖于这个环境所提供的种种便利和设施，包括理论和资金等，当然，也同时接受它的审查。所以，学术研究从根本上说，不可能是纯粹的精神性活动或思辨，而是一种拥有物质基础的社会存在。正是在此意义上，我提出了如下三点思考。

一、知识生产

按照福柯的意见，人文学科很难以所谓的客观或科学来做评价。原因很简单，再直白清浅的表述，也是历史运作和权力流通的结果，追根溯源定会牵扯出一大批观念的纠缠与磨合。这就好比今天谈"新文学"，对什么是"新"，什么是"文学"，什么是"新文学"都有一个严格的界定。它们都带着自身的话语历史，参与到这个组合空间中来。而且，这种界定本身就是一种权力显现的方式，或者说一种规训式的解读。一方面我们要承认这种规训有它的问题，比如强烈的排他特性——"新文学"的潜台词正是"旧文学""俗文学"，等等，但是另一方面，也要看到脱离了这些基本的预设，我们就很难来界说一些极普通的现象，例如不用"新文学"或"五四文学"如何把1919年之后的文学和之前的晚清文学区分开。从这个最粗浅的理解来看，知识大抵算是一种"共识"。"共识"可以被打破，也可以重新缔结，但是，在某一段时间内，它的状态是稳定的，因而，会被不断地征引、重复，并由此深入人心。这个过程就是我讲的"生产"或曰"繁殖"。回顾前文的论述，我们大致可以总结出如下三种"生产"类型。

一、政治驱动型。美国"中国学"的早期设置有力地印证了这一点。1950年代以来，以"现代/当代中国"为对象的研究开始日趋壮大，而传统的汉学则日渐式微，其中关键的动力正在于，这些时新的、有关地方和区域的知识大大满足了美国制霸全球的战略需要。而其核心架构正是冷战模式，或曰二元对抗模式。费正清关于近代史上中西关系的假设——"冲击—回应"之所以能长存不衰,很大程度上正受益于此。而日后,柯文针锋相对地提出商榷意见,一个至关重要的推力,也是基于政治层面上的,那就是美国新一代对包括越战在内的美国霸权的反思。不过,尽管是反思,一个根本性的认识却是永恒不变的。那就是"区域研究"的理念永不会施加于美国自身及其历史。虽然近来的研究有将欧洲本土化、边地化的趋势(provincializing Europe)①,但是,这种理解依然使美国享有豁免权。原因无他,"区域研究"总是意味着中心对边缘的审视。换句话说,因为美国是世界的中心,所以它不是区域研究的对象。

二、市场驱动型。在赵毅衡细致而扎实的《诗神远游》一书中,他虽然有力地指正了"中国如何改变了美国现代诗"②,却也径直回避了这种影响的动力学机制到底何在的问题。我想,除了现代主义者所表现出来的那种寻求东方外援的强烈创作信念之外,普通大众对于一个"神秘"国度的好奇心,也极大地造就了这一点,并带来了一个有利可图的出版市场。我之所以这样判断,是因为不仅在诗歌领域,在电影行业内,有关中国形象的生产也开始在同一时段渐趋流行。从早期的《娇花溅血》《阎将军的苦茶》,到后来非常著名的陈查理、傅满洲形象,好莱坞反复利用这种东方好奇心,打开消费市场,在当中既投射私人的异域想象,满足西方人的东方主义胃口,也尝试化解自身一再出现的身份和情感焦虑,尤其是直到今天仍不断引发争执的种族问题。

三、文化驱动型。这一类型的"知识生产"主要是基于严肃的学术探讨。通过重返学院,它摆脱了各种外力的干扰,以更为平正也更加深入的方式进入到中国文学和文化的肌理内部,并对其做出相对客观的介绍、探讨和反思。基本上,本书所讨论的各种著述都可划归此列。可是,也要指出,恰恰是这些表面上看似最公允的著作,所带来的"危险性"最大。而且,这种"危险性"就直接存在于本文之中。我是指那种从形式上严格界划出一篇学术论文该如何设计、布局,甚至于引证的知识生产模式。只需快速地浏览一下每本海外研究著作的目录,

---

① Dipesh Chakrabarty, *Provincializing Europe: Postcolonial Thought and Historical Difference*. Princeton: Princeton University Press, 2007.
② 赵毅衡:《诗神远游:中国如何改变了美国现代诗》,上海:上海译文出版社,2003。

其一成不变的模式正是：引言—例证—结论式的三段论。这种所谓的美国学术标准已经成了中国国内评阅机制的一部分，甚至是唯一部分。尽管它有利于学术规范的养成，以及有效地进行学术监督和国际接轨，但问题是，摆脱了这种论述套路，我们还有没有可能把观点表述清楚？套用"失语症"的提法，在丢失了语词和概念之后，我们是否还要继续丢掉说话的方式？我相信这种反应绝不是空穴来风或者夸大其词，2010年引发轩然大波的"汪晖事件"，导火索正是这种所谓的"国际惯例"。而且有意思的是，提出问题的恰恰是中国学者，而为汪晖辩护的却是西方，尤其是美国学者。惯例的发源地是如此"宽容"，而应用地区的学者却意外地严厉，两厢对照，颇能激出一些思考。

总结这三种生产类型，我们至少可以指出两个问题。第一，生产绝不意味着内部消费，它的目标在于利益的最大化，也因此一个国际市场成为它潜在的目标。政治驱动型和文化驱动型自不待言，市场驱动型表面上是西方内部的东方想象，但是，这些想象并没有单纯地停留在娱乐的层面上，它们被挪用作西方人处理种族问题的替换性策略，同时更衍生出一套要求东方提供类似产品的再生产机制。三大国际电影节对民俗电影的表彰，多少带有这种国际消费的色彩。从这个层面出发，我们可以捕捉第二个特点，即技术化。通过供给摄像机、学术规范之类貌似无涉利益的手段或工具，西方人给出了一种世界通行的"语言"，可是，具体到研究之中，我们看到，这种通行的语言被摒弃在外，受到关注的只是言说的内容。一个典型正是，美国的中国电影研究，从没有就电影美学的问题展开讨论，他们的焦点只聚集于电影所要表现的内容。这里面的逻辑正是：形式是西方的，内容才是中国的，在形式上，中国永远是西方的学徒，所以可以置之不理。这种置之不理，透露了比"知识生产"更进一层的内容，王斑称之为"帝国审美"。

二、帝国审美

王斑说，全球化的语境之下，资本潮四处流动，它宣称"所到之处，人人受益，各民族各国家将打破文化、传统、地理与历史的藩篱"。这样的全球流和审美心态,可以被视为"帝国审美"①。帝国审美滋生了一种以世界公民自况的审美主体。他们以所谓的全球共融、文化共存、利益共享为诉求,积极寻求进入世界框架的契机。不过,愿景虽美,现实却极其残酷。在他们奋力进入到这个事实上是以"美国梦"为核心的世界时间进程之中时,却被迫放弃了那些能够真正界定自身情感和伦理状况的身份标识,被动地以单一的美国"语言"展开活动。遍布全球的星巴克、麦当劳、肯德基不过是其最浮面的表现。在学术和文化领域,一种可嗔可怪的现象是,海归博士、留洋教授成了高薪、高职的代名词,接受西方学术训练成了一种重要的象征资本。这正是一种典型的帝国审美:表面上虽然是在寻求学术资源的多样性,可实际上,却在故步自封、预设等级,不仅将中西对立,更是天真地将学术经历与学术能力画等号。

而回到现代文学的研究领域,一个不争的事实是,"现代性"已经成了我们解释自晚清以来中国文学发展唯一合法的阐释路径。尽管"现代性"的前缀变化多端,从"翻译的""另类的"到"迟到的",不胜枚举,可是其终究还是徘徊在西方给定的观察视野之内,无法挣脱。而且,即使抛开这种强烈的帝国规范不说,这些千姿百态的现代性研究,恐怕没有几个真正就"现代性"到底是什么样的、该如何界定,又与西方的现代性有哪些具体差异的问题做过详尽探讨,其研究的着力点总是那些令人目眩的定语和前缀。这样的做法,所导出的结果恰恰不是帝国审美表面上所要传递的"共通性",而是其下暗含的绝对等级差异。换句话说,这恰恰是一个"写实主义"式的悖论:你越是强调中国文学有与世界同步对话的能力,就越是暴露这种能力是架在一个等级结构之中的,差异才是其核心,这正好比,写实主义以改造现实为依归,可是其越写实,就越是揭发出改造的无望。

当然,我并不是说,要就此抛弃"现代性",或者更彻底地与西方理论划清界限;而是说,要不断地去拆分这些观念的细节,把它的层次显示出来。例如,王德威谈晚清的现代性,就是从知识、正义、欲望、价值的转移和新变中去定位,而不是笼统地谈论一部作品、一位作家有了

---

① 王斑:《全球化阴影下的历史与记忆》,第191页。

哪些迥异于前人的表现和突破。要知道,一部文学作品之所以能够成为经典,必定有它的过人之处,从这一点来看,历朝历代的作品都可以有其"现代"的特质。果如是,现在的"现代"和古代的"现代"就不能被真正、有效地区分出来。也许有人会强调"西方影响"和"日本中介",这确实是个不动如山的事实,可是,我们越是去强调这些方面,就越会落进帝国审美的陷阱。一个主要的原因就是,目前的研究总有一种将西方抽象化、影响笼统化,甚至直接是美国化的嫌疑。比如,白培德(Peter Button)就大大批评了美国人文教育对欧陆哲学传统的回避,并极富挑战性地指出:夏志清当年所标举的"新批评"观,实际上是经过美国南方意识形态洗礼的一个学院内部的批评支流。而夏志清在具体的应用中所真正启动的又仅仅只是其中的形式观,对其核心的哲学反思,即"什么是人""人的意义何在"却束之高阁①。从这个例子推展开来,我们可以讲,帝国审美的真正问题并不在于它对国际主义的诉求或全球化的殷殷期待,而是,它把这种国际主义变成了一种普世主义。

  普世主义的思维一定是将事物平面化、本质化。它不仅塑造像麦当劳、肯德基这样举世皆然的同化形态,而且也有意建筑像世界公园这样五彩缤纷的民俗景观。表面上,这是在营造文化多元,可实际上却是在践行文化相对论,并且变相地暗示:进入全球体系,每个国家和民族都应该带来相应的见面礼。以上面提到的电影研究为例,通过抽空其中的技术因素,可以说,剩下的恰好就只有一张民族或国家的皮囊。如果考虑到内容和形式并不能被强行拆分,或者两者之间互有补益的作用,甚至如思想史家所讲的,形式本身就可以是一种内容,那么,我们就绝不该单纯就着电影的内容来强作解人,而罔顾两者的配合导出了哪些具体的时间观念、历史意识、审美体验和文化认知。由这个例子,我要放大这样一种认识,即电影研究,或者说现代文学研究,不仅仅是一个理论干预,以及理论如何干预文本的问题,同时也是针对文本内各种构成要素之间对话关系的探究。而这些要素除了涉

---

① Peter Button. *Configurations of the Real in Chinese Literary and Aesthetic Modernity*. Leiden: Brill, 2009.

及审美层面,例如叙事者、叙事视角等,同时也包含不同学科之间(如电影语言和文学语言)、不同文化之间的辩证关系。对于这种辩证,需要特别强调的是,它不是左右开弓,而是学科/文化意识、学科/文化语言的对接和对话,一定是一种交错形态。惟其如此,电影研究,或者更大的视听研究,才能真正避开"泛文字化"的问题;文学研究,才能走出平面化、抽象化的阴霾。

三、学术盘剥

如果说"帝国审美"已经有了相当出格的表现,那么,下面要谈论的这种研究形态,则更是有过之而无不及,我称之为"学术盘剥"。它的问题不仅仅在于建立一种统一的西方审美标准,以帝国之眼来凝视、审判中国,更在于它的发言只针对也只取材于某些个别现象的个别层面,而且反复利用。做一个简单的比方,如果说"帝国审美"不过是用西方理论来剪裁中国文本,那么,"学术盘剥"则意味着用所有的理论来榨取同一个文本。一个信手拈来的例子正是鲁迅。从解构主义、现实主义到情感结构、生命政治,以至现代主义、女性主义、创伤记忆、视觉观视,凡此种种,都曾在鲁迅的身上一试身手。平心而论,尽管这样千姿百态的理论试验足以显示鲁迅作为"现代文学之父"的多质性和多面性,但是,我也不禁要问:这样三头六臂的鲁迅还真是原来的鲁迅吗?在某种意义上,他是否已经沦为一个任人拿捏的符号和玩偶?我之所以这样说,原因不仅在于鲁迅受到了过度的阐释,而且还在于,这些阐释只落足在鲁迅少数的几部作品之上,譬如《狂人日记》《阿Q正传》《伤逝》等。虽然夏济安和李欧梵已经就鲁迅的《野草》《故事新编》等著述做出过精彩的解读,但是在其之后,已经鲜有人提及,更遑论其他知名度稍逊一筹的杂文、随笔和翻译作品。导致西方学术界在如此狭小的范围内不断玩弄叠床架屋游戏的一个根本原因是,除了翻译作品,他们几乎没有阅读过鲁迅的其他作品,甚至连这些翻译作品的原文也都有可能没认真地阅读。这种抓住一鳞半爪就大肆发挥的做法,跟经济学领域内所谈论的劳动盘剥行径颇为相似,所以我依法炮制,命之以"学术盘剥"。

不过,我们要承认这种学术盘剥远远比劳动盘剥来得更为诱人和无害。关键的原因在于,它生产的是一种中国文学拥有饱满质地的迷人神话。对中国人而言,当然乐观其成;而对研究者本人而言,正像周蕾不客气的批评所说的,它有力地维护了其既得的学术利益,所以何乐而不为——这里面的逻辑正是:因为研究对象具有重要价值,所以,研究工作本身也就变得极为重要。换句话说,这种盘剥在某种意义上变成了一种皆大欢喜的双赢。所以就此而言,它又和经济学领域内的"盘剥"不太一样,因为在那里,劳动者永远都是受害者。由此,我尝试着引入电影学领域对"盘剥"的定义,即一种反复利用狗血桥段、煽情要素或主题风格来刺激消费的制作或叙事行为。电影研究者称它为"剥削电影"(Exploitation Film),其典型的特征正是成本低廉、制作粗糙,而内容又不外色情、暴力、毒品之类能逗引观众"欲望"或者满足其窥淫、好奇心理的东西。

  这些解释无疑提醒我们注意,学术剥削之所以能够成功运转,很可能得益于其与某类心理结构产生了呼应。它或者满足了人们对于"多"的主流诉求,或者切合了部分人对于"新"的强烈憧憬:借着观点的反叛或理论的表演来推翻所谓的"学术权威""既有结论",实现学术的多元和自由。举例来说,后现代理念之所以会在中国受到热烈追捧,很大的原因是,它们被读解成对西方的反叛和检讨——而这正是中国知识分子总结、反思"五四"以来文学、文化遗产,特别是政治遭遇后所形成的一个核心共识。譬如,"东方主义"就被简单地压缩成了"反西方"。而在萨义德的定义之中,它至少包含了学科知识和意识形态两方面的内容。换句话说,作为知识的"东方学"已经被架空遗忘,循此而来的问题就是,《东方学》在学术史,特别是推动西方学术思潮转型上的独特贡献被忽视,并由是变为一个纯粹的反叛行为。这种漫画式或曰庸俗化的读法,不仅无视后现代思潮在西方历史语境中与现代性错综复杂的关系,更是一再拖延了非西方读者特别是第三世界读者真正建立起其独立反思立场的议程,或者说放弃了那种基于本土经验的"去帝国"批判,而将这种主动权完全寄托在从西方内部爆发危机或叛乱这样不切现实的想法之上。

  除了上面提到的阅读量有限,以及某些特殊的学术利益,造成"学术盘剥"的另一个关健在于,海外研究不可避免地受到"去历史现实"

的影响。这个意思是说,尽管海外的研究有其明确的问题意识,甚至反思立场,但是一个不容回避的事实是,这种反思意识在更大程度上是建基于学术史内部的,它检讨的是学术成规、思想定式、观念僵化,但是缺乏对现实中国社会文化生产直接有力的干预和关怀。换句话说,其学院氛围胜过了人文气息。一个显然的事实是,大部分的研究都同声一气地对政治干预文学提出了有力的质诘和批评,却极少有人像王斑、刘康、唐小兵等人那样,仔仔细细地检查马克思主义思想与革命政治传统对塑造今天的中国社会有着怎样不可估量的贡献。特别是在全球化的语境下,当告别政治成为主导姿态之时,这种基于现实干预的反思,而非学术批评的学院思考,就显得尤为重要。

当然必须申明,我的意思绝不是说,唯有中国人才有解释中国的权力,因为只有他们才更清楚中国的现实是什么。这种看法同样也是利益化的显示,正如甘阳在《谁是中国研究中的"我们"》一文中所批评的:"这种力图强调'我们'与'中国'具有某种别人所不具有的'根源性认同'(original identity)的刻意努力,一方面固然表达了作者或作者所代表的'我们'力图占有'中国研究'的强烈欲望;另一方面,则毋宁反映了作者或'我们'的一种极大的焦虑,及生怕失去对'了解中国'的占有权的焦虑,生怕'解释中国'的权利和权力被别人攫取的焦虑。"①

承接甘阳的意见,我愿意回到本书的主题之上,即海外汉学所示范的乃是一种学术方法。不论其中利弊得失有多少,关键在于接受它、运用它的人秉持一种怎样的立场、以怎样的心态,以及用何种方式来面对它。正是在这样的层面上,我以为我们务必放宽眼量,无分内外,与海外同侪一道共襄盛举,齐齐致力于深挖中国现代文学与文化的价值;而且,也只有在此合作的基础上,我们才可以来谈论所谓的"汉学主义"到底有没有在国内成形,它又有哪些问题,暴露了哪些积弊,而不是以一种焦虑的心态来面对汉学,面对跨文化的交流。

最后,且让我引一段钱锺书先生的长文来结束本书,钱锺书所说的跨文化的境界与姿态问题,恰恰也是我们面对海外汉学所应该秉持的立场和心态:

---

① 甘阳:《谁是中国研究中的"我们"》,《二十一世纪》(香港),1995(12):21。

余尝谓海通以还，天涯邻比，亦五十许年，而大邑上庠，尚有鲰生曲儒，未老先朽，于外域之舟车器物，乐用而不厌，独至行文论学，则西来之要言妙道，绝之惟恐不甚，假信而好古之名，以抱守残阙，自安于井蛙裈虱，是何重货利而轻义理哉！盖未读李斯《谏逐客书》也。而其欲推陈言以出新意者，则又卤莽灭裂，才若黄公度，只解铺比欧故，以炫乡里，于西方文学之兴象意境，概乎未闻，此皆如眼中之金屑，非水中之盐味，所谓为者败之者是也。譬若啖鱼肉，正当融为津液，使异物与我同体，生肌补气，殊功合效，岂可横梗胸中，哇而出之，药转而暴下焉，以夸示己之未尝蔬食乎哉？故必深造熟思，化书卷见闻作吾性灵，与古今中外为无町畦。及夫因情生文，应物而付，不设范以自规，不划界以自封，意得手随，洋洋乎只知写吾胸中之所有，沛然觉肺肝所流出，曰新曰古，盖脱然两忘之矣。《姜白石诗集序》所谓"与古不得不合，不能不异"云云，昔尝以自勖，亦愿标而出之，以为吾党告。若学究辈墟拘隅守，比于余气寄生，于兹事之江河万古本无预也。①

---

① 钱锺书：《徐燕谋诗序》，《写在人生边上；人生边上的边上；石语》，北京：生活·读书·新知三联书店，2002：228—229。

参考文献

【凡例】

1. 参考书目分中英两类编入,其中英文部分如有中译,直接列于后,不在中文部分重复;
2. 按作者姓名音序排列,同一作者著作不论编、译、著,按出版年月编排;
3. 参考书目只列研究类著作,不收杂志文章,此外作品类亦不收录。

【英文参考文献】

Abbas, Ackbar. *Hong Kong: Culture and the Politics of Disappearance*. Minneapolis: University of Minnesota Press, 1997.

Anderson, Marston. *The Limits of Realism: Chinese Fiction in the Revolutionary Period*. Berkeley: University of California Press, 1990.
【安敏成:《现实主义的限制:革命时代的中国小说》,姜涛译,南京:江苏人民出版社,2001】

Barlow, Tani E., ed. *Gender Politics in Modern China: Writing and Feminism*. Durham: Duke University Press, 1993.

Berry, Michael. *Speaking in Images: Interviews with Contemporary Chinese Filmmakers*. New York: Columbia University Press, 2005.

——. *A History of Pain: Trauma in Modern Chinese Literature and Film*. New York: Columbia University Press, 2008.
【白睿文:《光影言语:当代华语片导演访谈录》,罗祖珍、刘俊希、赵曼如译,桂林:广西师范大学出版社,2008】

Braester, Yomi. *Witness Against History: Literature, Film, and Public Discourse in Twentieth-century China*. Stanford: Stanford University Press, 2003.

——. *Painting the City Red: Chinese Cinema and the Urban Contract*. Durham: Duke University Press, 2010.

Button, Peter. *Configurations of the Real in Chinese Literary and Aesthetic*

Modernity. Leiden：Brill，2009.

Chang, Sung-Sheng Yvonne. *Modernism and the Nativist Resistance*：*Contemporary Chinese Fiction from Taiwan*. Durham：Duke University Press，1993.

——. *Literary Culture in Taiwan*：*Martial Law to Market Law*. New York：Columbia University Press，2004.

【张诵圣：《台湾文学生态：从戒严法则到市场规律》，刘俊等译，镇江：江苏大学出版社，2016】

Chen, Xiaomei. *Occidentalism*：*A Theory of Counter-Discourse in Post-Mao China*. New York：Oxford University Press，1995.

【陈小眉：《西方主义》，冯雪峰译，南京：南京大学出版社，2014】

——. *Acting the Right Part*：*Political Theater and Popular Drama in Contemporary China*. Honolulu：University of Hawai'i Press，2002.

——, ed. *Reading the Right Text*：*An Anthology of Contemporary Chinese Drama*. Honolulu：University of Hawai'i Press，2003.

Chen, Yu-shin. *Realism and Allegory in the Early Fiction of Mao Dun*. Bloomington：Indiana University Press，1986.

【陈幼石：《茅盾〈蚀〉三部曲的历史分析》，北京：社会科学文献出版社，1993】

Cheung, Dominic. *Feng Chih*：*A Critical Biography*. Boston：Twayne Publishers，1979.

Chi, Pang-yuan & David Der-wei Wang, eds. *Chinese Literature in the Second Half of a Modern Century*：*A Critical Survey*. Bloomington：Indiana University Press，2000.

Ching, Leo T. S.. *Becoming "Japanese"*：*Colonial Taiwan and the Politics of Identity Formation*. Berkeley：University of California Press，2001.

【荆子馨：《成为"日本人"：殖民地台湾与认同政治》，郑力轩译，台北：麦田出版股份有限公司，2006】

Chow, Rey. *Woman and Chinese Modernity*：*The Politics of Reading between East and West*. Minneapolis：University of Minnesota Press，1991.

【周蕾：《妇女与中国现代性：西方与东方之间的阅读政治》，蔡青松译，上海：上海三联书店，2008】

——. *Writing Diaspora*：*Tactics of Invention in Contemporary Cultural Studies*. Bloomington：Indiana University Press，1993.

【周蕾：《写在家国以外》，香港：牛津大学出版社，1995】

——. *Primitive Passions：Visuality，Sexuality，Ethnography，and Contemporary Chinese Cinema*. New York：Columbia University Press，1995.

【周蕾：《原初的激情：视觉,性欲,民族志与中国当代电影》,孙绍谊译,台湾：远流事业股份有限公司,1990】

——. *Ethics after Idealism：Theory，Culture，Ethnicity，Reading*. Bloomington：Indiana University Press，1998.

——, ed. *Modern Chinese Literary Studies in the Age of Theory：Reimagining a Field*. Durham：Duke University Press，2000.

——. *The Age of the World Target：Self-Referentiality in War，Theory，and Comparative Work*. Durham：Duke University Press，2006.

【周蕾：《世界标靶的时代：战争、理论与比较研究中的自我指涉》,陈衍秀译,台北：麦田出版股份有限公司,2011】

——. *Sentimental Fabulations，Contemporary Chinese Films：Attachment in the Age of Global Visibility*. New York：Columbia University Press，2007.

Crespi, John A.. *Voice in Revolution：Poetry and the Auditory Imagination in Modern China*. Honolulu：University of Hawai'i Press，2009.

Crevel, Maghiel van. *Language Shattered：Contemporary Chinese Poetry and Duoduo*. Leiden：CNWS Publications，1996.

Croissant, Doris & Catherine Vance Yeh & Joshua S. Mostow, eds. *Performing "Nation"：Gender Politics in Literature，Theater，and the Visual Arts of China and Japan，1880-1940*. Leiden：Brill，2008.

Daruvala, Susan. *Zhou Zuoren and an alternative Chinese response to modernity*. Cambridge：Harvard University Asia Center，2000.

【苏文瑜：《周作人：自己的园地》,陈思齐、凌蔓苹译,台北：麦田出版股份有限公司,2011】

Denton, Kirk Alexander, ed. *Modern Chinese Literary Thought：Writings on Literature，1893-1945*. Stanford：Stanford University Press，1996.

——. *The Problematic of Self in Modern Chinese Literature：Hu Feng and Lu Ling*. Stanford：Stanford University Press，1998.

Dirlik, Arif & Zhang Xudong, eds. *Postmodernism and China*. Durham：Duke University Press，2000.

Doleželová-Velingerová, Milena, ed. *The Chinese Novel at the Turn of the Century*. Toronto：University of Toronto Press，1980.

【米列娜编:《从传统到现代:19 至 20 世纪转折时期的中国小说》,伍晓明译,北京:北京大学出版社,1991】

——. & **Oldřich Král**, eds. *The Appropriation of Cultural Capital: China's May Fourth Project*. Cambridge: Harvard East Asia Center, 2002.

Duke, Michael. *Blooming and Contending: Chinese Literature in the Post-Mao Era*. Bloomington: Indiana University Press, 1985.

——. *Modern Chinese Women Writers: Critical Approaches*. New York: M. E. Sharpe, 1989.

Feuerwerker, Yi-tsi Mei. *Ding Ling's Fiction: Ideology and Narrative in Modern Chinese Literature*. Cambridge: Harvard University Press, 1982.

【梅仪慈:《丁玲的小说》,沈昭铿、严锵译,厦门:厦门大学出版社,1992】

——. *Ideology, Power, Text: Self-Representation and the Peasant "Other" in Modern Chinese Literature*. Stanford: Stanford University Press, 1998.

Finnane, Antonia. *Changing Clothes in China: Fashion, History, Nation*. New York: Columbia University Press, 2007.

Fokkema, Douwe W.. *Literary Doctrine in China and Soviet Influence: 1956-1960*. The Hague: Mouton & Co., 1965.

【佛克马:《中国文学与苏联影响(1956—1960)》,季进、聂友军译,北京:北京大学出版社,2011】

Forges, Alexander Des. *Mediasphere Shanghai: The Aesthetics of Cultural Production*. Honolulu: University of Hawai'i Press, 2007.

Fu, Poshek. *Passivity, Resistance, and Collaboration: Intellectual Choices in Occupied Shanghai, 1937-1945*. Stanford: Stanford University Press, 1993.

——. *Between Shanghai and Hong Kong: the Politics of Chinese Cinemas*. Stanford: Stanford University Press, 2003.

【傅葆石:《双城故事:中国早期电影的文化政治》,刘辉译,北京:北京大学出版社,2008】

Gálik, Marián. *Mao Dun and Modern Chinese Literary Criticism*. Wiesbaden: Franz Steiner Verlag, 1969.

——. *Milestones in Sino-Western Literary Confrontation, 1898-1979*. Wiesbaden: Harrassowitz Verlag, 1986.

【马立安·高利克:《中西文学关系的里程碑(1898—1979)》,伍晓明、张文定译,北京:北京大学出版社,1990】

——. *The Genesis of Modern Chinese Literary Criticism*,1917-1930. London:Curzon Press,1980.

【玛利安·高利克:《中国现代文学批评发生史(1917—1930)》,陈圣生等译,北京:社会科学文献出版社,1997】

——. *Influence*,*Translation*,*and Parallels*:*Selected Studies on the Bible in China*. Sankt Augustin:Monumenta Serica Institute,2004.

Gimpel, Denise. *Lost Voices of Modernity*:*A Chinese Popular Fiction Magazine in Context*. Honolulu:University of Hawai'i Press,2001.

Goldblatt, Howard. *Hsiao Hung*. Boston:Twayne Publishers,1976.

【葛浩文:《萧红传》,上海:复旦大学出版社,2011】

——, ed. *Worlds Apart*:*Recent Chinese Writing and Its Audiences*, New York.:M. E. Sharpe,1990.

Goldman, Merle. *Literary Dissent in Communist China*. Cambridge:Harvard University Press,1967.

——, ed. *Chinese Literature in the May Fourth Era*. Cambridge:Harvard University Press,1977.

——& **Leo Ou-Fan Lee**,eds. *An Intellectual History of Modern China*. New York:Cambridge University Press,2002.

Gunn, Edward M.. *The Unwelcome Muse*:*Chinese Literature in Shanghai and Peking*,*1937-1945*. New York:Columbia University Press,1980.

【耿德华:《被冷落的缪斯:中国沦陷区文学史(1937—1945)》,张泉译,北京:新星出版社,2006】

——. *Rewriting Chinese*:*Style and Innovation in Twentieth-century Chinese Prose*. Stanford:Stanford University Press,1991.

Haft, Lloyd. *Pien Chih-lin*:*A Study in Modern Chinese Poetry*. Dordrecht:Foris Publications,1983.

【汉乐逸:《发现卞之琳:一位西方学者的探索之旅》,李永毅译,北京:外语教学与研究出版社,2010】

Hamm, John Christopher. *Paper Swordsmen*:*Jin Yong and the Modern Chinese Martial Arts Novel*. Honolulu:University of Hawai'i Press,2005.

Hanan, Patrick. *Chinese Fiction of the Nineteenth and Early Twentieth Centuries*. New York:Columbia University Press,2004.

【韩南:《中国近代小说的兴起》,徐侠译,上海:上海教育出版社,2004】

Hershatter, Gail. *Dangerous Pleasures*:*Prostitution and Modernity in*

Twentieth-Century Shanghai. Berkeley: University of California Press, 1997.

【贺萧:《危险的愉悦:20世纪上海的娼妓问题与现代性》,韩敏中、盛宁译,南京:江苏人民出版社,2003】

Hu, Ying. Tales of Translation: Composing the New Woman in China, 1899-1918. Stanford: Stanford University Press, 2000.

【胡缨:《翻译的传说:中国新女性的形成(1898—1918)》,龙瑜宬、彭姗姗译,南京:江苏人民出版社,2009】

Huang, Nicole. Women, War, Domesticity: Shanghai Literature and Popular Culture of the 1940s. Leiden & Boston: Brill, 2005.

【黄心村:《乱世书写:张爱玲与沦陷时期上海文学及通俗文化》,胡静译,上海:上海三联书店,2010】

Hung, Chang-tai. Going to the People: Chinese Intellectuals and Folk Literature, 1918-1937. Cambridge: Harvard University Press, 1985.

【洪长泰:《到民间去:1918—1937年的中国知识分子与民间文学运动》,董晓萍译,上海:上海文艺出版社,1993】

——. War and Popular Culture: Resistance in Modern China, 1937-1945. Berkeley: University of California Press, 1994.

Hung, Eva ed., Translation and Cultural Change: Studies in History, Norms and Image-Projection. Hong Kong: The Chinese University of Hong Kong, 2005.

Huters, Theodore, ed. Reading the Modern Chinese Short Story. New York: M. E. Sharpe, 1990.

——. Qian Zhongshu. Boston: Twayne Publishers, 1982.

【胡志德:《钱锺书》,张晨译,北京:中国广播电视出版社,1990】

——. Bringing the World Home: Appropriating the West in Late Qing and Early Republican China. Honolulu: University of Hawai'i Press, 2005.

Hunt, Leon. Kung Fu Cult Masters: From Bruce Lee to Crouching Tiger. London & New York: Wallflower Press, 2003.

【汉特:《功夫偶像:从李小龙到〈卧虎藏龙〉》,余琼译,北京:北京大学出版社,2010】

Hockx, Michel. A Snowy Morning: Eight Chinese Poets on the Road to Modernity. Leiden: Research School CNWS, 1994.

——, ed. The Literary Field of Twentieth-century China. Honolulu:

University of Hawai'i Press,1998.

———. *Questions of Style*:*Literary Societies and Literary Journals in Modern China*,*1911-1937*. Leiden:Brill,2003.

【贺麦晓:《文体问题:现代中国的文学社团和文学杂志(1911—1937)》,陈太胜译,北京:北京大学出版社,2016】

———,& **Ivo Smits** eds. *Reading East Asian Writing*:*The Limits of Literary Theory*. London & New York:Routledge,2003.

Hsia,**Chih-tsing**. *A History of Modern Chinese Fiction*. New York:Yale University Press,1961.

【夏志清:《中国现代小说史》,刘绍铭等译,香港:香港中文大学出版社,2001】

Hsia,**Tsi-an**. *The Gate of Darkness*:*Studies on the Leftist Literary Movement in China*. Seattle:University of Washington Press,1968.

【夏济安:《黑暗的闸门:中国左翼文学运动研究》,香港:香港中文大学出版社,2015】

Jones,**Andrew F.**. *Like a Knife*:*Ideology and Genre in Contemporary Chinese Popular Music*. New York:Cornell University Press,1992.

———*Yellow Music*:*Media Culture and Colonial Modernity in the Chinese Jazz Age*. Durham:Duke University Press,2001.

【安德鲁·琼斯:《留声中国:摩登音乐文化的形成》,宋伟航译,台北:台湾商务印书局,2004】

Judge,**Joan**. *Print and Politics*:'*Shibao*' *and the Culture of Reform in Late Qing China*. Stanford:Stanford University Press,1997.

【季家珍:《印刷与政治:〈时报〉与晚清中国的改革文化》,王樊一婧译,桂林:广西师范大学出版社,2015】

———. *The Precious Raft of History*:*The Past*,*the West*,*and the Woman Question in China*. Stanford:Stanford University Press,2008.

Kaplan,**E. Ann** & **Ban Wang**,eds. *Trauma and Cinema*:*Cross-Cultural Explorations*. Hong Kong:Hong Kong University Press,2004

Kinkley,**Jeffrey C.**. *After Mao*:*Chinese Literature and Society*,*1978-1981*. Cambridge:Harvard University Press,1985.

———. *The Odyssey of Shen Congwen*. Stanford:Stanford University Press,1987.

【金介甫:《沈从文传》,符家钦译,北京:国际文化出版公司,2005】

———. *Chinese Justice*,*the Fiction*:*Law and Literature in Modern China*.

Stanford: Stanford University Press, 2000.

——. *Corruption and Realism in Late Socialist China: the Return of the Political Novel*. Stanford: Stanford University Press, 2007.

Kleeman, Faye Yuan. *Under an Imperial Sun: Japanese Colonial Literature of Taiwan and the South*. Honolulu: University of Hawai'i Press, 2003.

【阮斐娜:《帝国的太阳下:日本的台湾及南方殖民地文学》,吴佩珍译,台北:麦田出版股份有限公司,2010】

Lang, Olga. *Pa Chin and His Writings: Chinese Youth between Two Revolutions*. Cambridge: Harvard University Press, 1967.

Larson, Wendy. *Literary Authority and the Modern Chinese Writer: Ambivalence and Autobiography*. Durham: Duke University Press, 1992.

——, & **Anne Wedell-Wedellsborg**, eds. *Inside Out: Modernism and Postmodernism in Chinese Literary Culture*. Aarhus: Aarhus University Press, 1993.

——. *Women and Writing in Modern China*. Stanford: Stanford University Press, 1998.

——. *From Ah Q to Lei Feng: Freud and Revolutionary Spirit in 20th Century China*. Stanford: Stanford University Press, 2009.

Lau, Joseph S. M.. *Ts'ao Yu: the Reluctant Disciple of Chekhov and O'Neill: A Study in Literary Influence*. Hong Kong: Hong Kong University Press, 1970.

Laughlin, Charles A.. *Chinese Reportage: The Aesthetics of Historical Experience*. Durham: Duke University Press, 2002.

——, ed. *Contested Modernities in Chinese Literature*. New York: Palgrave Macmillan, 2005.

——*The Literature of Leisure and Chinese Modernity*. Honolulu: University of Hawai'i Press, 2008.

Lee, Gregory B.. *Dai Wangshu: The Life and Poetry of a Chinese Modernist*. Hong Kong: Chinese University Press, 1989.

——. *Troubadours, Trumpeters, Troubled Makers: Lyricism, Nationalism, and Hybridity in China and its Others*. Durham: Duke University Press, 1996.

Lee, Haiyan. *Revolution of the Heart: A Genealogy of Love in China, 1900-1950*. Stanford: Stanford University Press, 2006.

【李海燕:《心灵革命:现代中国爱情的谱系》,修佳明译,北京:北京大学出版社,2018】

Lee, Leo Ou-fan. *The Romantic Generation of Modern Chinese Writers*. Cambridge: Harvard University Press, 1973.

【李欧梵:《中国现代作家中浪漫的一代》,北京:新星出版社,2005】

——, ed. *Lu Xun and His Legacy*. Berkeley: University of California Press, 1985.

——. *Voices from the Iron House: A Study of Lu Xun*. Bloomington: Indiana University Press, 1987.

【李欧梵:《铁屋中的呐喊》,尹慧珉译,石家庄:河北教育出版社,2002】

——. *Shanghai Modern: The Flowering of a New Urban Culture in China, 1930-1945*. Cambridge: Harvard University Press, 1999.

【李欧梵:《上海摩登——一种新都市文化在中国 1930—1945》,毛尖译,北京:北京大学出版社,2005】

Link, Perry. *Mandarin Ducks and Butterflies: Popular Fiction in the 20th Century Chinese Cities*. Berkeley: University of California Press, 1981.

——. *The Uses of Literature: Life in the Socialist Chinese Literary System*. Princeton: Princeton University Press, 2000.

Lionnet, Françoise & Shumei Shi, eds. *Minor Transnationalism*. Durham: Duke University Press, 2005.

Liu, Jianmei. *Revolution plus Love: Literary History, Women's Bodies, and Thematic Repetition in Twentieth-century Chinese Fiction*. Honolulu: University of Hawai'i Press, 2003.

【刘剑梅:《革命与情爱:二十世纪中国小说史中的女性身体与主题重述》,郭冰茹译,上海:上海三联书店,2009】

Liu, Kang & Xiaobing Tang, eds. *Politics, Ideology, and Literary Discourse in Modern China: Theoretical Interventions and Cultural Critique*. Durham: Duke University Press, 1993.

Liu, Kang. *Aesthetics and Marxism: Chinese Aesthetic Marxists and Their Western Contemporaries*. Durham: Duke University Press, 2000.

【刘康:《马克思主义与美学:中国马克思主义美学和他们的西方同行》,李辉、杨建刚译,北京:北京大学出版社,2012】

——. *Globalization and Cultural Trends in China*. Honolulu: University of Hawai'i Press, 2003.

Liu, Lydia H.. *Translingual Practice*: *Literature*, *National Culture*, *and Translated Modernity China*, *1900-1937*. Stanford: Stanford University Press, 1995.

【刘禾:《跨语际实践:文学、民族文化与被译介的现代性(中国,1900—1937)》,宋伟杰等译,北京:生活·读书·新知三联书店,2002】

——, ed. *Tokens of Exchange*: *The Problem of Translation in Global Circulations*. Durham: Duke University Press, 1999.

——. *The Clash of Empires*: *The Invention of China in Modern World Making*. Cambridge: Harvard University Press, 2004.

【刘禾:《帝国的话语政治:从近代中西冲突看现代世界秩序的形成》,杨立华等译,北京:生活·读书·新知三联书店,2009】

——. *The Freudian Robot*: *Digital Media and the Future of the Unconscious*. Chicago: University of Chicago Press, 2011.

Liu, Ts'un-Yan, ed. *Chinese Middlebrow Fiction*: *From the Ch'ing and Early Republican Eras*. Hong Kong: Chinese University Press, 1984.

Lomová, Olga, ed. *Paths toward Modernity*: *Conference to Mark the Centenary of Jaroslav Průšek*. Prague: The Karolinum Press, 2008.

Lu, Sheldon Hsiao-peng, ed. *Transnational Chinese Cinemas*: *Identity*, *Nationhood*, *Gender*. Honolulu: University of Hawai'i Press, 1997.

——. *China*, *Transnational Visuality*, *Global Postmodernity*. Stanford: Stanford University Press, 2001.

——& **Emilie Yueh-yu Yeh**, eds. *Chinese-Language Film*: *Historiography*, *Poetics*, *Politics*. Honolulu: University of Hawai'i Press, 2005.

——. *Chinese Modernity and Global Biopolitics*: *Studies in Literature and Visual Culture*. Honolulu: University of Hawai'i Press, 2007.

Lu, Tonglin, ed. *Gender and Sexuality in the Twentieth-Century Chinese Literature and Society*. Albany: State University of New York Press, 1993.

——. *Misogyny*, *Cultural Nihilism and Oppositional Politics*: *Contemporary Chinese Experimental Fiction*. Stanford: Stanford University Press, 1995.

Lyell, William. *Lu Xun's Vision of Reality*. Berkeley: University of California Press, 1985.

McGrath, Jason. *Postsocialist Modernity*: *Chinese Cinema*, *Literature and Criticism in the Market Age*. Stanford: Stanford University Press, 2008.

Mary Farquhar & Yingjin Zhang, eds. *Chinese Film Stars*. London & New

York: Routledge, 2010.

【张英进、胡敏娜主编:《华语电影明星:表演、语境、类型》,西飓译,北京:北京大学出版社,2011】

McDougall, Bonnie S.. *The Introduction of Western Literary Theories into Modern China, 1919-1925*. Tokyo: Centre for East Asian Cultural Studies, 1971.

——. *Mao Zedong's "Talks at the Yan'an Conference on Literature and Art": a Translation of the 1943 Text with Commentary*. Ann Arbor: University of Michigan, 1980.

——, ed. *Popular Chinese Literature and Performing Arts in the People's Republic of China, 1949-1979*. Berkeley: University of California Press, 1984.

—— & **Kam Louie**. *The Literature of China in the Twentieth Century*. London: C. Hurst & Co., Ltd., 1997.

——. *Love-Letters and Privacy in Modern China: The Intimate Lives of Lu Xun and Xu Guangping*. New York: Oxford University Press, 2002.

Mittler, Barbara. *Dangerous Tunes: The Politics of Chinese Music in Hong Kong, Taiwan, and the People's Republic of China since 1949*. Wiesbaden: Harrassowitz Verlag, 1997.

——. *A Newspaper for China?: Power, Identity, and Change in Shanghai's News Media, 1872-1912*. Cambridge: Harvard University Asia Center, 2004.

Ng, Mau-sang. *The Russian Hero in Modern Chinese Fiction*. Hong Kong: The Chinese University Press, 1988.

Ong, Aihwa. *Flexible Citizenship: The Cultural Logics of Transnationality*. Durham: Duke University Press, 1998.

Pang, Laikwan. *Building a New China in Cinema: The Chinese Left-Wing Cinema Movement, 1932-1937*. Lanham: Rowman & Littlefield Publishers, 2002.

——. *The Distorting Mirror: Visual Modernity in China*. Honolulu: University of Hawai'i Press, 2007.

【彭丽君:《哈哈镜:中国视觉现代性》,张春田译,上海:上海书店出版社,2013】

Pickowicz, Paul G.. *Marxist Literary Thought in China: The Influence of Ch'ü Ch'iu-pai*. Berkeley: University of California Press, 1980.

【保罗·皮科威兹:《书生政治家:瞿秋白曲折的一生》,谭一青、季国平译,北京:中国卓越出版公司,1990】

Pollard, David E.. *A Chinese Look at Literature*: *The Literary Values of Chou Tso-jên in Relation to the Tradition*. Berkeley: University of California Press, 1973.

【卜立德:《一个中国人的文学观:周作人的文艺思想》,陈广宏译,上海:复旦大学出版社,2001】

——. *Translation and Creation*: *Readings of Western Literature in Early Modern China*, *1840-1918*. Amsterdam: John Benjamins Publishing Company, 1998.

——. *The True Story of Lu Xun*. Hong Kong: The Chinese University Press, 2002.

Průšek, Jaruslav. *The Lyrical and the Epic*. ed. Leo Ou-fan Lee. Bloomington: Indiana University Press, 1981.

【普实克:《抒情与史诗:现代中国文学论集》,李欧梵编、郭建玲译,上海:上海三联书店,2010】

Rojas, Carlos. *The Naked Gaze*: *Reflections on Chinese Modernity*. Cambridge: Harvard University Asia Center, 2008

【罗鹏:《裸观:关于中国现代性的反思》,赵瑞安译,台北:麦田出版股份有限公司,2015】

—— & **Eileen Cheng-yin Chow**, eds. *Rethinking Chinese Popular Culture*: *Cannibalizations of the Canon*. London & New York: Routledge, 2009.

Schwarcz, Vera. *The Chinese Enlightenment*: *Intellectuals and the Legacy of the May Fourth Movement of 1919*. Berkeley: University of California Press, 1986.

【舒衡哲:《中国启蒙运动:知识分子与五四遗产》,刘京建译,北京:新星出版社,2007】

Shen, Vivian. *The Origins of Left-Wing Cinema in China*, *1932-37*. London & New York: Routledge, 2005

Shih, Shu-mei. *The Lure of the Modern*: *Writing Modernism in Semicolonial China*, *1917-1937*. Berkeley: University of California Press, 2001.

【史书美:《现代的诱惑:书写半殖民地中国的现代主义(1917—1937)》,何恬译,南京:江苏人民出版社,2007】

——. *Visuality and Identity*: *Sinophone Articulations across the Pacific*.

Berkeley and Los Angeles: University of California Press, 2007.

【史书美:《视觉与认同:跨太平洋华语语系表述·呈现》,杨华庆译,台北:联经出版事业股份有限公司,2013】

Shu, Yunzhong. *Buglers on the Home Front: The Wartime Practice of the Qiyue School*. New York: State University of New York Press, 2000.

【舒允中:《内线号手:七月派的战时文学活动》,上海:上海三联书店,2010】

Tang, Xiaobing. *Global Space and the Nationalist Discourse of Modernity: The Historical Thinking of Liang Qichao*. Stanford: Stanford University Press, 1996.

——. *Chinese Modern: The Heroic and the Quotidian*. Durham: Duke University Press, 2000.

【唐小兵:《英雄与凡人的时代:解读20世纪》,上海:上海文艺出版社,2001】

——. *Origins of the Chinese Avant-garde: The Modern Woodcut Movement*. Berkeley and Los Angeles: University of California Press, 2007.

【唐小兵:《现代木刻运动:中国先锋艺术的缘起》,孟磊等译,杭州:中国美术学院出版社,2011】

Tsu, Jing Yuen. *Failure, Nationalism, and Literature: The Making of Modern Chinese Identity, 1895-1937*. Stanford: Stanford University Press, 2005.

—— & **David Der-Wei Wang**, eds. *Global Chinese Literature: Critical Essays*. Leiden: Brill, 2010.

——. *Sound and Script in Chinese Diaspora*. Cambridge: Harvard University Press, 2011.

Tu, Wei-ming ed., *The Living Tree: The Changing Meaning of Being Chinese Today*. Stanford: Stanford University Press, 1994.

Vohra, Ranbir. *Lao She and Chinese Revolution*. Cambridge: Harvard University Press, 1974.

Wagner, Rudolf G. *The Contemporary Chinese Historical Drama: Four Studies*. Berkeley: University of California Press, 1990.

——. *Inside a Service Trade: Studies in Contemporary Chinese Prose*. Cambridge: Harvard University Asia Center, 1992.

——, ed. *Joining the Global Public: Word, Image, and City in Early Chinese Newspapers, 1870-1910*. Albany: State University of New York Press, 2007.

Wang, Ban. *The Sublime Figure of History: Aesthetics and Politics in*

Twentieth Century China. Stanford: Stanford University Press, 1992.

【王斑:《历史的崇高形象:二十世纪中国的美学与政治》,孟祥春译,上海:上海三联书店,2008】

——. *Illuminations from the Past: Trauma, Memory, and History in Modern China*. Stanford: Stanford University Press, 2004.

【王斑:《全球化阴影下的历史与记忆》,南京:南京大学出版社,2006】

——, ed. *Words and Their Stories: Essays on the Language of the Chinese Revolution*. Leiden: Brill, 2010.

Wang, Chaohua, ed. *One China, Many Paths*. New York: Verso, 2003.

Wang, David Der-wei. *Fictional Realism in 20th Century China: Mao Dun, Lao She, Shen Congwen*. New York: Columbia University Press, 1992.

【王德威:《写实主义小说的虚构:茅盾,老舍,沈从文》,上海:复旦大学出版社,2011】

——, ed. *Running Wild: New Chinese Writers*. New York: Columbia University Press, 1994.

——. *Fin-de-siécle Splendor: Repressed Modernities of Late Qing Fiction, 1849-1911*. Stanford: Stanford University Press, 1997.

【王德威:《被压抑的现代性:晚清小说研究》,宋伟杰译,北京:北京大学出版社,2005】

——. *The Monster That Is History: History, Violence, and Fictional Writing in Twentieth-Century China*. Berkeley: University of California Press, 2004.

【王德威:《历史与怪兽:历史·暴力·叙事》,台北:麦田出版,2004】

—— & Shang Wei, eds. *Dynastic Crisis and Cultural Innovation: From the Late Ming to the Late Qing and Beyond*. Cambridge: Harvard University Asia Center, 2005.

—— & Carlos Rojas, eds. *Writing Taiwan: A New Literary History*. Durham: Duke University Press, 2007.

Wang, Jing. *High Culture Fever: Politics, Aesthetics, and Ideology in Deng's China*. Berkeley: University of California Press, 1996.

Wang, Yiyan. *Narrating China: Jia Pingwa and His Fictional World*. London & New York: Routledge, 2006.

Widmer, Ellen & David Der-wei Wang, eds. *From May Fourth to June Fourth: Fiction and Film in Twentieth-Century China*. Cambridge: Harvard University Press, 1993.

Wong, Wang-chi. *Politics and Literature in Shanghai：the Chinese League of Left-Wing Writers*，1930-1936. Manchester：Manchester University Press，1991.

Yan, Haiping. *Chinese Women Writers and the Feminist Imagination*，1905-1948. New York：Routledge，2006.

【颜海平:《中国现代女性作家与中国革命(1905—1948)》,季剑青译,北京:北京大学出版社,2011】

Yang, Xiaobin. *The Chinese Postmodern：Trauma and Irony in Chinese Avant-Garde Fiction*. Ann Arbor：University of Michigan Press，2002.

【杨小滨:《中国后现代:先锋小说中的精神创伤与反讽》,愚人译,上海:上海三联书店,2013】

Yeh, Catherine Vance. *Shanghai Love：Courtesans，Intellectuals，and Entertainment Culture*，1850-1910. Seattle & London：University of Washington Press，2006.

【叶凯蒂:《上海·爱:名妓、知识分子与娱乐文化(1850—1910)》,杨可译,北京:生活·读书·新知三联书店,2012】

Yeh, Michelle. *Modern Chinese Poetry：Theory and Practice since 1917*. New Haven：Yale University Press，1993.

【奚密:《现代汉诗:一九一七年以来的理论与实践》,奚密、宋炳辉译,上海:上海三联书店,2008】

Yeh, Wen-hsin. *The Alienated Academy：Culture and Politics in Republican China*，1919-1937. Cambridge：Council East Asian Studies，Harvard University，1990.

——. *Provincial Passages：Culture，Space，and the Origins of Chinese Communism*. Berkeley：University of California Press，1996.

——, ed. *Becoming Chinese：Passages to Modernity and Beyond*，1900-1950. Berkeley：University of California Press，2000.

——. *Shanghai Splendor：Economic Sentiments and the Making of Modern China*，1843-1949. Berkeley：University of California Press，2007.

【叶文心:《上海繁华:经济伦理与近代城市》,王琴译,北京:中国人民大学出版社,2023】

Yue, Gang. *The Mouth That Begs：Hunger，Cannibalism，and the Politics of Eating in Modern China*. Durham：Duke University Press，1999.

——, ed. *Cross-Cultural Readings of Chineseness：Narratives，Images，and*

Interpretations of the 1990s. Berkeley: Institute of East Asian Studies, University of California, 2000.

Zeitlin, Judith & **Lydia H. Liu**, eds. *Writing and Materiality in China: Essays in Honor of Patrick Hanan*. Cambridge: Harvard University Asia Center, 2003.

Zhang, Jingyuan. *Psychoanalysis in China: Literary Transformations, 1919-1949*. New York: East Asia Program, Cornell University, 1992.

Zhang, Xudong. *Chinese Modernism in the Era of Reforms: Cultural Fever, Avant-garde Fiction, and New Chinese Cinema*. Durham: Duke University Press, 1997.

【张旭东:《改革时代的中国现代主义:作为精神史的80年代》,崔问津等译,北京:北京大学出版社,2014】

——, ed. *Whither China: Intellectual Politics of Contemporary China*. Durham: Duke University Press, 2002.

——. *Postsocialism and Cultural Politics: China in the Last Decade of the Twentieth Century*. Durham: Duke University Press, 2008.

【张旭东:《全球化与文化政治:90年代中国与20世纪的终结》,朱羽等译,北京:北京大学出版社,2014】

Zhang, Yingjin. *The City in Modern Chinese Literature and Film: Configurations of Space, Time, and Gender*. Stanford: Stanford University Press, 1996.

【张英进:《中国现代文学与电影中的城市:空间、时间与性别构形》,秦立彦译,南京:江苏人民出版社,2007】

——, ed. *China in a Polycentric World: Essays in Chinese Comparative Literature*. Stanford: Stanford University Press, 1998.

——, ed. *Cinema and Urban Culture in Shanghai, 1922-1943*. Stanford: Stanford University Press, 1999.

【张英进主编:《民国时期的上海电影与城市文化》,苏涛译,北京:北京大学出版社,2011】

——. *Screening China: Critical Interventions, Cinematic Reconfigurations, and the Transnational Imaginary in Contemporary Chinese Cinema*. Ann Arbor, University of Michigan Press, 2002.

【张英进:《影像中国:当代中国电影的批评重构及跨国想象》,胡静译,上海:上海三联书店,2008】

Zhang, Zhen. *An Amorous History of the Silver Screen*: *Shanghai Cinema，1896-1937*. Chicago：University Of Chicago Press，2006.

【张真:《银幕艳史:都市文化与上海电影(1896—1937)》,沙丹等译,上海:上海书店出版社,2012】

Zhong, Xueping. *Masculinity Besieged？*：*Issues of Modernity and Male Subjectivity in Chinese Literature of the Late Twentieth Century*. Durham：Duke University Press，2000.

【中文参考文献】

安德森:《想象的共同体:民族主义的起源与散布》,吴叡人译,上海:上海人民出版,2005。

安平秋、安乐哲主编:《北美汉学家辞典》,北京:人民文学出版社,2001。

柄谷行人:《日本现代文学的起源》,赵京华译,北京:生活·读书·新知三联书店,2003。

布鲁克斯:《精致的瓮:诗歌结构研究》,郭乙瑶等译,上海:上海人民出版社,2008。

卜正民:《纵乐的困惑:明代的商业与文化》,方骏等译,北京:生活·读书·新知三联书店,2004。

查特吉:《民族主义思想与殖民地世界:一种衍生的话语?》,范慕尤、杨曦译,南京:译林出版社,2007。

陈国球:《文学史书写形态与文化政治》,北京:北京大学出版社,2004。

陈建华:《帝制末与世纪末:中国文学文化考论》,上海:上海教育出版社,2006。

陈建华:《革命与形式:茅盾早期小说的现代性展开(1927—1930)》,上海:复旦大学出版社,2007。

陈建华:《从革命到共和:清末至民国时期文学、电影与文化转型》,桂林:广西师范大学出版社,2009。

陈光兴:《去帝国:亚洲作为方法》,台北:行人出版社,2006。

陈平原:《小说史:理论与实践》,北京:北京大学出版社,1993。

陈平原:《中国现代学术之建立:以章太炎、胡适之为中心》,北京:北京大学出版社,1998。

陈平原:《中国小说叙事模式的转变》,北京:北京大学出版社,2003。

陈平原:《作为学科的文学史》,北京:北京大学出版社,2011。

陈平原、米列娜主编:《近代中国的百科辞书》,北京:北京大学出版社,2007。

陈平原、王德威编:《北京:都市想象与文化记忆》,北京:北京大学出版社,2005。

陈清侨编:《文化想象与意识形态——当代香港文化政治论评》,香港:牛津大学出版社,1997。

陈思和:《中国新文学整体观》,上海:上海文艺出版社,1987。

陈思和:《中国当代文学关键词十讲》,上海:复旦大学出版社,2002。

陈思和:《新文学整体观续编》,济南:山东教育出版社,2010。

陈子善、罗岗主编:《丽娃河畔论文学》,上海:华东师范大学出版社,2006。

程光炜:《文学讲稿:"八十年代"作为方法》,北京:北京大学出版社,2009。

程光炜编:《重返八十年代》,北京:北京大学出版社,2009。

董健、丁帆、王彬彬:《中国当代文学史新稿》,北京:人民文学出版社,2005。

大卫·达姆罗什、陈永国、尹星主编:《新方向:比较文学与世界文学读本》,北京:北京大学出版社,2010。

杜赞奇:《从民族国家拯救历史:民族主义话语与中国现代史研究》,王宪明等译,南京:江苏人民出版社,2009。

厄尔·迈纳:《比较诗学》,王宇根、宋伟杰等译,北京:中央编译出版社,1998。

法农:《黑皮肤,白面具》,万冰译,南京:译林出版社,2005。

范伯群:《中国现代通俗文学史》(插图本),北京:北京大学出版社,2006。

方汉文:《比较文化学》,桂林:广西师范大学出版社,2003。

冯客:《近代中国之种族观念》,杨立华译,南京:江苏人民出版社,1999。

冯珠娣:《饕餮之欲:当代中国的食与色》,郭乙瑶、马磊、江素侠译,南京:江苏人民出版社,2009。

佛克马、蚁布思:《文化研究与文化参与》,北京:北京大学出版社,1996。

高友工:《美典:中国文学研究论集》,北京:生活·读书·新知三联书店,2008。

格里德:《胡适与中国的文艺复兴:中国革命中的自由主义(1917—1937)》,鲁奇译,江苏人民出版社,2010。

葛兆光:《域外中国学十论》,上海:复旦大学出版社,2007。

葛兆光:《思想史研究课堂讲录:视野、角度与方法》,北京:生活·读书·新知三联书店,2005。

葛兆光:《宅兹中国:重建有关"中国"的历史论述》,北京:中华书局,2011。

顾彬:《二十世纪中国文学史》,范劲等译,上海:华东师范大学出版社,2008。

哈特、奈格里:《帝国:全球化的政治秩序》,杨建国、范一亭译,南京:江苏人民出版社,2003。

海青:《"自杀时代"的来临?二十世纪早期中国知识群体的激烈行为和价值选择》,北京:中国人民大学出版社,2010。

何伟亚:《英国的课业:19世纪中国的帝国主义教程》,刘天路、邓红风译,北京:社会科学文献出版社,2007。

贺萧：《危险的愉悦：20世纪上海的娼妓问题与现代性》，韩敏中、盛宁译，南京：江苏人民出版社，2003。
何寅、许光华主编：《国外汉学史》，上海：上海外语教育出版社，2002。
侯且岸：《当代美国的显学：美国现代中国学研究》，北京：人民出版社，1995。
侯且岸：《美国的中国研究：从汉学到中国学》，北京：学苑出版社，2009。
洪子诚：《问题与方法：中国当代文学史研究讲稿》，北京：生活·读书·新知三联书店，2002。
胡晓真：《才女彻夜未眠：近代中国女性叙事文学的兴起》，北京：北京大学出版社，2008。
黄金麟：《历史·身体·国家：近代中国的身体形成（1895—1937）》，北京：新星出版社，2006。
黄兴涛：《"她"字的文化史：女性新代词符号的发明与认同研究》，福州：福建教育出版社，2009。
黄兴涛：《文化史的追寻：以近世中国为视域》，北京：中国人民大学出版社，2011。
黄子平：《"灰阑"中的叙述》，上海：上海文艺出版社，2001。
黄宗智主编：《中国研究的范式问题讨论》，北京：社会科学文献出版社，2003。
季进：《另一种声音：海外汉学访谈录》，上海：复旦大学出版社，2011。
季进：《钱锺书与现代西学》，上海：复旦大学出版社，2011。
姜进主编：《都市文化中的现代中国》，上海：华东师范大学出版社，2007。
姜智芹：《傅满洲与陈查理：美国大众文化中的中国形象》，南京：南京大学出版社，2007。
姜智芹：《当东方与西方相遇：比较文学专题研究》，济南：齐鲁出版社，2008。
姜智芹：《美国的中国形象》，北京：人民出版社，2010。
姜智芹：《中国新时期文学在国外的传播与研究》，济南：齐鲁出版社，2011。
孔慧怡：《翻译·文学·文化》，北京：北京大学出版社，1999。
柯文：《在中国发现历史：中国中心观在美国的兴起》，林同奇译，北京：中华书局，1994。
李凤亮：《彼岸的现代性：美国华人批评家访谈录》，桂林：广西师范大学出版社，2011。
李欧梵：《现代性的追求：李欧梵文化评论精选集》，北京：生活·读书·新知三联书店，2000。
李欧梵：《寻回香港文化》，桂林：广西师范大学出版社，2003。
李欧梵：《中西文学的徊想》，南京：江苏教育出版社，2005。
李欧梵：《李欧梵论中国现代文学》，上海：上海三联书店，2008。

李欧梵:《苍凉与世故》,北京:人民文学出版社,2010。
李欧梵:《狐狸洞话语》,北京:人民文学出版社,2010。
李欧梵:《西潮的彼岸》,北京:人民文学出版社,2010。
李欧梵、季进:《李欧梵季进对话录》,苏州:苏州大学出版社,2003。
李奭学:《得意忘言:翻译、文学与文化评论》,北京:生活·读书·新知三联书店,2007。
李孝悌编:《中国的城市生活》,北京:新星出版社,2006。
李孝悌:《恋恋红尘:中国的城市、欲望和生活》,上海:上海人民出版社,2007。
李希光、刘康等:《妖魔化中国的背后》,北京:中国社会科学出版社,1996。
李学勤主编:《国际汉学著作提要》,南昌:江西教育出版社,1996。
李怡:《日本体验与中国现代文学的发生》,北京:北京大学出版社,2009。
廖炳惠编著:《关键词200:文学与批评研究的通用词汇编》,南京:江苏教育出版社,2006。
列文森:《儒教中国及其现代命运》,郑大华、任菁译,北京:中国社会科学出版社,2000。
林郁沁:《施剑翘复仇案:民国时期公众同情的兴起与影响》,陈湘静译,南京:江苏人民出版社,2011。
刘禾:《语际书写:现代思想史写作批判纲要》,香港:天地图书有限公司,1997。
刘康:《对话的喧声:巴赫金的文化转型理论》,北京:中国人民大学出版社,1995。
刘康:《文化·传媒·全球化》,南京:南京大学出版社,2006。
刘霓、黄育馥:《国外中国女性研究:文献与数据分析》,北京:中国社会科学出版社,2009。
鲁迅:《中国小说史略》,杭州:浙江文艺出版社,2000。
栾梅健:《二十世纪中国文学发生论》,桂林:广西师范大学出版社,2006。
罗芙芸:《卫生的现代性:中国通商口岸卫生与疾病的含义》,向磊译,南京:江苏人民出版社,2007。
罗钢、刘象愚主编:《后殖民主义文化理论》,北京:中国社会科学出版社,1999。
罗浦洛主编:《美国学者论中国文化》,包伟民、陈晓燕译,北京:中国广播电视出版社,1994。
孟悦:《人·历史·家园:文化批评三调》,北京:人民文学出版社,2005。
孟悦、戴锦华:《浮出历史地表:现代妇女文学研究》,北京:中国人民大学出版社,2004。
孟悦、罗钢主编:《物质文化读本》,北京:北京大学出版社,2008。
莫东寅:《汉学发达史》,上海:上海书店出版社,1989。

彭松:《多向之维:欧美中国现代文学研究论》,北京:光明日报出版社,2008。

浦安迪:《中国叙事学》,北京:北京大学出版社,1995。

浦嘉珉:《中国与达尔文》,钟永强译,南京:江苏人民出版社,2009。

钱理群、黄子平、陈平原:《二十世纪中国文学三人谈·漫说文化》,北京:北京大学出版社,2004。

钱锺书:《管锥编》,北京:中华书局,1999。

钱锺书:《七缀集》,北京:生活·读书·新知三联书店,2002。

钱锺书:《写在人生边上;人生边上的边上;石语》,北京:生活·读书·新知三联书店,2002。

瑞贝卡:《世界大舞台:十九、二十世纪之交中国的民族主义》,高瑾等译,北京:生活·读书·新知三联书店,2008。

萨义德:《东方学》,王宇根译,北京:生活·读书·新知三联书店,1999。

萨义德:《文化与帝国主义》,李琨译,北京:生活·读书·新知三联书店,2003。

萨义德:《世界·文本·批评家》,李自修译,北京:生活·读书·新知三联书店,2009。

史华兹:《寻求富强:严复与西方》,叶美凤译,南京:江苏人民出版社,1990。

史景迁:《天安门:知识分子与中国革命》,尹庆军等译,北京:中央编译出版社,1998。

史景迁:《文化类同与文化利用》,北京:北京大学出版社,1997。

孙康宜:《文学经典的挑战》,南昌:百花洲文艺出版社,2002。

孙康宜:《抒情与描写:六朝诗歌概论》,钟振振译,上海:上海三联书店,2006。

孙康宜:《亲历耶鲁》,南京:凤凰出版社,2009。

孙绍谊:《想象的城市:文学、电影和视觉上海(1927—1937)》,上海:复旦大学出版社,2009。

孙越生、陈书梅主编:《美国中国学手册》,北京:中国社会科学出版社,1993。

唐小兵编:《再解读:大众文艺与意识形态》,北京:北京大学出版社,2007。

唐小兵:《英雄与凡人的时代:解读20世纪》,上海:上海文艺出版社,2001。

田晓菲:《尘几录:陶渊明与手抄本文化研究》,北京:中华书局,2007。

王斑:《全球化阴影下的历史与记忆》,南京:南京大学出版社,2006。

王尔敏:《中国近代文运之升降》,北京:中华书局,2011。

王德威:《从刘鹗到王祯和:中国现代写实小说散论》,台北:时报文化出版企业股份有限公司,1986。

王德威:《众声喧哗:三〇与八〇年代的中国小说》,台北:远流出版事业股份有限公司,1988。

王德威:《阅读当代小说——台湾.大陆.香港.海外》,台北:远流出版事业股份有限公司,1991。

王德威:《小说中国:晚清到当代的中文小说》,台北:麦田出版股份有限公司,1993。

王德威:《如何现代,怎样文学?十九、二十世纪中文小说新论》,台北:麦田出版股份有限公司,1998。

王德威:《想象中国的方法:历史·小说·叙事》,北京:生活·读书·新知三联书店,1998。

王德威:《众声喧哗以后——点评当代中文小说》,台北:麦田出版股份有限公司,2001。

王德威:《现代中国小说十讲》,上海:复旦大学出版社,2003。

王德威:《想象中国的方法:历史·小说·叙事》,北京:生活·读书·新知三联书店,2003。

王德威:《落地的麦子不死:张爱玲与"张派"传人》,济南:山东画报出版社,2004。

王德威:《当代小说二十家》,北京:生活·读书·新知三联书店,2006。

王德威:《如此繁华》,上海:上海书店出版社,2006。

王德威:《后遗民写作》,台北:麦田出版股份有限公司,2007。

王德威:《一九四九:伤痕书写与国家文学》,香港:三联书店(香港)有限公司,2008。

王德威主编:《中国现代小说的史与学:向夏志清先生致敬》,台北:联经出版事业股份有限公司,2010。

王德威:《抒情传统与中国现代性:在北大的八堂课》,北京:生活·读书·新知三联书店,2010。

王德威:《现代抒情传统四论》,台北:台大出版中心,2011。

王德威、陈思和、许子东:《一九四九以后:当代文学六十年》,上海:上海文艺出版社,2011。

王德威、季进主编:《文学行旅与世界想象》,南京:江苏教育出版社,2007。

王汎森:《中国近代思想与学术的谱系》,长春:吉林出版集团有限责任公司,2010。

王宏志:《鲁迅与"左联"》,北京:新星出版社,2006。

王宏志:《重释"信、达、雅":20世纪中国翻译研究》,北京:清华大学出版社,2007。

王宏志:《翻译与文学之间》,南京:南京大学出版社,2011。

汪晖:《现代中国思想的兴起》,北京:生活·读书·新知三联书店,2008。

汪晖、钱理群等:《鲁迅研究的历史批判——论鲁迅(二)》,河北:河北教育出版社,2000。

王家平:《鲁迅域外百年传播史》,北京:北京大学出版社,2009。

王晴佳:《新史学讲演录》,北京:中国人民大学出版社,2010。

王晓路:《西方汉学界的中国文论研究》,成都:巴蜀书社,2003。

王晓明主编:《批评空间的开创:二十世纪中国文学研究》,上海:东方出版社,1998。

王晓明主编:《二十世纪中国文学史论》,上海:东方出版社,2005。

王晓明、陈清侨:《当代东亚城市:新的文化和意识形态》,上海:上海书店出版社,2008。

王尧、季进编:《下江南:苏州大学海外汉学演讲录》,上海:复旦大学出版社,2011。

王一川:《中国现代性体验的发生》,北京:北京师范大学出版社,2001。

王岳川:《后殖民主义与新历史主义文论》,济南:山东教育出版社,2001。

温儒敏:《新文学现实主义的流变》,北京:北京大学出版社,2007。

奚密:《从边缘出发:现代汉诗的另类传统》,广州:广东人民出版社,2000。

夏济安:《夏济安选集》,沈阳:辽宁教育出版社,2001。

夏晓虹:《晚清女性与近代中国》,北京:北京大学出版社,2004。

萧驰:《中国抒情传统》,台北:允晨文化实业股份有限公司,1999。

许纪霖编:《20世纪中国知识分子史论》,北京:新星出版社,2005。

余虹:《中国文论与西方诗学》,北京:生活·读书·新知三联书店,1999。

宇文所安:《中国文论:英译与评论》,王柏华、陶庆梅译,上海:上海社会科学院出版社,2003。

宇文所安:《他山的石头记:宇文所安自选集》,田晓菲译,南京:江苏人民出版社,2006。

乐黛云编:《国外鲁迅研究论集(1960—1980)》,北京:北京大学出版社,1981。

乐黛云主编:《当代英语世界鲁迅研究》,南昌:江西人民出版社,1993。

乐黛云:《比较文学与比较文化十讲》,上海:复旦大学出版社,2004。

乐黛云、陈珏编选:《北美中国古典文学研究名家十年文选》,南京:江苏人民出版社,1997。

乐黛云、陈珏、龚刚编选:《欧洲中国古典文学研究名家十年文选》,南京:江苏人民出版社,1998。

詹明信:《晚期资本主义的文化逻辑》,北京:生活·读书·新知三联书店,2013。

詹姆逊:《快感:文化与政治》,王逢振译,北京:中国社会科学出版社,1998。

张海惠主编:《北美中国学:研究概述与文献资源》,北京:中华书局,2010。

张灏:《幽暗意识与民主传统》,北京:新星出版社,2006。

张京媛主编:《新历史主义与文学批评》,北京:北京大学出版社,1993。

张京媛主编:《后殖民理论与文化批评》,北京:北京大学出版社,1999。

张旭东:《批评的踪迹:文化理论与文化批评:1985—2002》,北京:生活·读书·新知三联书店,2003。

张旭东:《全球化时代的文化认同:西方普遍主义话语的历史批判》,北京:北京大学出版社,2006。

张英进:《审视中国:从学科史的角度观察中国电影与文学研究》,南京:南京大学出版社,2006。

张英进、胡敏娜主编:《华语电影明星:表演、语境、类型》,西飓译,北京:北京大学出版社,2011。

张诵圣:《文学场域的变迁:当代台湾小说论》,台北:联合文学出版社有限公司,2001。

赵稀方:《后殖民理论》,北京:北京大学出版社,2009。

赵一凡:《从胡塞尔到德里达:西方文论讲稿》,北京:生活·读书·新知三联书店,2007。

赵一凡:《从卢卡奇到萨义德:西方文论讲稿续编》,北京:生活·读书·新知三联书店,2009。

赵毅衡:《远游的诗神——中国古典诗歌对美国新诗运动的影响》,成都:四川人民出版社,1985。

赵毅衡:《苦恼的叙述者:中国小说的叙述形式与中国文化》,北京:十月文化出版社,1994。

赵毅衡:《当说者被说的时候:比较叙述学导论》,北京:中国人民大学出版社,1998。

赵毅衡:《诗神远游:中国如何改变了美国现代诗》,上海:上海译文出版社,2003。

赵毅衡:《对岸的诱惑:中西文化交流记》,上海:上海人民出版社,2007。

郑文惠、颜健富主编:《革命·启蒙·抒情:中国近现代文学与文化研究学思路》,台北:允晨文化实业股份有限公司,2011。

钟雪萍、王斑主编:《美国大学课堂里的中国:旅美学者自述》,南京:南京大学出版社,2006。

周策纵:《五四运动:现代中国的思想革命》,周子平译,南京:江苏人民出版社,2005。

周发祥主编:《中外文学交流史》,长沙:湖南教育出版社,1999。

朱崇科:《华语比较文学:问题意识及批评实践》,上海:上海三联书店,2012。

朱政惠:《美国中国学史研究》,上海:上海古籍出版社,2004。